04 刑事辩护经验与技巧

刑辩之道

樊崇义 田文昌 等 著

中国政法大学出版社

2018·北京

声　　明	1. 版权所有，侵权必究。
	2. 如有缺页、倒装问题，由出版社负责退换。

图书在版编目（ＣＩＰ）数据

刑辩之道/田文昌等著. —北京：中国政法大学出版社, 2018.1
ISBN 978-7-5620-7974-3

Ⅰ.①刑…　Ⅱ.①田…　Ⅲ.①刑事诉讼－辩护－研究－中国
Ⅳ.D925.210.4

中国版本图书馆CIP数据核字(2018)第000004号

出 版 者	中国政法大学出版社
地　　址	北京市海淀区西土城路25号
邮寄地址	北京 100088 信箱 8034 分箱　邮编 100088
网　　址	http://www.cuplpress.com（网络实名：中国政法大学出版社）
电　　话	010-58908437(编辑室) 58908334(邮购部)
承　　印	北京中科印刷有限公司
开　　本	880mm×1230mm　1/32
印　　张	12
字　　数	270 千字
版　　次	2019 年 1 月第 1 版
印　　次	2019 年 1 月第 1 次印刷
定　　价	75.00 元

目 录

01

樊崇义 | 以审判为中心的诉讼制度改革 ... 001

在以庭审为中心的诉讼制度改革中,刑事辩护工作者也面临着转型:从非理性辩护转向理性辩护;从对抗迈向协商;从无罪辩护转向多元化的辩护。

一、以审判为中心的诉讼制度改革的解读 | 002
二、以审判为中心与刑事辩护工作 | 015
三、刑事辩护工作在当前改革中的转型问题 | 018

02

田文昌 | 刑事辩护中的理论误区 ... 023

刑事诉讼中存在一些普遍的、重要的、没有解决的理念问题,比如无罪推定原则的理解与适用、"宁可错杀一千,不可放过一个"的逻辑冲突、证据真实和客观真实孰重孰轻等。

一、雷洋案件引发的思考：执法规范与执法理念的问题 ｜ 024

二、刑事诉讼中重要的理念问题 ｜ 029

三、刑事诉讼的价值目标 ｜ 036

四、律师的职责 ｜ 039

五、证据合法性 ｜ 049

03

李贵方｜刑事辩护的理论与实践 ... 052

刑事辩护律师在与犯罪嫌疑人、被告人的第一次谈话过程中，要充分表现自己的专业能力及专业水平，建立起与客户的信任关系。

一、关于刑事辩护接受委托和指定 ｜ 053

二、侦查阶段律师的地位 ｜ 060

三、如何赢得客户信任 ｜ 063

四、强制措施的辩护 ｜ 079

五、会见的规范 ｜ 084

六、案件材料的使用 ｜ 093

七、调查取证的规范 ｜ 096

八、律师的保密义务 ｜ 099

九、充分利用证人、鉴定人出庭制度 ｜ 102

十、非法证据排除 ｜ 112

十一、关于媒体 ｜ 115

目 录

04

张燕生 | 犯罪重建在刑事辩护中的应用
　　——以念斌案为例 ... 119

　　犯罪重建的精髓包括五项内容：对警察道德规范的严格要求；对证据的解释；对证据的整体性研究；使用科学的分析方法；运用科学的检验方法证伪。

一、念斌案的基本情况 | 119
二、什么是犯罪重建 | 123
三、犯罪重建的历史发展脉络 | 127
四、犯罪重建的精髓 | 130
五、用犯罪重建方法审视念斌案 | 140
六、用犯罪重建的眼光总结念斌案 | 162

05

张青松 | 刑事辩护的经验与技巧 ... 165

　　程序辩护涉及内容众多，主要包括：司法机关取证方面的程序问题；针对被告人、犯罪嫌疑人人身权利的程序问题；针对财产权利的程序问题；控告渎职行为中的程序辩护等。

一、程序辩护的定义 | 166
二、程序辩护的内容 | 172
三、程序辩护的操作原则 | 203
四、程序辩护的价值 | 210

06

朱明勇 | 职务犯罪案件辩护的问题与突破 ... 214

针对职务犯罪案件，我们需要思考：这些犯罪嫌疑人、被告人到底需不需要辩护？谁去给他们辩护？怎样辩护？怎样进行有效的辩护？

一、职务犯罪案件的概念 | 215
二、职务犯罪案件的背景 | 218
三、双规的界定 | 219
四、律师权益保障 | 237
五、调查取证需要注意的事项 | 247

07

刘广三 | 死刑案件的证据审查 ... 251

侦查人员和检察人员用证据说服自己，是推动诉讼进程的动力，但证据最终要用于说服法官，如果不能说服法官，当然只会获得败诉的结果。

一、刑事证据给谁看 | 256
二、刑事证据的多重视角——刑事证据的分类 | 267
三、对刑事证据特征的认识 | 282

08

刘 良 | 专家证人出庭在刑事辩护中的具体应用 ... 292

专家证人分析鉴定文书时重点审查分析意见和鉴定意见，看其是否分析到位、有无遗漏等，并可根据鉴定意见后的说明来判断该意见是否可靠。

一、专家证人的基本内容 | 293
二、专家证人如何分析审查鉴定意见 | 296
三、法医病理不同于临床病理 | 305
四、专家证人的相关细节问题 | 307
五、实案解读 | 310

09

鲍志恒 | 刑辩律师的媒介素养 ... 330

律师和媒体的需求是双向的：律师对媒体有案件报道的需求、个人声誉及个人形象塑造的需求、参与社会公共议题的需求；媒体对律师则有获得新闻线索、涉及公共事务和法律议题的专业意见的需求。

一、重新认识媒体 | 331
二、当前的政法舆论形势和转型期政法舆论关系的特点 | 357
三、移动互联网时代的传媒变局 | 364
四、几点建议 | 368

樊崇义 教育部重点研究基地、中国政法大学诉讼法学研究院名誉院长，享受国务院有突出贡献专家政府特殊津贴，中国刑事诉讼法学研究会顾问，《法制日报》顾问，中纪委专家顾问，最高人民检察院、北京市高级人民法院、北京市人民检察院专家咨询委员会委员，国家检察官学院、国家行政学院和国家法官学院兼职教授。

01 樊崇义
以审判为中心的诉讼制度改革

大家好！非常高兴与大家见面。今天我的演讲主题是"以审判为中心的诉讼制度改革"。以审判为中心的诉讼制度改革，其长远的规划是三个愿景：近期目标、中期目标和最后要达到的目标。要经过若干年的改革，才能真正回归到司法规律，才能真正地改变"公安是做饭的，检察院是端饭的，法院是吃饭的"这样一个局面。所以大家对这套理论一定要有一个深刻的理解，在理解中，找准自己的位置。

根据这样一种精神，我选择这样一个主题，在这个主题下，讲三个题目。第一个题目，以审判为中心的诉讼制度改革的解读;第二个题目,以审判为中心的诉讼制度改革,庭审要实质化,律师的应对策略与刑事辩护工作的要求;第三个题目,刑事辩护在司法改革中理念的转型、工作的转型,要有几个基本的变化。

一、以审判为中心的诉讼制度改革的解读

(一)以审判为中心的诉讼制度改革的基本概念

以审判为中心是指在我国《宪法》规定的分工负责、互相配合、互相制约的前提下,诉讼制度的各阶段都要按照法院的庭审标准和要求进行,以确保案件质量,防止冤假错案。

昨天在一个研讨会上,有人还提出"侦查一个标准,起诉一个标准,审判一个标准,证明标准要多元化,多层次"。可是中央的规定是什么呢?按照这次孟书记的讲话,就是要按照庭审的标准和要求进行。目的是什么呢?防止冤假错案,提高办案质量。这几年标准乱了,所以冤假错案不断发生。我总结这段话,关键是如何理解这个概念,我讲几个理解,来统一当前大家的认识。

第一个理解,以审判为中心,不是颠覆分工、配合、制约的宪法原则,不是把这个原则彻底地推翻。这就出现了一个中心论和阶段论是不是矛盾的问题,我们现在叫中心论,和过去的阶段论的矛盾和冲突如何来解决?我们的方针是不颠覆,不推倒分工负责、互相配合、互相制约的原则,而是在这个基础上进行改进,重点后移。

第二个理解,以审判为中心的诉讼制度改革主体不仅仅是人民法院,还包括公安、检察和刑辩律师。改革特别把刑事辩护律师列为诉讼制度改革的主体。我们是四大主体之一,你要有这种自信。这次的改革，刑辩律师和公检法这四大主体都是改革的主力军。

第三个理解，以审判为中心的诉讼制度改革的内涵和要求，是控辩审三种职能都要围绕庭审的事实、法律的标准和要求而展开工作。这是一个基本的要求，具体来讲它的内涵有三条。第一，审前程序的两种职能，也就是公安机关和检察机关要形成合力，执行控诉职能，建立一个大控诉的格局。第二，刑事辩护职能要充分发挥辩护的功能和作用。一是要定位，二是在具体工作上发挥辩护的功能和作用。如何发挥呢？要坚持有效辩护、实质辩护，充分行使诉讼权利。第三，审判的法官必须坚持审判中立原则，坚持严格依法断案，做到兼听则明，作出公正的裁判。要认真听取控辩双方的意见，做到"以事实为根据，以法律为准绳"，这就是我们这场改革的基本内涵之一。

理解这个概念的基本内涵，是我讲的第一个解读。要正确理解它的概念，就要抓住这几点来进行理解。

（二）以审判为中心的诉讼制度改革的形成背景

1. 建设法治国家的政治背景

中央决定要建立具有中国特色的社会主义法律体系，要建设具有中国特色的法治国家。会上有很多同志说司法怎么办？当时就讲科学发展。如何科学发展呢？如何遵守司法规律呢？对照现实的情况，我们觉得差距很大。司法的公正问题、司法的公信力问题，如何走科学发展的道路问题，什么是司法规律问题，如何遵守司法规律问题，会上议论纷纷，提出来好几十个这样的问题。最后归结到一点，就是要建设法治国家，要建立具有中国特色的法律体系。对司法工作，大家研究了我们的三道工序，三个车间的工作，分工负责、互相配合、互相制约的工作。大家认为如果回到真正的司法规律上，还是法院说了算，审判说了算，要以审判为中心。不容易啊，同志们，大家回想回想，几十年来谁在那儿提以侦查为中心呢？公安局局长要当政法委书记，中央发现以后，纠正，纠正到现在还不彻底。公安厅厅长还是进常委，副省长联系政法口，什么叫联系政法口？还是公安说了算，这违背了司法规律。这是第一个背景，叫政治背景，国家的政治背景要求我们的司法工作，包括我们的刑辩工作以庭审标准和要求来进行，要回归司法规律。

2. 司法实践严重背离司法规律

长期以来，我国司法实践中，存在办案人员对法院的庭审重视不够，法院审判就是走过场的现象。其中的突出问题是关键证据不出示，出示的证据多是非法证据，不能做到"案件事实清楚，证据确实充分"。庭审走过场，质证形式化，根本原因就是没有突出庭审的地位，认为庭审就是办手续。

我带一个澳大利亚代表团在海淀法院旁听庭审。海淀法院是什么法院？全国模范的法院。听完以后我问他们感觉怎么样？人家很不好意思，很客气地说军事化的味道很浓，说我们是军阀裁判。他问我："被害人到哪里去了？证人到哪里去了？辩护律师为什么不参加辩论呢？光念了一个辩护词就走了？"人家就是讲我们这叫军阀裁判，不是普通的刑事开庭。大家想想是不是这样？我们几十年来甚至近 20 年来是不是这个状况？不改变行不行？庭审程序虚化，质证形式化，这种质证程序没有质疑，没有质问，没有按照证据的规则和规律来进行，所以现在我们还要专门来培训质证的技巧，要一种证据一种证据来研究，要提高我们的水平。这是第二个背景，叫司法实践背景，司法实践违背了司法规律。

3. 司法实践背离宪法要求

司法实践对我国宪法规定的分工负责,互相配合,互相制约这个基本原则的理解和执行出了偏差。第一,有人在大力鼓吹以侦查为中心;第二,公安局局长当了政法委书记,把以侦查为基础篡改成以侦查为中心。老百姓说"公安是做饭的,检察院是端饭的,法院是吃饭的",我到广东讲课,又听到一条,叫"强势的公安,优势的检察,弱势的法院"。司法权威找不到,判了等于没判。这就是我们为什么要提出以审判为中心,我们实践中出了问题,对这个基本原则的诉讼理论的理解出了问题。这是第三个背景。

4. 蔑视生效判决

人民群众和当事人蔑视法院生效判决,观念的淡薄,判了等于没判,落实难,执行难,甚至个别当事人抗拒执行,上访告状满天飞,这些问题到今天还没有解决。根据国家上访局统计,80%的上访案件和刑事判决决定有关。所以这个诉访分离问题,以审判为中心制度的改革问题,目前挺严重的,希望同志们要深刻地理解,这个制度改革的提出是有它深刻背景的。

(三)以审判为中心的诉讼制度改革的目标

1. 改革的步骤安排

中央将改革规划为三个目标,分三步走。一是近期目标,要在现行《刑事诉讼法》的框架内,通过庭审方式的改革,统一刑事司法标准,加快以庭审为中心,促进以审判为中心,先解决庭审的问题。二是中期目标,要通过深化司法改革,进一步优化司法职权的控辩审各项职能职权的配置,实现对侦查公诉活动的有效制约。法院要进行制约,要实现对公诉、对审判的有效制约。三是远期目标,要推动《刑事诉讼法》的再修改。在再修改的过程中，要按照以审判为中心的诉讼程序结构来重构诉讼体制，建立更加符合法制规律的诉讼制度。具体而言，审判要介入侦查，包括立案、侦查、采取强制措施、扣押、搜查等。几乎所有国家的刑诉法，都把侦查和起诉纳入审判之中，侦查、起诉都是为了审判，都要受到审判程序的制约。

2. 改革的价值目标

第一个目标是总目标，通过庭审程序的改革，实现程序公正，通过程序公正，来达到实体公正。第二个目标是价值目标，也是直接目标，就是保证庭审的功能和作用，保护诉权，公正裁判，保障庭审的决定权，以庭审为标准。第三个目标是保障经过庭审的案件经得起法律的检验和历史的检验，保障案件的质量，实现司法公正，提高司法的公信力。

（四）以审判为中心的诉讼制度改革的具体任务

第一个任务，必须要把侦查这个基础夯实，这也是我们辩护工作的第一个目标。就当前我国的侦查工作情况，我总结这么几句话：第一句话，刑讯逼供仍然屡禁不止。第二句话，侦查中的违法情形乱象丛生。第三句话，非法证据充斥诉讼。最后一句话，冤假错案我不敢说是大量存在，但起码时有发生。

最近我受人之托，会见了一个副局级干部。见到我以后，跪倒在我面前说："打我，我不怕；骂我，我也不怕；不给吃也不怕，不给喝也不怕，我最怕两条。"我说："你怕哪两条？"他说："两个武警看着，每两个小时换一次班，换班的时候那个皮鞋声咔嚓一立正，然后高喊'目标没有问题'，我最怕这两条。一天一共24个小时，12次皮鞋声，12次'目标没有问题'，我还睡觉不睡觉啊？你看我现在这个样子，还让我天天想问题，逼着让我想问题，想什么啊？我自己长什么样子我都忘了。"这种反复的方法行不行？同志们，好事也要办成坏事。我们刑辩律师对这个问题有没有引起高度的重视？在辩护的工作中什么是非法证据？诉讼的过程中，这种刑讯逼供的状况，我们是拿出什么方法和措施来解决的？

中央这次律师工作会议叫你们监督司法，你们是怎么监督的？当然了，我对检察机关讲，像我这个岁数也敢说大话，我是批评的办法，你们这个法律监督是怎么做的？在律师场合我讲你们这个法律辩护是怎么辩护的？你是不是把住这个关了？我讲这四句话，"刑讯逼供屡禁不止，侦查中违法乱象丛生，非法证据充斥诉讼，冤假错案时有发生"，希望同志们每一个案子都要从这四个方面来把关。解决这四句话，按照当前《刑事诉讼法》的规定，同志们，一个辩护的标准，一个法律标准，一共是六项措施，大家来倒逼和追问。

第一，侦查中的拘留逮捕，必须送往看守所羁押，这是《刑事诉讼法》规定的。羁押的场所变了没有？拉到看守所以外是什么情况拉的？哪一次拉的？时间、地点、方法？每次口供是在什么地方收集的？第二，讯问审讯必须在看守所进行，这就是《刑事诉讼法》的原话。第三，审讯的方法如何由刚变柔？是柔性讯问还是刚性讯问？现在我们对公安、检察院反贪部门的培训就是解决这个柔和刚的问题，都有具体方法和措施。第四，讯问全程是不是坚持了录音录像？每次审讯笔录是不是有录音录像？第五，侦查的模式如何从以口供为本转向以实物证据为本？第六，我们反反复复地告诫侦查部门，不要颠倒办案程序，先搜证，后动人，再讯问。我想对侦查部门的这些要求，这些法律标准，都是我们辩护的武器。只有遵守了这几条，才能夯实侦查的基础，实现以审判为中心的改革。所以我把它作为第一项任务，叫夯实侦查基础。当然做到这六条是很难的，别的不讲，就那个录音录像执行得怎么样，我想同志们都比我了解。

我到山西省辩护，对这个录音录像的运用，我们律师提出来了，说这是非法证据，录音录像有问题，要启动非法证据排除程序。结果法院还不错，启动了。启动以后，法院开庭审判，先把录音录像调来播放。播放以后，辩方提出来这个录音录像下头标的数字是2012年1月28日，本来该是1月22日。审判长把桌子一拍，怎么回事，那6天到哪里去了？你猜那个侦查人员在法庭上怎么回答的？"到哪里去了你别问我，停电了，你去找那个供电局去。"人家去一查，那天是个礼拜五，根本就没有停电。再往下放，声音没了，图像也没了。还有进一步解释，为什么22日出了一个28日？从武汉买这个机子质量太差了，按了一个22日，出来一个28日。同志们知道这个录音录像是我2002年提倡的，叫三项制度，录音制度、录像制度、律师在场制度。经过10年的实验，录音录像制度进入了刑诉法典。要是录音录像制度不行，我们就要启动律师在场的实验，因为录音录像不好好搞，就只能把律师派到审问的现场。

这个假期我们团队已经总结了世界上21个国家的刑诉法，只要开始审讯，律师不到场，口供就不能作为证据使用。特别是俄罗斯刑诉法典（2015年）的规定，律师不到场的口供不能作为证据使用。俄罗斯的刑诉法典有一条叫作不采证的范围，其中就包括律师不到场的口供。

第二个任务，坚持执行我国《刑事诉讼法》规定的严禁刑讯逼供的机制。《刑事诉讼法》实施这几年来，我也在多处宣讲，《刑事诉讼法》第50条规定，对证据的收集必须做到不得强迫自证其罪。这一条落实得怎么样，我想同志们都比我清楚。另外，对非法证据要进行排除。我们确立了非法证据排除规则，规则确定了，但实际情况同志们都比我清楚。什么叫非法？我们在原来的基础上又归纳了十种情况，这十种情况已经两年了，就是出不了台。出不了台的一个核心问题是疲劳审讯问题。最高人民法院坚持每天的审讯要有不能少于6~8个小时的休息和饮食时间，要给足8个小时。结果有人就反对，经过反复的讨论，最后形成的文件是夜里零点至六点不准审讯，要给被审讯人一个休息的时间。什么叫疲劳审讯？当然了，西方国家审讯只能白天进行，夜间不能进行。像俄罗斯，什么叫夜间？日出日落还加一个括号，房间什么都写得很清楚，每次审讯只能4个小时，两次审讯8个小时，之间要相隔一小时。那个时间标准划得非常清楚。我们不敢达到这样的高标准，但起码6~8个小时的饮食和休息时间得保证。所以尊重和保障人权，是人性的至高性，体现了人权的至高无上，这在我们实际工作程序中的每个环节都体现得非常突出，因此以审判为中心的制度改革在我国要首先落实严禁刑讯逼供的机制。第一，不得强迫自证其罪，第二，非法证据要排除，第三，全程录音录像，如果再加上一个律师在场，我想这个刑讯逼供的问题基本上就解决了。这是以审判为中心的诉讼改革中一项重要的任务，也是夯实侦查基础的一项重要任务。

第三个任务，关于审查起诉。审查起诉，是以审判为中心的制度改革的中间环节，也是防止冤假错案的一个屏障。

第四个任务，庭审是以审判为中心的制度改革的一个核心。具体到法院怎么做，首先是要以一审程序为中心，一审还得以庭审为中心，要发挥庭审的决定作用。特别要以庭审的要求和标准来制约侦查和起诉。现在这个口号是提出来了，但还没有具体的制度和程序来制约侦查和起诉。我们将来的第三期改革，要在具体制度这个层面来制约、监督侦查和起诉。如何搞好庭审实质化改革问题也是一个很大的专题，希望同志们注意这方面的动态。

第五个任务，审判诉讼制度的改革必须要求刑事辩护工作进入实质化、有效化。如何进入实质和有效？我等会儿在第二个专题来讲。

（五）以审判为中心的诉讼制度改革的具体规则

1. 坚持证据裁判规则

第一，坚持证据裁判原则，必须紧紧围绕本案的证明对象，收集证据，运用证据。所谓证明对象，即本案在证据上要解决什么问题，实体法上就是犯罪的四大构成要件。我国《刑事诉讼法》上将其综合成"七何要素"：何人、何事、何时、何地、何法、何因、何果。起诉、辩护和审判解决"七何要素"，明确本案的证明对象，才是坚持了证据裁判原则。

第二，全面贯彻证据裁判原则，必须掌握对证据运用的"九大环节"，即收集环节、固定环节、保管环节、移送环节、赃款赃物返还环节、辨认环节、证据出示环节、质证环节、认证环节。这九大环节基本上概括了证据的收集和运用。抓住九大环节进行有针对性的辩护，才能实现刑事辩护精准化、精细化，才算坚持证据裁判原则。

第三，坚持证据裁判原则，必须严格依法排除非法证据，坚持非法证据排除原则。这个非法证据的排除当前的问题也是非常突出的，从概念到程序到排除的方法、排除的效力，当前问题都是非常突出的。好在这个原则的确立刚刚开始，这是贯彻以审判为中心的诉讼制度改革我们必须要坚持的一项原则。

2. 完善证人、鉴定人的出庭制度

长期以来，关于证人、鉴定人出庭的范围一直有争议。是不是案案都要到庭？世界各国的做法并不是这样的，律师对这个要心中有数。通过这次改革以后，特别是速裁程序的试点，这18个试点的汇报会我也参加了。速裁程序的试点，简易程序的实施，普通程序的贯彻，有一些问题同志们要明确。诉讼为什么要分流？分流了以后，就是要确保15%~20%的大案要案一定要做到证人、鉴定人到庭，保证重点。对于案案到庭，第一没有必要，第二也做不到。这次速裁程序的改革要按照几个试点的经验和做法，速裁案件要占到20%~25%左右，简易程序的案件要占到20%左右，再加上普通程序，最后算的结果，真正大案要案要开庭也就达到15%~20%，最多25%。我们讲的证人、鉴定人出庭问题，程序的改革问题，重点是放在这25%左右的案件上。这个配套的改革在实体法上要求我们最后对罪行的分类和划分上要区分轻罪和重罪，轻罪有人说是5年以下，有人说是3年以下，这个还没有最后定。就实体法上今后我们要形成这三个档次。

　　在程序的选择上，应当构建速裁程序、简易程序、普通程序、特殊程序这么一个诉讼程序体系。现在的试点正在紧张地进行，我想这些改革对今后我们的审辩工作都要产生深刻的影响。哪些案件必须要到庭，哪些案件不需要到庭，哪些案件的证人证言证据，控辩双方能协商一致就行了。我们工作的重点要放在大案要案、防止冤假错案的发生上。证人、鉴定人出庭当前主要是个诉讼分流问题，诉讼要分流，要区别对待，甚至包括宽严相济。

　　最近有同志从美国回来，一个上午美国审了三十几个案件，就是采用简易程序、速裁程序来解决的。我们想这样区分一下，进行一些改革，来突出重点，解决证人、鉴定人出庭问题，解决案件质量问题。所以对这项改革，希望律师同志们也要给予谅解，要学习一点诉讼的基本理论，要认识到它的重要性。没有重点，不加区分，同一个程序，同一个标准，最后什么也搞不成，全部都是走过场，浪费了诉讼的资源，效率又提不高。这是当前的所有任务中，比较突出的一个任务，要进行诉讼程序、诉讼模式的改革，来解决证人、鉴定人的出庭问题。

3. 庭审要实质化

以审判为中心的诉讼改革必须进入庭审的案件，庭审程序要实质化。如何做到实质化？如何解决质证问题？如何解决庭审程序落实问题？这是法院的一个重点，当然也牵扯到我们律师，律师怎么做，待会儿我专门来讲。

4. 解决证明标准问题

在庭审实质化的基础上，要解决证明标准问题。怎么才能达到案件事实清楚，证据确实充分？也就是对《刑事诉讼法》第53条的理解问题。在这个问题上，当前在贯彻以审判为中心的诉讼制度改革的过程中，出现了几个不同的认识。第一个不同认识，关于诉讼的证明标准，侦查、起诉、审判、辩护是不是有不同的标准？即分层次、有区别的证明标准。第二个不同认识，需要解决的问题，也就是最高人民法院的要求，都要按照庭审的标准和要求进行，要统一标准。侦查也好，提起公诉也好，要达到案件事实清楚，证据确实充分。第三个不同认识，如何运用认识论解决证明标准的统一性问题，有些人对认识论的运用，认为我们整个诉讼程序都是一个认识过程，由低到高，最后以法院的认识为标准。当场就有人提出不同的观点，不同的诉讼主体有不同的认识，但侦查、检察、律师、法官这四大主体都要按照同一标准来认识。一个带有普遍性的问题是如何正确理解排除合理怀疑问题，特别是在我们辩护的过程中如何正确理解排除合理怀疑问题，在这个问题上，我们有着极大的辩护空间。

如何来把握？在制定《刑事诉讼法》时，我受全国人大的委托，到美国哈佛大学进行了两次访问，解决美国排除合理怀疑制度要不要被引进我们国家的刑诉法典以及排除合理怀疑的含义究竟是什么的问题。我提出这个问题以后，哈佛的教授说，这个问题他们回答不了，因为事实认定是陪审团作出的，而我们是没有陪审团制度的，诉讼证据认定的复杂性就在这个问题上。

接着考察日本和我国台湾地区，这个问题基本得到了解决。包括我国台湾地区在内，对排除合理怀疑的解释是四条。第一条，排除合理怀疑是个道德标准，要求办案人员首先要有良知，不能去办关系案、人情案、金钱案，要坚持一个良知。第二条，排除合理怀疑是个理性标准，是个理念性的要求，是个奋斗的目标。第三条，所谓合理怀疑，必须是具体的怀疑，不是推定的怀疑。推断的怀疑，时间、地点、方法、手段，哪一个情节没有排除，都达不到唯一性。第四条，就排除合理怀疑来讲，它是建立在全案证据的基础上，10个证据、20个证据经过综合分析，再加上办案人员的经验判断、逻辑判断和最后的自由裁量权的运用，才形成了本案的结论。

一个案件的质量关键在于你的经验、逻辑思维方式，你对自由裁量权是怎么运用的，这就是一个法律真实的标准。你并非要达到客观真实，法官也好，警官也好，辩护人也好，都是人，不是神。这就是法律真实与客观真实之争。因为案件都是事后认识，这个事实是永远不能再重现的一个事实，多数都是主观判断，所以从这个意义上来讲，我是反对死磕的，死磕违背了认识论。你认为哪个案件肯定有问题，关键是犯罪构成要件的七个要素查清与否。所以2012年《刑事诉讼法》的修改，基本上是按法律真实的框架来确定第53条的，第53条确定了三项刑事案件证明标准。我们没有吸收大陆法系的做法，反而吸收了美国的做法，就是这个道理，因为这个是符合认识论的。在这些问题上，希望同志们学一点证据法学的基础知识，才能使辩护工作从非理性走向理性，不至于陷入死磕的困境，从中找到平衡，这是我们贯彻证据裁判原则当前必须做到的几个方面。

标准问题、鉴定人出庭问题、非法证据排除问题，还有讯问的几个环节问题，都非常重要。我想在这几点上，我们和公检法机关应该是统一的，至少认识是统一的。这是我们想贯彻证据裁判原则必须要解决的问题，因为证据是核心，所以我放到前头来跟大家讲。这和我们辩护都是一致的，不能认为辩护的标准和法院庭审的标准是两个标准，不能这样。我们都要统一到这样一个标准上来，要达到一个综合全案证据、排除合理怀疑的标准。你说没有达到唯一性，你的怀疑得是个具体的怀疑，时间、地点、方法、手段、原因、结果，你要提出具体的。不是张三，那你说是谁，你说不清名字，得把那个基本事实讲清楚，要言之有理，符合法律真实的标准。

5. 维护司法权威，充分发挥庭审的决定作用

首先，所有参加庭审的人员必须服从审判长的指挥和领导。这个问题也是有争论的，下面我来讲争论的焦点。检察机关的审判监督和以庭审为中心并不矛盾，关键是如何监督。从1996年《刑事诉讼法》的修改到2012年《刑事诉讼法》的修改，我们是在不断地推行强化侦查监督，淡化审判监督。如何淡化呢？立法上采取两个措施：一是反对当庭监督，强调事后监督；二是事后监督得通过人民检察院向主管检察长汇报以后，以检察员的名义进行监督。公诉人虽然是法律监督机关，但同样要听审判长的指

挥和领导。

最近我到河南参加一个会议，一个中级人民法院院长向我提出一个问题："教授，怎么发挥庭审的作用？我们法庭一宣布开庭，那个公诉人先说两句话，第一句话，我代表中华人民共和国某某省某某县检察院，对本案被告人提起公诉。第二句话，我代表中华人民共和国人民检察院某县检察院，对本庭实行法律监督。我这个审判长当时浑身都起了鸡皮疙瘩，小腿都发颤了。这样怎么以庭审为中心？"后来我就带着这个问题调研了五六个省，几乎每个省都是这样。为什么这么普遍呢？说是最高检发的一个文件，要求检察院这样提起公诉。现在我作为一个最高检的咨询委员，已经向最高检有关部门提出来这个文件的问题了。

《刑事诉讼法》第52条第2款规定，行政监察的证据，第一，主体机关不包括纪委；第二，证据的范围就是实物证据。物证书证，经过审查，行政手段存在是合法的，可以运用。除此以外，所有的言词证据统统要进行转化，所谓转化就是检察机关要重新核定。把你派到纪检部门去反腐败，脱掉了检察官的服装，你办了两规的案子以后，把衣服一穿，证据就转化了，这种做法是错误的，要按照法定的程序进行程序上的转化。我想这些问题同志们都有很大的辩护空间，一些反腐的案件要注意这方面。一要区分纪委监察权和审判权、检察权是不同的概念，二要区分纪检证据同诉讼证据是不同的概念，三要正确理解《刑事诉讼法》第52条第2款的规定，从主体到证据的范围只限于合法的实物证据。

二、以审判为中心与刑事辩护工作

（一）辩护律师是以审判为中心的诉讼改革的主体之一

第一个观点，刑事辩护律师是以审判为中心的诉讼制度改革的四大主体之一。第二个观点，就诉讼结构和庭审控辩审三者的关系来讲，没有辩护就没有诉讼。辩护如果缺失，就没有近代和现代的庭审，削弱了辩护，近代和现代的诉讼就失去了标准。这些基本理论大家是清楚的。在我国当前的情况下，如何落实这两条呢？我想近两年来，同志们都有很深刻的体会，要有自信。中央领导特别是我们总书记讲的，若不能求助于律师，公正司法从何而来呢？所以我讲律师队伍特别是我们辩护律师是依法治国的一支重要的力量。刑辩律师是以审判为中心的制度改革的一个主力军。

　　孟书记在全国的律师工作会议上讲的这几个观点，我想同志们也要牢牢记住。第一个观点，我们要积极构建司法人员和律师的新型关系，共同促进社会主义法治文明的进步。第二个观点，律师和司法人员都是社会主义法治工作队伍的重要组成部分，只是角色定位、职责分工不同而已，都肩负着维护当事人合法权益、保障法律正确实施、促进公平正义的使命。我想中央从文件到领导的这一系列讲话，对我们律师的定位问题已经在原来《律师法》规定的基础上又明确、具体了。现在怎么能把它上升到一种诉讼的文化，作为大家的一个世界观、方法论？遇到各种挫折和困难，坚定不移，这些观点是不会有变化的，要坚信不疑。要建立新型的关系，什么叫新型的关系？中央总结二十四个字，叫"平等相待、相互尊重、互相支持、相互监督、正当交往、良性互动"，这就是我们行动的指南。特别是把律师与政法工作之间的关系提高到一个监督的地位，这是一个新课题，现在正在研究律师怎么监督政法工作，监督作用发挥在什么地方，这种监督和检察机关的监督有什么区别，在程序上如何体现。各位同志也要进行认真的研究，为了贯彻这些基本观点，明确以审判为中心的诉讼制度改革的律师定位和位置。为了解决这个问题，中央对司法机关规定了"四个不能"。第一，不能嘲讽训斥律师；第二，不能随意打断或者制止律师在法庭上的发问、质证和辩护；第三，不能置之不理其中正当的申请和合理的意见；第四，不能对律师采取歧视性的态度。规定非常具体，所以根据这两年发展的势头，刑辩律师的机遇是前所未有的。由于定位、定性到实际职责的变化，我们要同司法人员一样，重品行、重操守、守规矩、坚守做人处事交友的底线，形成一支干干净净、堂堂正正的律师队伍。希望同志们通过这次学习，把这些问题认识清楚。

（二）庭审实质化改革中的律师应对

庭审实质化要进行诉讼制度的改革，辩护怎么办？大家要认真思考这个问题。辩护也要迈向实质化、有效化，争取尽快建立起有效辩护制度。有效辩护制度和无效辩护制度均起源于美国：若辩护人没有尽到职责，没有正确地维护当事人的合法权益，二审法院对一审判决可以全部宣判无效，所以叫作无效辩护制度。有效辩护制度由三个要素构成，一是合格的律师，二是全面的庭前准备，三是称职的法庭辩护。

1. 全面的庭前准备

全面的庭前准备工作一共是六项。第一项，及时会见。第二项，全面仔细阅卷。第三项，及时有效的调查。四个调查：①查关键证人；②调取有关物证书证，是指本案涉及的物证书证；③必要的时候走访犯罪现场，卷里再清楚，你也要看一看有没有这个现场；④围绕委托人查主体，责任原理、责任行为究竟够不够。昨天我在会上听说，杀人的现在大部分最后都是进行精神病鉴定，我们律师要注意这个问题。最近暴露出一大批杀人犯，都是由于精神病，被免予刑事责任，结果入了强制医疗机构以后，他说自己是假的，不让给他医疗，因为让他吃药，药吃下去，他受不了。律师要注意这个问题，所以围绕着委托人要查主体。第四项，科学谨慎的专业鉴定。第五项，充分协商辩护的策略。你要和你当事人充分协商辩护策略。第六项，积极参与庭前会议，尤其是解决非法证据的排除问题。

2. 称职的法庭辩护

所谓称职的法庭辩护，就是要针对控方的案件，进行实质审查。对控告一方的起诉书提出的证据，要进行实质审查。核心问题是要正确地贯彻质证规则和质证技巧，特别是对法定的八种证据，明确每一种证据如何进行质证。要紧紧抓住每一种证据的证据力和证明力来进行，特别是证明力的特点。例如，对证言的质证，可归纳为九个内容：一是证人与案件事实的关系；二是证人与本案被告人、被害人的关系；三是证言与本案其他证据的关系；四是证言的内容及其来源是否前后矛盾、有无瑕疵；五是证人感知案件时的环境、条件和精神状态对证言质量的制约作用；六是证人的感知能力、记忆能力和表达能力是否准确；七是证人是否受到外界的干扰和影响；八是证人在年龄以及生理上、精神上是否有缺陷；九是证言前后是否矛盾。

三、刑事辩护工作在当前改革中的转型问题

（一）从非理性转向理性辩护

这一个转型要求以下三点：第一点，要恪守本职，充分发挥职业精神。什么是我们的职业精神呢？我引用江平老师最近的一次讲话。江老师讲，律师作为一个职业来讲，具有三大优势：①律师是一个具有权利意识的职业群体；②律师是一个更具有现代意识的职业群体，比一般人有更进步、更新的思维方法；③律师是

一个更具有法律意识的职业群体。律师职业的使命就是要忠诚地维护当事人的权利，要严格依法进行，这就是我们的职业精神。

我是河南人，经常到河南高院去，张林院长推行的那个庭审让律师跟被告人在法庭上坐到一起，最后统计调查的结果，第一个出来反对的就是律师。那天我听张院长给我介绍情况，律师带头出来反对，当场我就哈哈大笑，我说我们律师水平太差了，不知道自己是干什么的，你接受人家委托，又不忠实地维权，不愿意跟被告人坐到一起，你说你要坐到哪儿？希望同志们要有一种职业精神，要勇于维权，敢于维权，要忠实于当事人。这是一个最基本的立场，世界各国律师都是这样，我们更应该这样。

第二点，要尊重司法规律。脱离科学的规律，就会走向非理性。特别是对证据的运用规则和规律，非法证据排除的规则和使用，要把理想和现实、肯定与否定结合起来，从中找到平衡，要尊重规律，不能脱离规律来办事。

第三点，要面向国情，尊重我们当前生存的法治环境，要从现实的法治环境，理顺刑辩工作，要善于平衡，不要站到事情的对立面。你的能力和水平就体现在你能不能正确处理一些在危机时期的事情上。

（二）从对抗迈向协商

从对簿公堂到庭前协商，要建构和谐诉讼。这是我第一次在我们班上提出这么一个命题，同志们要理解它的深刻意义。人类历史进程中的诉讼，经历了三个阶段，第一个阶段是压制性诉讼，奴隶制社会的末期和封建专制时期是压制性诉讼，现在已经迈向了权利性诉讼，最终要走到合议性诉讼。

德国现在已经从权利性诉讼迈向了合议性诉讼。世界各国，包括美国在内，90%以上的案件都是通过和解解决的。美国律师的重点不在于竞技,法庭上你吵我斗,而在于沟通能力、协调能力。我们要尊重这一客观规律,从压制性到权利性到合议性。以证人出庭为例,为什么证人出庭这么难?检察官、法官、律师都要发动证人到庭。这种发展的趋势,律师一定要把握住,特别是在当前诉讼分流、速裁程序的建构,认罪认罚从宽程序的贯彻实施中,就更考验律师的谈判能力、协商能力、协调能力、平衡能力。

在济南开一个庭,我们在法庭上跟证人吵起来了。人家美国人感到非常蹊跷,你们庭前是干什么的?庭前就要沟通,就要说好到法庭上怎么作证,你的能力是在庭前,不是在庭上。你要学会沟通,学会做思想工作,特别是我们辩方的证人,经不经得起法庭的检验呢?现在告诫我们的公检法各个机关,要学会沟通,学会协调,学会发动,用我们党的一个传统的话来讲,叫群众路线,要走群众路线。尤其是在实体辩护向量刑辩护、程序辩护转型的时候,更应该考虑这个问题。这就是规律,希望同志们认真思考,我谈的这个命题是我们刑辩工作一个重大的命题。

(三)从无罪辩护转向多元化的辩护

长期以来,我们是以无罪辩护为主的。当前的司法改革要求我们律师不断地开展和开拓辩护的范围和种类,根据我在六个省市的调查(这些调查报告我都有),我们律师拿到钱以后,并没有做到。也对,因为根据《刑事诉讼法》第35条,第一条就是辩护人对被告人无罪、罪轻、减轻、免除刑事责任,提出材料和意见。大家就咬住无罪不放了,可是咬住无罪不放和我们当前的实际工作有些矛盾,我们实际诉讼的过程中百分之八九十的人都是有罪的。你咬住无罪辩护,这就很不合适了。当前的形势要求我们要从只关注无罪辩护不断地拓展刑事辩护的范围,发展刑事辩护必须转向多元化。希望同志们要注意这个问题。

最近我到河北调查，我想不要说多元化，就是《刑事诉讼法》已经规定的这些条款，我们做到了吗？我列举以下几个条款，同志们对照你的辩护工作，看做到了没有。第86条，审查批捕，可以、应当听取辩护律师的意见，批捕的时候你进行辩护了没有？你提什么意见了没有？第95条，有权申请变更强制措施，你申请了没有？第97条，强制措施的实施届满，有权要求解除强制措施，你要求了没有？

第159条，侦查终结前，辩护律师提出要求的，侦查机关应当听取律师的辩护意见，并且要记入在案，如果有书面材料的，要附卷。侦查中间做到了没有？这种辩护我们是怎么做的？下面不念内容了，时间到了，我就说说这些条款，同志们要牢记。第40条、第39条、第41~47条、第115条，我数了数，大概有二十六七个条款在河北省的调研期间，根本就没有落实，卷里查不到，律师没这根弦。多元化辩护，这就是辩护。提前介入到侦查阶段，侦查阶段你是怎么辩的？审查起诉阶段你是怎么辩的？法庭审判阶段你是怎么辩的？有罪辩护，量刑你是怎么辩的？我希望在新的形势下，在当前的形势下，我们的辩护一定要走向多元化。

下面我来列举多元化的范围，刚才是举例子，我归纳了以下几个范围，同志们来思考。第一，以定罪为标准，可以划分为有罪辩护和无罪辩护。第二，有罪辩护又可以划分为重罪和轻罪的辩护，有罪我把它由重变轻。第三，实体辩护与程序辩护，我刚才列举的二十几种法条，都还没有落实，都是在程序辩护之列。第四，定罪辩护和量刑辩护。第五，庭审辩护和审前辩护，特别要把我们的辩护推广到审前，从审前就开始。第六，审前辩护又包括侦查阶段的辩护和起诉阶段的辩护。第七，按辩护的模式来分，又分对抗辩护和合作辩护，合议的辩护。所谓走向多元化，就是这七种形式和范围，同志们都要动脑筋，要拓展自己的业务范围，无愧于自己的职责。

所谓多元化，最后一点，要打破习惯的无罪辩护，综合相关的证据，使辩护走向精细化、精准化、多元化。所以我们通过以审判为中心的制度的改革，在当前这一阶段，解决以庭审辩护为中心的问题，在观念上，在辩护工作上同志们要实现这三个转型。我想这些话是作为老师，作为行外人，对我们辩护工作一个宏观的看法。同志们要贯彻以审判为中心的诉讼制度的改革，第一要求辩护实质化、有效化，第二在观念上、工作上要实现这三大转型。

田文昌 中国刑辩界的旗帜,中华全国律师协会刑事专业委员会主任,以擅长办理各类典型疑难法律事务而著称。他的教学、科研、办案成果丰硕,曾发表学术论文、译文、专著、教材等一百多万字。

02 田文昌
刑事辩护中的理论误区

大家好!今天我宣讲的主题是"刑事辩护中的理论误区"。在研究一个犯罪的时候,现在提出了疑罪从无的原则,但是我们的法官根本就不理那个从无的疑点,他在谈有罪的疑点。我跟他讲:"我不否认你有罪的疑点,我也不想跟你辩论,甚至我也同意你提出的有罪的疑点,但现在的问题是你要排除无罪的疑点啊!我这十几个疑点,你一个都不能漏掉,都排除了,才能给他定罪。我不需要排除你的疑问,而你需要排除我的疑问,不是我们两个争论谁是谁非的问题。"可是这个问题跟他谈不通,他在观念中,已经深深地留下了那样的思维烙印。你跟他这样说,他说:"你说得有道理,我也有道理啊,既然这样,你怎么能够反驳我呀?"大家想想,如果法官的理念不纠正过来,那案子就没法办了。那怎么办？疑罪从无无从谈起。疑罪从无原则，这么多年来都没人敢提，直到十八大以后，才从中央政法委的文件中体现出来，从最高人民法院副院长沈德咏的文章里体现出来，这很不容易了。原来提都没有提，现在提出来了，人们没有按照这个方式去思考，去处理案件，这说明虽然我们的法律上、政策上已经明确了，但由于理念问题没有解决，还是没用。掌握生杀大权的人的理念没有转变过来，还是解决不了问题，所以理念问题太重要了。

一、雷洋案件引发的思考：执法规范与执法理念的问题

雷洋事件出现以后，社会上反响很强烈。但是这个事件出来以后，我发现了各种各样认识上的误区。前段时间我注意到，炒得正热的时候出了这么一篇文章，叫《雷洋对不起，我是警察》，大家注意到这个文章了吗？这篇文章引经据典，写得有一定的深度，论证了警察执法的必要性和正当性，那就是公民应当配合警察执法，什么查验身份证、留滞、采取强制手段、如果不配合就可以采取暴力，这是应该的。如果不这样做，警察就没法干了，社会治安怎么维护呢？人人都有配合警察执法，配合警察盘查的义务。

这篇文章出来之后，引起了很多人的误解，说这篇文章写得有道理啊，如果不这么做，警察执法权哪儿去了？怎么体现？社会这么乱怎么办？甚至在我们律师的群体中也出现了类似的认识，说这篇文章写得好，有道理。虽然雷洋是冤的，但是从这个角度论证了警察执法的必要性。大家想想，为什么会有这样的认识？是因为我们对警察的执法规则和执法理念根本没有搞清楚。

后来针对这个问题，我临时在我们律所搞了一个内部研讨

会。我请了所内所外一部分律师参加，还请了五位专家，其中包括美国的一位专家。开会的时候，我让专家后发言，律师先讲。很多律师从情感上来讲，认为雷洋事件，警察是有问题的，但是从理念上和理论上，就讲不清楚了，绕来绕去，绕不出圈子，觉得警察也挺冤的，也挺委屈。有一个公安大学的教授甚至还很慷慨陈词地说："警察一点问题都没有，我们中国警察权力太小，美国警察权力大多了，比如你不服从他，他可以随时击毙你。"

最后，我们先请美国的教授介绍了美国警察的权力到底有多大，完全不是大家想的那么回事。美国警察的权力大，大在什么地方？面对手持武器的这种危险，他有一定的权力，但是限制更多。美国警察一旦盘查出现问题，甚至不出现问题，被盘查的人打个电话，律师马上就过来，如果警察有一点点失误，马上就可以受到追究，救济措施是非常严格、非常严密的。而且美国警察绝不像有些人说的，可以随便去盘查，美国警察是不允许随便查验身份证的。这么多年来为什么这么多非法移民可以10年、20年在美国待得住？就是因为美国警察不能随便盘查身份证，没有一定的证据，随便查，那是要出问题的，会受到追究。所以导致了这样一个情况：我很怀疑这个人有问题，但也不能随便查。中国警察任何人都可以查。后来我们又请樊崇义教授、王玉演教授，从刑事诉讼理念上充分地论证了警察权力的问题。

实际上我们的认识没有超出现有的规定，我们在现有的框架里去分析警察的盘查权。如果从根本上，从保障人权、规范警权的角度来看，通过雷洋事件的启示，应当修正我们警察办案的一系列相关规定，我们应当换位思考。我后来发了一篇短文，现在网上也有，题目是《公权力任性是对国家公信力的极大破坏》，就是针对这个问题写的，在财新网发的。

我谈的理由很简单，我们换位来想一下，如果按照《雷洋对不起，我是警察》那篇文章的观点，如果按照对支持这篇文章或者被这篇文章所说服了的人的认识，是不是可能意味着任何一个公民，在任何时候、任何场合，都可以被任何警察以任何理由，用任何手段加以盘查？如果这个公民不予配合，那么就可以被警察以任何理由和任何手段，采取强制措施，甚至弄到派出所，弄到一个地方给拘起来，会不会这样？我们从正面来想问题的同时，要不要同时从反面来想一下？警察就没有违法行为吗？

紧接着出现深圳两个小女孩被无理盘查的事件，大家看到网上也有了。我们的目标是限制私权利还是限制公权力呢？如果公权力泛滥以后，会有多少个警察中的少数不守法人，哪怕是极少数不守法人，去以此手段，以此理由，以此权力，来侵犯公民的人格，甚至人身的权利呢？反过来，如果不这样做，社会治安就没法维护吗？美国警察也好，欧洲国家警察也好，那么严格的约束，社会治安乱了吗？我们没有跳出我们现有的框子去思考问题，这又是理念的问题。

记得20多年前，我还在中国政法大学做法律系副主任的时候，上海出了这么个事，几个警察误抓了一个青年工人，收拾了一顿，没有问题后给放回去了。小青年满肚子委屈，回到工厂，工厂说他干坏事，警察是不会抓好人的，肯定是他有问题。到哪儿都说不清楚了，小伙子脾气很大，弄了一桶汽油在闹市区自焚死了。事儿闹大了，这几个警察就被抓了。

当时正好我们政法大学法律系在办一个关于警察的培训班，有七八十个警察，来自全国各地，就找我来说理来了，说："田主任你得给我们说一说，我们太委屈了，这么多年来我们都是这么干的，怎么一出人命了，我们就被抓？警察没法干了。"为了这件事,我在这个班上做了一个正式的答复,也算是讲解。我给他们讲了警察执法的规范应当是什么,人民的权利应当如何保护,最后我告诉他们说:"你们当时没被抓算你们便宜,按照道理都该抓。人不死就不抓了吗?你随便就可以抓人,随便抓人就可以采取各种手段?"我们警察习惯了,严格说也不怨警察,对个体来讲,就是这么规定的,就是这么做的,警察有一定责任,但是最根本的责任不在他们,而是我们的执法理念、执法规范有问题。

所以我说雷洋案件他嫖没嫖娼并不是最重要的问题,嫖没嫖都没关系,关键是警察有没有权力,在没有现场获得证据的情况下抓人?即使他嫖娼了,现场有证据吗?没有,录像没有反映,只是反映他从那儿附近,还不是门口,从那个洗脚屋附近走过来,警察就可以抓他?那换了我们每个人,我没事,警察抓我,我不可以反抗吗?老百姓没有反抗的权利吗?我正要参加一个活动,开一个会,赶飞机,赶火车,你拦着我非要查,无端地查,我不能走吗?我跑了,过去经常出现这种情况,你没事跑什么?跑警察就抓你或可以开枪,警察说跑就不是好人。我们连跑的权利都没有吗?最后,真正要看有没有违法犯罪的行为,如果说警察看见老百姓跑,就可以抓,那我们可不可以说老百姓连跑的权利都没有啊?我没有任何问题,我不能反抗吗?我不能拒绝吗?我一定要配合吗?这都是非常无视人权的做法。可是在过去这么长的时间里司空见惯了,人们不以为意。

还有就是在 80 年代,就在北太平庄,我骑一辆自行车去买菜,看见警察和城管截了一辆三轮车,前面原因我不知道,那辆三轮车推的时候撞上一个年轻人的屁股,这个年轻人说:"你撞我干吗呀?"他们说:"我是警察,我是城管,我撞你怎么了?"

就把被撞的人也弄到岗亭里去了，把人家扣起来，几十个群众围观。我正好全都看见了，我一片好心过去和他们说："你们一定不能这样做，你撞了人，还不是被抓的人，而是走路的人，你要给人家道歉，你不光没道歉，还把人抓起来，这后果不好。"他看我敢站出来说话，问我是干什么的，把我也扣了起来，带着去派出所了。很多群众就急了，说不能去，我说不怕，我去吧。进了派出所，那个派出所一个副所长，端着一杯水，在那儿流里流气地就开始跟我胡说八道，把我扣了半个来小时，我就不说话，心想："你看吧，我看你怎么交差！"结果正好这时候有多事的群众，在现场看到，就给政法大学打电话了。政法大学保卫处就打电话，说："你们把我们法律系主任给抓了。"他们慌了，又给我道歉，我说我不走了，你给我说清楚，一帮流氓嘛这不是！

后来我们政法大学盖了校章，写了材料给海淀区分局，把这个所长给撤了。如果我是老百姓呢？我不是法律系的负责人呢？白抓，我活该。所以这就是整个执法理念的问题，这个问题到现在还没有解决，所以我说雷洋事件应当提出了一个新的问题：重新构建警察执法的规则，转变警察执法的理念。这都是代价，当年孙志刚事件出了以后，人大法工委开了一个专家研讨会，后来废除了这条法律。当时那个研讨会就在京都所开的，当时蔡廷建（蔡廷建已经不在了）给我打电话说，没有经费，没有地方；我说在京都所开，我提供一切条件，车辆、费用由我提供。

后来黄海波的事，我们京都所又搞了一个大型研讨会，想推动这个。劳教都废除了，这个审查不废除？嫖娼收容不废除，我们又提了，但是现在还没起作用。这次又出个雷洋案件，这都是历史的代价。但是这个代价不能白付，要起到推动法治建设的作用，起到推动司法改革、立法改革的作用才行。这些问题我作为一个例子来说。

二、刑事诉讼中重要的理念问题

刑诉理念中存在着一些普遍的、没有解决的,而且很重要的问题。我先说为什么讲这几个理念误区呢?我们现在讲审判中心主义,我发了一篇相关的论文,副标题是"迟来的回归"。本来审判就应当是中心,可是几十年来我们搞的是侦查中心。现在提出来审判中心,这是一大进步,一个"迟来的回归",但是仍然阻力重重。至于能否实现,基本的体制不改,基本的理念不扭转,还是一句空话,还是没法实现。

(一)无罪推定原则

我讲点历史,无罪推定原则在上百年前就有了,但是在我们国家一直被视为资产阶级反动理论。直到80年代初期,我还在读研的时候,学术界突然有几个人发表了几篇论文,来研究无罪推定问题。我也跃跃欲试,想写文章参与讨论。文章还没出来呢,一顿乱棍就给打回去了,就给批倒批臭了,那时候还是资产阶级反动理论。理由是什么?非常简单,我们既不搞无罪推定,也不搞有罪推定,我们坚持共产党的一贯原则,实事求是。乍听起来,无可辩驳,谁能说实事求是是错误的?实事求是是放之四海而皆准的理论,绝对没错。但是谁都说实事求是,那么如何做到实事求是呢?谁来评判?谁来确定这个标准?一个案件证据出现争议了,我说实事求是,他有罪,你说实事求是,他没罪,他说实事求是,是轻罪,标准在哪里呢?没有标准。最后导致的就是谁嘴大,谁有权,谁就是,所以有权力的不是也是,没权力的是也不是,没有标准。这样就失去了标准,失去了手段,没有方法论。而且实事求是是一个结果,那过程呢?你既不是无罪推定,也不是有罪推定,那你在推出来之前怎么办?在实事求是的是出现之前怎么办呢?人们也没有深入的思考。

比如说举个最简单、最现实的例子,被告人的身份,按照无罪推定,他是公民,按照有罪推定,他是罪犯的代理,至少是准罪犯的代理。那好,在开庭前他享受什么样的待遇?在开庭时他享受什么样的待遇?这么多年来,我们被告人上法庭戴手铐、戴脚镣、穿号服,十八大以后,才明令不穿号服了,不戴手铐了。那好,我们说如果他戴手铐,穿号服,这就是典型的有罪推定,按这个原则,他就得这样,如果无罪推定,他才能不戴手铐,不穿号服,作为一个普通的公民被对待。既不搞无罪推定,也不搞有罪推定,假如这个命题成立,那么被告人在法庭上穿什么衣服呢?能不能不穿衣服?大家想想如果结论既不是无罪推定,又不是有罪推定,那他只能不穿衣服。这不是个逻辑冲突嘛!可是这么多年来,人们就不敢突破这个误区,就跟着喊。包括十八大以后,习近平主席提出一句话,我经常重复这句话,我觉得非常重要,那就是"要让人民群众在每个具体案件中感受到公平正义"。这句话大家想一想,看似简单的一句话,实际上是来之不易的,很重要。为什么?过去我们就讲政治,维稳,不讲究个案,要顾大局。

我就受到过很多官方人士的劝告,善意的,说老田你干吗那么较真呢?你干吗在个案上那么认真呢?你怎么不能从大局上来想呢?大家想想,抽掉了个案的公正,大局是什么?怎么能公正?于是我又想到"文化大革命"的一句口号,叫"大河流水小河满,大河没水小河干",所以大家应当齐心协力地往社会主义大河去填水,不能顾自己家的小河。我也跟着喊了十几年,后来仔细一琢磨,是小河组成大河还是大河组成小河?无数支流汇成一条大河,反过来本末倒置,大家说对不对?这么多年"大河没水小河干"这个错误的口号就可以任其发展,没有人去琢磨它,包括我在内。所以很多事物当我们认真去思考,冲出它的禁区,突破它的误区以后,才能得出正确的、科学的结论。

我们的无罪推定问题就因为这些误区,多年来就突不破。大家看看我们现在《刑事诉讼法》怎么规定的,到今天我们的《刑事诉讼法》经过两次修改,都没有堂而皇之地写上无罪推定原则。我不知道大家注意到没有,学者讲课包括我讲课,也出于善意的考虑,我们是无罪推定的,我们都讲了,《刑事诉讼法》就没写上。为什么?我是一直参加《刑事诉讼法》的修改,我也想写,就写不进去。为什么?有阻力的,我们从骨子里不接受这个原则。言外之意,你都搞无罪推定,案子没法办了。可是一系列冤假错案就是这么出来的,这个问题到现在都没有解决。

十八大以后,四中全会以后,中央政法委、两高的文件有了很大突破,确实从提法上超越了《刑事诉讼法》的规定,这不能不说是一个进步,但是很难。虽然提出来了,但在思想深处的很多问题还没有解决,这是我们要重视的问题。尽管如此,令人欣慰的是,毕竟提出来了,敢堂而皇之地说它不是资产阶级反动理论了。我们期待着《刑事诉讼法》下次修改的时候能够明确写上《刑事诉讼法》必须遵循无罪推定原则。

(二)宁可错杀一千,不可放过一个

还有一个误区,我们既不冤枉一个好人,也不放过一个坏人。我们的法律一定要不枉不纵。大家想想,这是刑事诉讼的最高境界,绝对正确。谁都希望如此,历来如此,几千年以前也如此。谁不希望不枉不纵啊?可是为什么出现了过去的宁可错杀一千,不可放过一个的问题?为什么出现疑罪从无和疑罪从有的问题？这是不是又是一个典型的逻辑冲突呢？谁都希望，谁都期待不枉不纵，这种美好的愿景没有人会反对。但是当问题复杂化了，当一个证据出现争议的时候，当面临着要么你就错放，要么就错判，二者必居其一的时候怎么办？到今天为止，没有任何一部法律，一个规则，能够真正保证做到任何情况下都会不枉不纵。

我现在不讲法律的原则和原理，只讲现实中的逻辑冲突，我们想想能不能做到？如果做不到，怎么办呢？如果明知道做不到，我还强调不枉不纵，既不能错判，也不能错放，最后选择权又在权力者本身，我想怎么样就怎么样，双重标准又来了，没有一个硬性的标准。

嘉宾： 田老师您好！我以前听过您的课，刚才讲到不枉不纵的问题，我就遇到过一个案子，我说应该把人放了，法官说他也认为证据有些欠缺，但今天把人放了，明天证据足了，他找人找不到怎么办？这是他当时回答我的一个非常清楚的答案，也是您刚才提到的一个问题。我想向你请教遇到这种问题的时候，我们都是一些小律师，我们有哪些具体的办法把这个情况给做好？谢谢。

田文昌： 作为律师来讲很无奈，我们只能据理力争，我们只能问法官能不能贯彻无罪推定原则，能不能贯彻疑罪从无的原则。很简单，只要疑罪从无了，那法官宁可错放，不能错判。沈德咏院长前一段时间说出这句话来很不简单。那次开会，我说："沈院长你这个原则能不能实现？要能实现，那司法改革就有进步了，怕你讲了也白讲。"现在可喜的是我们从理论上、认识上往前走了一步。虽然这个理论已经提出来了，但是很多人的认识当中的问题并没有解决。这就是很现实的问题。怎么办？不可能做到两全其美，那么必须有选择，必须要正视这个逻辑冲突，不能陷在冲突之中出不来，那就必须要么宁可错放，要么宁可错判。宁可错判的后果是冤假错案越来越多，宁可错放的后果是少数的真正的犯罪人逃避了惩罚，两种都是代价，这个不用回避。但是哪个代价值得付？哪个代价不值得付或者不应该付？错放几个犯罪人，错放一批犯罪人，对社会有多大的影响？相比之下，错判了一批人，对社会有多大的影响？对人权有多严重的侵犯？这是最关键的。

实行疑罪从无原则的国家，社会治安并没有混乱。但是实行疑罪从有这样的制度，由于冤假错案的频发，导致社会不稳定，导致对人权的践踏，这个代价怎么看？由于这些观念的错误，导致出现了一系列问题。比如我经常在讲课的时候被质问，甚至被我们法学院的学生们质问，说："田老师，当你信誓旦旦地为犯罪嫌疑人和罪犯辩护的时候，你有没有考虑到被害人的感受？"下一句话更难听："你的良知哪里去了？"他们振振有词，慷慨激昂，可是我们想想，我们有没有换位思考？当一个犯罪的证据没有固定的时候，当一个犯罪结论没有明确的时候，当一个犯罪的疑点重重的时候，我们能不能用无辜者的生命和自由作为代价，去平复被害人的心情？我在考虑被害人的感受，但是我们有没有考虑被冤枉人的感受？被冤枉的后果又是什么？这都是一个基本理念的问题，单向思维，一面之词。很多案件甚至杀人案件是不是被告人都不知道呢，被害人大闹，甚至在法庭上大打出手，法官就不敢怠慢了，就必须得判，不判不行了，等于无意中找一个替罪羊去平复被害人的悲情。这是法律吗？这完全不是法律，这是法外的东西。这实际上也涉及基本理念的认识问题。

（三）证据真实和客观真实

我们过去没有证据真实的概念，强调客观真实，又跟实事求是连在一起了，客观真实，实事求是。可是我们回想一下，几千年来，古今中外的法律当中，为了追求客观真实，付出了多少代价，采取了多少方式？古代社会的神明裁判也是追求客观真实啊，它没有手段，出于迷信的认识，认为神明是最公正的，从油锅里捞铁块，诅咒发誓等各种方式都有。应当说他主观意愿也是好的，但是后来证明没有用，又导致了刑讯逼供，大刑伺候，不打不招。因为犯罪现象太复杂，到现在都没有一种仪器能够探测人的心理，能够再现犯罪现场，像心电图一做说你有心脏病，测谎器跟心电图不就有点异曲同工吗，但是测谎器到现在也只是一个参考，完全靠测谎器办案照样出冤案错案，还是不行。正因为如此，我们才出现了证据真实的这种原则。为什么呢？因为所谓的客观真实很多时候是可望而不可即的。怎么办？我们必须有一个统一的标准证据规则，用证据规则来加以约束。

  人们说证据规则也不是那么准的，证据规则也会出错。没错，证据规则也会出错，那么在证据规则也会出错的情况下，首先由于他有统一的标准，这是一个前提，接下来出事怎么办？又扣上了疑罪从无和疑罪从有的问题，我们根据无罪推定原则，用疑罪从无的这种制度来处理证据真实的问题。首先证据真实有一个统一标准，在统一标准的情况下，不会有双重标准。在统一标准的前提下，如果出现了疑问，按照疑罪从无的原则来处理，这样就做到了不冤枉嫌疑人，但是可能会放纵嫌疑人，这是从保护人权的角度出发的。这是在代价的处理上比较合理的、比较划算的一种方式，所以我们现在采取证据真实的原则来处理案件。

  这个问题经过了十几年的讨论，现在基本上达成了主流意见。但是同时又出问题了，还有一部分人，包括一部分学者认为不行，证据真实只是低层次的，还要讲究客观真实。问题出来了，有人反对证据真实，有人进步了以后，认为要客观真实和证据真实并重，这又是一个很理想化的观点。我们说并重对不对？没错啊，最终我们追求的目标是客观真实，并重怎么不好啊？总比你单纯强调一个方面好啊。但是又犯了一个同样的逻辑错误，并不是任何情况下都能做到并重，很多情况下并重不了。我们都知道很多案件出现了，在证据发生争执的时候，我们拿了一部分证据，说这个证据足或者不足，另一方说他认为事实就如此，实际上肯定是他干的，证据不全面，或者证据收集不够，那是有疏漏，但事实就是他干的，我们得尊重客观事实。

客观事实谁来认定呢？凭主观判断，又是嘴大嘴小的问题。那就出现了一方面强调证据真实是这样的，另一方面强调客观真实是那样的，以哪个为标准的问题。所以很多时候会出现不可能并重的情况，那就必须指出这个主要的标准是什么。可是我们现在很多人过不了这一关，认为还是要并重，一定要做到并重才行。

我们做律师的最有体会，是不是有很多情况无法并重？那么一旦出现这样的情况，最后争论的结果就归到权力上去了，谁权力大，谁就可以以客观真实为由来说他是或者不是，所以关于这个问题的认识误区，我也是从逻辑冲突的角度来分析的。实际上我们这个问题不是一个纯法理的问题，是个逻辑问题。这个并重本身就是个伪命题，包括不枉不纵也是个伪命题，它只在一定的条件下可以实现，但是在有些时候它不能实现。当它不能实现的时候，我们必须有一个明确的规则，服从哪一个标准，服从哪一个原则，一旦我们回避了这样的标准和原则，最后导致的是以权力决定结果的双重标准或者多重标准，这就造成了对刑事诉讼原则的破坏，而这个破坏的根源在于理念认识上的误区。

三、刑事诉讼的价值目标

刑事诉讼的价值目标是什么？或者说指导思想是什么？大家知道原来的刑诉法是为了打击犯罪，保护人民，我想大家都清楚这句话的含义，即通过打击犯罪分子，把被打击的对象和被保护的对象分开来保护广大人民群众。听起来没错，但实际上完全曲解了刑事诉讼的价值目标。为什么？打击犯罪，保护人民是理所当然的问题，这不用规定，打击犯罪就是为了保护人民，这不是问题，自古以来都是这样的，要不然打击犯罪干吗呢？那么为什么制定诉讼法？我们从根上来考虑、分析一下，在最初的刑事法律中没有诉讼法，只有刑法，就是打，就是杀。

大家知道在远古时期，就是开始有法律的时候，没有那么多法律的门类，只有刑法。当时古文字中"刑法"的"刑"字和"法律"的"法"字是通用的，刑即法，法即刑，那时候的法就是抓人、杀人，还没有监狱那种设置，抓了人或者杀掉，或者是用身体刑来处理。刑的本意就是割断、杀戮，就是暴力，就是格杀的意思，动之以刑，就是将人杀掉，将人致残。当时的法律就是这样，生命刑和身体刑组成了最早的法律，所以谈不上用什么程序，没有程序，只要有权力，县官也好，能够有一定权力的人也好，就可以处置人。

后来随着社会的发展，社会关系不断复杂化，出现了民事关系的法律，以及其他各种各样的门类，同时也出现了约束刑事制裁程序的一种规则，即不能随便抓人。用什么方法来抓、有什么限制、什么人能杀、什么人不能杀、怎么样坐堂问案，逐渐形成了这种作为刑事诉讼程序规则的一种法律，就是刑事诉讼法。

通过它的产生和演变的历史我们来想想刑事诉讼法是怎么来

的？它的目的是什么呢？刑诉法的目的就是为了约束刑事制裁程序当中的一些违法性的行为，把一些不当的行为规范化。规范的目的是什么呢？要保护人民还用规范吗？不用，打击犯罪，杀掉罪犯本身，不用说，就是保护人民。那规范什么呢？规范的是在打击犯罪的过程中如何对待犯罪嫌疑人的一些行为，所以这个意思就是刑诉法产生本身，它的指向是犯罪嫌疑人，是被打击和被规制的人，不是你要保护的人，保护的人不用规制。所以刑诉法的价值目标所设计的，就是在打击犯罪过程当中如何对待，我们先不说保护，如何对待被打击的、被规制的犯罪嫌疑人的权利问题。我是随便可以去打呢，抓呢？还是要有限制？我是宁可错杀一千不放过一个呢？还是宁可错放不能错判错抓错杀呢？我对待没有认定的未决的犯罪嫌疑人，给他什么样的待遇和权利呢？我们看刑事诉讼法所规定的内容统统是指向犯罪嫌疑人和被告人的，你说刑事诉讼法的目的是为了打击犯罪，保护人民，这个说法通吗？这完全是风马牛不相及的两回事。可是这么多年我们没有人仔细地去思考它。

这次《刑事诉讼法》修改以后，我们走了一大步。刑事诉讼法的目标是什么？打击犯罪与保障人权并重，前进了一大步，起码走上正道了。我们刑事诉讼法的目标是为了打击犯罪和保障人权，但是在打击犯罪过程当中，要保障谁的人权呢？不是保障人民群众的人权，而是保障嫌疑人、被告人的人权，明确了这一点是规范我们刑事诉讼的追诉行为、司法机关的追诉行为的重要前提。

但是我们只前进了半步，为什么？因为我们又走进了一个并重的误区。为什么说是误区？能不能并重？又回到前面那个原则了，当出现疑罪的时候，需要大刑伺候，不打不招的时候，怎么办？如果强调打击，就宁可逼供，也得把罪状逼出来；如果强调保障人权，就不能滥施刑罚，不能搞非法取证。如果搞疑罪从有，那就侧重打击；如果搞疑罪从无，就侧重于保障人权。这不都出来了嘛，所以有些时候不否认可以并重，两全其美。有些时候做不到并重，怎么办？那你必须面对现实，非此即彼。过去说骑墙派、中庸派，做不到，非此即彼怎么办？要么以打击犯罪为主，要么以保障人权为主。现在国际社会上的法律都是以保障人权为主，我们到今天羞羞答答，不敢提出以保障人权为主，还来一个并重，已经是很大的进步了。这都涉及基本理念问题没有解决，在《刑事诉讼法》修改的时候有很多问题争论得非常激烈，其中沉默权问题，公安方面的代表就提出来沉默权是好事，我们坚决支持。沉默权国外也有，那是保障人权一个必需的原则。但是条件不成熟，我们现在的警力，警察的素质，警察的经费各方面都达不到这个水平要求，我们的缓刑现在不合适。后来我提出来，我说你知不知道在国外沉默权是从什么时候开始的？然后我告诉他说，沉默权制度是300年前从英国开始的，我说我们在座的谁能说今天的中国警察还比不上300年前的英国警察？人家300年前就实行沉默权，到现在社会治安至少不比我们差吧，你又怎么解释呢？怎么理解呢？

我们如果永远固守在过去的范围，就永远不会前进。我当时就说，如果实行沉默权制度，我不否认在一段时间内肯定会导致破案率的下降，不否认这一点，这是一个代价。但是如果永远不付出这个代价，我们就永远无法突破，不能前进。是这个代价大还是不断出现冤假错案，践踏人权的代价大呢？我们要好好思考这个问题。所以这一系列问题都反映了一个很重要的理念的误区，必须要冲破。可是到现在为止，不但没冲破，还有争议。

你们在网上可以查一查，我那篇《走出刑事诉讼理念的误区》的文章发了以后，就遭到了我们政法大学的刑诉法教授的批判。学术观点不同很正常，但问题在于不仅实务界，理论界、高层的理论界也有争议。大家想想，你们可以讨论，我不讲我的肯定对，我是一家之言。但是你们想想，我不跟你做理论上的争论，我就说这几个逻辑冲突你能不能解决？既不无罪推定，也不有罪推定，就实事求是，就一言而蔽之，就可以解决？不要这个原则，那你最厉害。我把冲突给消除了，你能不能真正做到不枉不纵，既无冤枉，也不放过，既不错放，也不错判，任何时候都能做到这一点？你能做到，那我就错了。你能不能做到证据真实和客观真实真正的并重都不偏废、不冲突？你能不能做到既要保障人权，又要打击犯罪，两者并重不可偏废？如果你能做到，那肯定是我错了。如果你做不到，你怎么解释呢？

我觉得这虽然是理论问题，但更是实践问题。我们做律师的必须研究这些问题，否则案子没法做。刚才那位律师提出来了，怎么做？首先我们自己的理念要清楚。接下来我们律师要知道自己应该做什么。大家都知道我说过："律师既不是天使，也不是魔鬼，既不代表正义，也不代表邪恶。"为什么我会说这句话？任何一种观点都不是凭空而来的，都是切身体会。

四、律师的职责

想当初我还在政法大学做兼职律师的时候，因为办了一个什么大邱庄案，航空公司索赔案，还有几个企业家无罪辩护的案子，一下子被捧上了天，我简直就成了天使。很多人给我写信，有时候成麻袋成麻袋的，让我感觉我就是包青天，就是天使。记者动不动就说田教授疾恶如仇，看到来申冤告状的人，拍案而起，掏起自己家的存折就去给他打官司。当时我在政法大学一个月连100块钱都挣不上，我是月光族，根本就没有存折，这都给我造出来了，我简直就被捧上天了，出了很多笑话。

我刚出来办所的时候，有一个40多岁戴眼镜的中年知识分子到律师事务所找我，咨询一个民事问题。我给他很耐心地解答完以后，他说怎么做？我说你得签合同，委托律师，得交律师费。我话一出口，他就傻了，看着我："你也收钱啊？"我说我也得收钱啊！"好，算我看错人了。"真是无奈，所以10年以后，刘涌案一出来，我成了被全国人骂的对象了，瞬间就成了魔鬼了。最令人感到悲哀的是网上一个自称是政法大学学生的人写了一个东西，说10年前他曾经是我的学生，当时把我当成他们的偶像，对我崇拜有加，没想到看错了人，今天才看到我真正的嘴脸。然后记者又采访我，让我谈谈10年来的变化，从天使变成魔鬼的心路历程。这些问题听起来很可笑，但是很严重。

严重是在后面我要说的，就在我有感而发说出这样的话以后，我经常遭到别人的批判。曾经有一次在一个会上我又说："我虽然说了这样的观点，但是至今有人不理解，甚至律师界有些人也不理解。"我话音刚落，两个律师拍案而起："我们就不理解，为什么你这样说？你贬低我们律师，你不是天使，你不代表正义，我们代表。"义正词严地把我给批了一顿，我真是无语。最后我说了一句话，我说我只问你们一句话，追求正义和代表正义是不是一回事？其实这个问题很简单，我们不追求正义吗？但是我们能代表正义吗？我们律师能代表正义，还要法官干什么？有一个庞大的律师队伍就得了，我们都是正义的化身，谁也不用了。这么浅显的问题，可是我们律师自身都不理解。

多年前有一个剧本，《黄宗英儿子打官司》知道吗？不知道吧？周璇、黄宗英，这俩人知道吧？黄宗英是著名演员赵丹的妻子，周璇是新中国成立前著名的歌唱家，周璇死了以后，她儿子由黄宗英抚养成人。后来因为继承遗产的问题，周璇的儿子把他的养母黄宗英告上了法庭。有人就以这个为素材写了一个剧本。这个剧本是怎么写的呢？把黄宗英原型写成了一个妇产科医生，把律师写成了一个黄宗英妇产科医生的老朋友，他的孩子是妇产科医生给接生的，两家关系很好。这个妇产科医生被她儿子告了以后，找到这个律师，律师就答应给她代理了，上午刚答应，下午儿子那一方又找他了，律师一看儿子那一方有理，毅然放弃了友人关系，辞掉了这边，去给那个有理的代理去了，这个律师大义凛然。

我说怎么能这么写？律师没有这个义务啊，都挑有理的打，没理的官司就没人打了，他还有必要大义凛然、大义灭亲吗？可是剧本就是那样写的。我说出来以后，有的律师还反对我，怎么不能那么写？可以啊，律师的光辉形象啊。你想想我们律师到底应该怎么做？所以前些年我一直在到处讲律师的职责定位问题，律师到底是什么人？律师和正义的关系是什么？律师和当事人的关系又是什么？

这样的电视剧很多，北京台好多年前有一个电视剧叫《被告》，讲了一个年轻帅小伙，帅哥律师，正义的化身，给一个遗弃父亲的儿子做代理。父亲把儿子告上法庭，然后当庭宣判让他承担扶养义务，他败了。这个委托人站起来很不满，意思"你这个笨蛋，白请你了，一点用都没有，你还让我说"，然后这个律师就非常轻蔑地看了他一眼，从兜里掏出一大笔钱来，"给你，就你这种人，就该输，我根本就没想让你赢"。电视剧歌颂律师的这种形象，在现实中这个律师得被吊销执照。这么多年这个问题就没解决好,更有甚者,这些年我时不时看到一个场面,法庭上被告人坚持不认罪,律师坚持做罪轻辩护,俩人打起来了。律师振振有词,"我依法独立行使辩护权,我不能受你摆布"。对不对?这问题又怎么理解?大家好好思考一下。

我是1980年的硕士,从读书的时候起,也接受了这个理念,律师独立行使辩护权。但是当出现律师和委托人冲突的时候,我们必须得思考律师到底是干什么的。如何理解独立行使辩护权的含义?你拿了人家的钱,人家委托你,你还独立行使辩护权?包括《律师法》第一次出台的时候争论律师的举报义务问题,大家知道这个吗?原来争论过好几年,说当律师发现你的当事人有罪的时候,有没有义务举报?这个问题争论了好几年,当时有人甚至就明确主张,律师是国家法律工作者,对法律负责,所以有举报义务。

(一)依法维护当事人的合法利益

第一部《律师法》出台的时候,第一稿写的律师的职责首先是保证国家法律的正确实施。2004年的面对面采访,王志突然问了一句:"律师的职责是什么?"我说:"律师的职责是依法最大限度维护当事人的合法权益。"王志紧接着问一句:"当职业道德和社会道德发生冲突的时候怎么办?还如此吗?"我说:"必须如此,否则他就不是律师。"这个对话结束以后,引来了一系列的批评,说我违反律师职业道德,怎么把当事人的利益放在第一位了呢?后来《律师法》修改的时候改过来了,大家注意《律师法》首先是维护当事人的合法权益,这是一个重大的转变。但是我当时说早了,就挨骂了。所以律师到底是做什么的?既然是维护当事人的利益,作为一种私权利的代表,律师能不能揭发当事人,举报当事人?我们很多人就认为能。

那么反过来想，如果律师可以举报当事人，谁还敢请律师？那就意味着律师制度的瓦解。律师制度的前提是一种信任，没有这个信任了，律师制度还能存在吗？在个案当中解决了，伸张正义了，那么在整个律师制度上面怎么看呢？香港有一个电影叫《誓不低头》，演师生两个男律师共同给一个犯罪案件的多个被告人辩护，老师的当事人是真凶，学生的当事人是被误解、被冤枉的。在法庭开庭的最后时刻，学生知道老师手里有他当事人的不利证据，休庭时候就跟老师说："你让我非常失望，我当时上学的时候你是怎么教我的？你让我做一个正直的人，要对法律负责，可是现在你明明手里握着你当事人的证据，眼看着我的当事人受到冤枉，你都不出手。"老师被学生一激，很痛苦地抉择以后，说："我不会让你失望的。"结果在最后开庭的时候，当庭亮出了不利于自己当事人的证据。正义得到了伸张，法律公正的判决出来了，当庭的观众鼓掌向这个老律师致敬，这个老律师流着眼泪说："谢谢大家，我的律师生涯到此结束。"谁还敢请他做律师了？这是叛徒。

在个案上律师伸张了正义，在整体上却破坏了律师制度，挖掉了律师制度的根基。律师的一个根基是律师对当事人的忠实，另外一个根基是什么？是当事人对律师的信任。李庄案最典型，靠揭发、举报律师来换得自己的轻判。如果允许这样的事情发生，那么任何一个被告人都可以在生死关头以举报律师的方法来保全自己。咱们想想如果有一系列这样的事情发生了，咱们做律师的还能全心全意地帮助当事人吗？还敢吗？如果要设一道防线对当事人，这就意味着从另一个侧面挖掉了律师制度的根基。所以既不能允许律师举报他的当事人，也不能允许当事人靠揭发律师来获得从轻处罚，这是两个不可动摇的原则。一旦动摇了，律师制度的根基就被挖掉了，这才是大局。

（二）保密义务

律师对当事人的保密义务，在全世界都是共识，都是一致的原则，只不过是绝对保密和相对保密的差别。有个别国家是绝对保密原则，任何时候包括我的当事人告诉我，明天他去杀人，我也不能举报。但是多数国家采取的是相对保密原则，对已然的事实必须保密，对未然的行为，出于对保护社会利益的角度，不应当保密，因为事情没发生，你可以防止，不应当保密。包括我们现在的《律师法》在内，多数国家采取相对保密原则。只有把这些问题搞清楚了，我们才知道律师究竟是做什么的，这个原则不仅在国际上通行，而且是一种很严格的制度，包括医生和牧师，在国际上律师、医生、牧师三种人有免作证义务。保密义务本身是一种免作证义务，不仅仅是个保密的问题，保密的含义就是免作证，免于对任何机关，特别是司法机关作证。

我们规定了保密义务，而且在《刑事诉讼法》又强化规定了保密义务，但是我们经常遇到公安机关、检察机关跑来律师所追索律师费，要律师出证明收了多少律师费，甚至说是赃款，还有要律师曾经办过的其他案件的卷宗。我们说法律规定了保密义务，他们说保密义务不能对抗侦查权，完全是一种错误的认知。保密义务就是免作证权，免作证权规定的真正含义，就是对抗侦查权。如果不对抗侦查权，对抗老百姓，还用法律规定吗？对老百姓的调查，任何人有说的权利和不说的权利，作为一种法定的权利规定下来，那就是对抗侦查权。《律师法》有规定，《刑事诉讼法》有规定，我凭什么向你披露我收了多少钱？我原来做过的案子的卷宗能给你看吗？我都告诉你，你都跑我律师这儿调查取证来了，其他人还敢委托律师吗？这个问题到现在也没有彻底解决。这都是我们经常会遇到的问题，可是这么简单的问题，到我们这儿却变得非常困难、非常复杂。

一个严格的、法治发达的国家，它的保密义务非常严格，包括医生和牧师也是一样。医生为什么？医生有救死扶伤的义务，但是他救的什么人，如果发现这个人有嫌疑，他去报告了，或者去作证了，那么别人就不敢到他那里去治病了，那违背救死扶伤的义务，生命权和违法追究哪个权利更大？所以医生有义务对他的病人保密，不能披露病人的各种情况，这也是很明确的。牧师就更明确了，天天有人到他那儿去忏悔，牧师在西方主要是神父，如果忏悔完了，他就去报告，那谁还敢去忏悔？

我看过一个 80 集的电视连续剧，剧情虽冗长但非常深刻。电视剧描写一个妇女被她的姑姑冤枉了，被栽赃陷害，说她杀人，蹲了 20 年的监狱，出来以后就千方百计想洗刷自己的冤屈，但找不着证据，只有神父很清楚谁是真凶。神父非常同情这个被冤枉的人，也非常痛恨她的姑母，但是苦于他的职责，他没办法去说，非常纠结。他曾经创造各种条件，想让事情水落石出，但他就是不能说，纠结了好几年，后来在各种因素的综合作用下，案件事实终于水落石出了。其中就涉及这个神父受到许多心灵的折磨，但是出于职责所在，他不能去揭发。这说明他职责的神圣。

我刚才说了律师制度的两大根基，一个是保密义务，一个是当事人对律师的揭发问题。律师不保密，导致当事人不信任律师；当事人揭发律师，导致律师不信任当事人，这个制度就不存在，就垮了。

（三）依法独立行使辩护权

律师和当事人到底是什么关系？依法独立行使辩护权到底是

什么含义？我带着这个问题到美国做了详尽的考察。

在美国，律师独立行使辩护权的真正含义是什么？不是律师独立于当事人行使辩护权，而是独立于当事人意志之外的其他因素的干扰。律师必须完全忠实于自己的当事人的意志，完全在法律的范围内为自己的当事人服务。那么之外的因素是什么？权力的干预，金钱的干预，人情的干预，这些你都不能屈服。美国最典型的例子是什么？美国的刑事辩护 90%~95% 的案子都是法律援助。我参观了很多美国社区的律所，都是政府出钱买单，购买法律服务。政府出一笔钱，给你这个律所，你有多少人，一年给我完成多少案件，我给你发多少工资，你请多少律师那是你的事。所以美国的社区律师的工资基本和检察官差不多。做几年做熟了，自己的业务水平也提高了，你愿意出去自己开所，自己去参加别的私人所都可以，但开始都是在社区律所做。这种情况下，政府出钱安排律师了，律师听谁的？听政府的吗？绝对不可以，律师必须忠实于他的当事人。哪怕你的家属，你的朋友，你的老板出钱，谁请律师都可以，但是律师只忠于真正的当事人，这是原则。所以不允许发生律师和当事人掐起来的情况，如果当事人确实胡搅蛮缠，律师可以说服他，可以讲道理，实在不行，可以拒绝辩护，放弃辩护，但不能跟他拧过来干，这是原则。

可是到现在为止，这个问题还没有解决，甚至我的观点，在律师界也有人反对，但多数人是同意的。这回我们全国律协修改《律师办理刑事案件规范》，明确做了这样的规定，律师不得违背当事人的意愿意志来行使辩护权。这是我们律师在行使辩护权的时候一个很重大的理论问题，也是一个原则问题。

（四）案卷知情权

律师的案卷知情权问题也没有得到彻底解决。过去曾经发生过不止一例律师给当事人看案卷被抓的案例。过去没有什么明确的说法，最早的时候，我20多年前做律师的时候，经常抱着案卷给当事人看，也没有什么问题。事情就出在《刑事诉讼法》修改以后，把律师辩护的时间提前到了侦查阶段。原来是审查起诉阶段律师都不能介入，现在提前到侦查阶段了，提防律师这种防范心态就很严重了，所以出现了第306条。

关于阅卷的问题又抓了律师，针对这个问题，我提出来被告人、嫌疑人有案卷知情权。我专门发表了一篇论文，然后在各种会上提出来，一开始遭到了多数人的反对，后来经过多次研讨，经过将近10年的争取，得到了立法的基本认可。美国的法律是怎么规定的？美国法律明确规定，被告人、嫌疑人有阅卷权，他阅卷的渠道是律师提供的，更重要的是，如果他没有委托律师，由检察官负责提供卷宗。这么明确的权利，在我们这儿不行。我经过若干年的争取，在《刑事诉讼法》再修改的时候，大家注意到了，律师会见的时候可以核对有关证据。原话是我提出来的草案草稿"可以出示案卷内容，核对证据"，后来立法的时候把"出示案卷内容"给拿掉了，加了个"核对有关证据"。这一加，加出问题来了，"有关"两个字，《刑事诉讼法》刚出台，就遭到了很多人的反对。然后在五部委出文解释的时候，就在"有关"俩字上做文章，做了列举式的限制解释，最后形成什么了？形成了"核对有关证据，不得核对证人证言和同案被告人的证据"。大家想想这俩被拿掉了，我还核对啥？光核对本人供述了。为了这个问题，费了大劲了。在律师大会以后，在公布的五部委关于保障律师权益的规定里，这个规定是在四五年以前，司法部委托全国律协起草的，我亲自一字一句主持制定的，后来被改得面目皆非，我都背了黑锅，以为是我制定出这么一个东西，完全不是。我们一开始做得非常好，都给改了。其中别的不说，就关于这个问题，经过几年的七上七下，到最后一刻，就在这个稿子发出来不到两周的时候，司法部开会又拿出来了限制性的解释。当时当着主管部长（赵大明）的面，我非常激动又气愤地讲了两个观点，我说这是绝对不能允许的，这是违法性的一种解释，限制解释。《刑事诉讼法》给你授权了吗？《刑事诉讼法》是"有关证据"，你说哪个没关？没关的我核对有用吗？凡是有关证据，同案被告人证言没关吗？其他证人证言没关吗？你对立法做限制解释是没有任何依据的，后果是不堪设想的。

如果说实在有争议，我宁可不解释，也不能突破《刑事诉讼法》。后来我跟赵部长说我们不能做历史的罪人，必须坚持这个原则。到最后一刻又回到了《刑事诉讼法》原文，就没做解释。但是出来之后，还有人发表文章。前一段时间检察院一个处长发表文章，还在说没有理由让看同案被告人的证据和其他证人证言，其中一个很重要的理由是什么？就是他可以串供。我说串供？法庭审理的时候，《刑事诉讼法》明确规定，一切证人证言和其他证据都要当庭质证，被告人有质证权，当庭你还保密吗？你怎么能质证？那他又说了，当庭是当庭，庭前不能给他看。庭前为什么不能给他看？他说庭前给他看，他就变了。我们说我们给他看证据的前提是审查起诉阶段，侦查已经终结了，证据已经固定了，如果不允许他庭上改变他的供述，那么庭审还有意义吗？本质还是侦查中心主义，庭审就没有价值了。所以他这个观点从根本来说，还停留在侦查中心主义上。

这个问题虽然《刑事诉讼法》争取了这样的表述，但直到现在理念上还有冲突，实践中还没有彻底解决。我们在会见时候给看卷宗，核对证据，有时还会受到别人的干预，甚至追究。但是我认为大家可以理直气壮，至少干预可以，但是追究是没有任何理由的。《刑事诉讼法》规定了，要核对有关证据，你不能说不能核对，更不能说哪个有关，哪个没关。没关的证据放到案卷材料里干吗？放到案卷里就是有关的。所以像这个问题也是涉及嫌疑人、被告人基本权利的问题没有解决。

五、证据合法性

证据有三性，合法性是其中之一。我在读书的时候学法律的开始也是这样学的，直到现在我们课堂上讲述的也是证据的三性，但是从来没有人讲过证据的合法性包不包括辩方证据。在法庭上经常遇到公诉人质问我们证据从哪儿来的，能不能说明来源，证据不合法，来源不合法，或者来源不清，或者干脆说来源违法，不能采信，我们经常遇到这样的质问。大家可能有的也遇到过，但是这样的质问有没有依据和合理性？我们想一想，很多问题都是从实践中暴露出来才知道的。

原来我也不知道，但是后来很偶然的机会，我跟北大的陈兴良教授合作过一个案子，投机倒把案，倒卖汽车摩托车，投机倒把这个构成现在已经没有了，很简单，有政府批件就合法，没有批件，就是投机倒把。被告人说所有批件他都有，他是合法的，公诉人说他没有证据，一审就被定罪了，二审找到我和陈兴良。被告人的朋友很厉害，在公安局的卷供里把合法手续给偷出来了，交给了律师，二审无罪。这种情况下，我们说偷出来的证据合法吗？但是能不能由于证据取得手段违法，明知道被告人无罪，也做有罪的判决呢？这个例子还小。如果是一个重大的杀人案件，命案，用不正当手段拿到了无罪的证据或者不在现场的证据或者不到责任年龄的证据，那么任何一个法官能不能因为举证不合法，就在明知无罪的情况下判被告人有罪甚至重罪？谁能这么判？谁敢这么判？既然如此，我们从理论上如何解释这个问题？

带着这个问题我同样也到美国做了专门的考察，美国的法律也有明确规定，排除非法证据只包括指控证据，不包括辩护的证据。那就是说辩方证据不在排除非法证据的范围之内，也就是说辩方证据不存在合法性的必要条件。从理论上解释很简单，即使我们律师违反了规则和法律取证，我们这种取证行为应当受到处罚，但是也不能让我们的违法行为带来的不利后果，由当事人来承担。这个道理说得通吧？我们取证违法，或者别人取证违法，怎么能让当事人承担这个后果呢？这又出现了公私权利的性质差别，公权力不一样，排除非法证据为什么排除指控证据？宁可错放，不能错判。作为公权力的一种表现形式，宁可错放了犯罪人，不能污染了公正的源泉，不能破坏了公正的司法制度。你要开了这个口子，就可能用其他的违法取证的方法来加害无辜者，而这个后果要由国家承担，所以出现了疑罪从无，宁可错放，不可错判的原则。

可是反过来对私权利而言，不能因为一个律师的失误或律师的违法行为，导致无辜者受到有罪的追究，不能由公民个人承担这个不利后果，这个道理应当很明确。所以从这个角度来分析，有什么理由要求辩方证据必须具有合法性？我们并不主张或者提倡我们律师作为辩护方，可以违法取证，我们应当尽量严格按照法律来取证。但是当出现这种窘境的时候，法律不能把这个后果让当事人来承担，这是一个原则。

这个问题到现在也没有解决，很多人不同意我这个观点，包括我们律师界内部有人也不同意，大家可以去研究。你不同意可以啊，你作出一个解释，怎么办？你给我一个答案，当出现这种情况，当出现了证据内容真实，可以证明被告人无罪或者罪轻的关键证据的时候，能不能由于它的来源有问题，来源违法，而排除它，让无辜者承担不利后果？如果解决不了这个问题，理论上怎么讲？所以这些问题都是我们律师随时可能遇到的非常重大的问题，直接涉及我们当事人的权利能不能得到保证或者有没有受到践踏的问题，这样的问题太多了，类似这样的理念误区讲起来还有很多。今天就先到这儿，谢谢大家！

李贵方 北京德恒律师事务所副主任、全球合伙人，北京大学、清华大学法律硕士导师，吉林大学法学院、国家检察官学院兼职教授，中华全国律师协会刑事专业委员会副主任，中国行为法学会司法行为研究会副会长。

03 李贵方
刑事辩护的理论与实践

大家好！非常高兴有这样一个机会和大家共同研讨刑事辩护的问题。大家也知道这些年刑事辩护一直都是一个备受争议的话题，既引人注目，同时也面临很多困难。在这种情况下，还有很多律师能坚持从事刑事辩护，这是非常难得的。我刚才好像听有个同志说，以前也参加过类似这样的班。这个班我的理解好像主要是刑事辩护方面的，并不是那种全面的培训，所以说我们的主题就是刑事辩护。大家能够关心和参与这样一种研讨，我是非常赞赏的。我今天就从实践的角度和大家共同探讨一些问题，很多可能都只是我的一些理解，也有的是目前存在一些争议的问题，那就从以下十一个方面谈一些我的看法。

一、关于刑事辩护接受委托和指定

（一）犯罪嫌疑人、被告人可以委托1~2人作为辩护人

现在《刑事诉讼法》修改之后的规定是犯罪嫌疑人、被告人可以委托1~2人作为辩护人。这句话大家要注意到，以前是没有这样规定的。这里面有两个问题：

第一，可以委托1~2人作为辩护人，也就意味着现在实践中绝大多数基本上都是这样掌握的：看守所接受一个辩护人去会见，也接受两个辩护人同时去会见，超过两个辩护人就不行了。我们曾经提出来说能不能增加，比如律师团增加到三个人或者五个人，都允许去会见。立法机关最后没采纳，还是最多限两个人，一个人同时只能请两个辩护人。

第二，规定一个律师也可以去会见，这个应该说是对律师比较方便了。大概在10年前从事刑事辩护的律师可能有这个印象，那个时候规定，看守所要求必须两个律师来会见，一个律师不允许会见。所以很多时候你会见的时候必须得带一个别的律师。后来把这个改了，允许一个律师去会见。但是近来又出现了不同的声音。我在讲课和开会探讨的时候，特别是公安机关又提出来，说一个律师会见，他们认为是不合适的。说心里话，他们还是对我们比较担忧的，认为律师串供等不规范的东西很多，两个律师互相之间还有制约和监督，现在变成一个律师，那就是肆无忌惮了。因此一个律师会见，等于当时是我们争取下来的，而且基本上是没有负面的、反对的声音，看守所也接受了。但是现在侦查机关反过来提出意见，认为应该像侦查讯问一样，讯问不是两个人嘛，律师会见也应该是两个律师。虽然说两个律师是一个所的，可能也会串通，但是在他们看来，两个人总比一个人好，互

相之间是一种制约和监督的关系。所以将来再修改《刑事诉讼法》的时候，我感觉也不排除侦查机关会提出以后还要两个律师同时会见。对这个问题我们律师怎么看？可能到时候也得有一个态度。

当然从我个人角度说，我主张一个律师可以会见，两个律师也能会见，维持目前这个状态是最好的。我一再跟他们解释，我们律师会见其实很大程度上就是了解情况，因为我们会见的笔录不能作为证据使用，也不需要作为证据使用。但是人家提出来这种担忧、这种意见，也是值得我们考量的。

（二）侦查阶段可以进行法律援助

现在法律援助机构增加了，在侦查阶段就允许法律援助，犯罪嫌疑人获得法律援助的机会就增加了。我最近也参加了多次法律援助的研讨和培训。实际上法律援助现在也提出了一个问题就是法律援助的刑事辩护标准是不是比社会律师辩护的标准要低？有的法律援助律师明确地说，我们肯定不可能像社会律师那样去辩护，我们的标准可能要低。当然他有一个理由，给他们500块钱，报销的路费有限，那他能做什么？也就最多会见一两次，不可能天天去会见。再包括复印，那也没有多少钱。因此，等于法律援助的律师自己就提出来，他的这个辩护的标准要低于社会的律师。对这个意见，我是不赞成的，当然也有很多同志不赞成。我们认为无论是法律援助还是社会律师辩护，标准应该是一样的，都要尽到最大的努力，维护犯罪嫌疑人、被告人的合法权益。

话虽如此，现实的问题是，如果法律援助律师费用就是那么低，有的时候可能他就很难做到那么好，有的时候时间上也不行，他要想做点调查取证等可能都会发生困难。所以这个问题也是我们现在刑事辩护领域的一个重要问题,因为法律援助占了非常大的比例,这个问题如果不解决,将来我们整个刑事辩护的水平都不会提高。

(三) 监护人、近亲属可以代为委托辩护人

犯罪嫌疑人、被告人在押的,可以由其监护人、近亲属代为委托辩护人。这个规定应该说是非常切合实际的。当时《刑事诉讼法》修改的时候,立法机关注意到了一个问题:因为以前《刑事诉讼法》规定的是"犯罪嫌疑人、被告人可以委托辩护人",侦查机关特别是公安机关就说了,只有犯罪嫌疑人、被告人才能委托辩护人,家属委托律师的来了我不认,犯罪嫌疑人、被告人自己已经说了,不用委托辩护人。侦查机关就要求律师拿出犯罪嫌疑人、被告人的委托书,但是他被羁押了,怎么能出具委托书?所以很多时候就成了一个悖论,律师见不着嫌疑人,自然拿不到他的委托书,拿了家属的委托书,侦查机关不认,那就没办法会见。针对这个现象,《刑事诉讼法》修改的时候明确规定了"犯罪嫌疑人、被告人羁押的,他的近亲属、监护人可以代为委托辩护人"。这个规定应该说是很务实、很有效的。监护人和近亲属代为委托辩护人,就是说三证会见其中的一证——委托书,近亲属和监护人签署的就是有效的。

我们那时候还曾经想扩大代为委托的范围,特殊情况下比较近的朋友、单位都可以代为委托,但是立法机关没有采纳。实践当中也有一些案件,比如说有些在外地打工的,也可能让朋友签委托书,看守所也认。甚至有的就由他的单位来聘请律师,也可以,这种情况可以说是将委托范围稍稍放宽了。在这个问题上,现在有的看守所又提出来一些要求,比如父亲委托的,要拿户口本;妻子委托的,要拿结婚证。原则上说,看守所这样要求是不

对的。因为公安部和六部委的解释特别加了一条，除了三证之外，不能再增加任何文件。那也就意味着有关的办案单位再提出来三证之外的文件，都是不对的，不应该这样来要求。关于这条，公安部和六部委的解释特别增加这条规定，有两个方面要注意：

第一，实践当中有时候我们律师会碰到一些难处，那就得给办案单位解释，律师应该就认准三证，有委托书就够了，不能再要求增加其他文件。

第二，实际上有两个细节，一个就是可能有不同的家属请了很多的律师，这种情况实践当中是经常碰到的，父亲请一个，儿子请一个，丈夫又请一个，请了几波律师，甚至还有其他亲属也请了律师，那怎么办？我们曾经一度想，是不是司法部跟公安应共同出台一个文件，对这个问题做一个规范，但是一直也没有出台文件。但是现在在实践当中，我感觉这个问题也基本解决了。现在就是由看守所来掌握，谁先来，就安排谁会见，后面的律师来了，委托人要先把前面的律师解除，后面的律师才能介入，那就是换律师了。因此，现在实践当中换律师是很频繁的。但看守所基本是接受的，你只要把前面的解聘了，后面的就可以换上去。这个问题现在看起来没有我们原来想象得那么突出，等于看守所把这个问题简单地做了一个解决。但是有时候我们律师之间就出现了矛盾，比如前面被解聘的律师说他不同意，怎么就把他解聘了？所以现在往往看守所就要求，委托人换了律师，要让前面的律师或者律师事务所出一个文件，同意解除，后面的律师才能介入，才能正式作为辩护人去会见。虽然有一些小的问题，但是我感觉这个问题原来很混乱，现在看倒也不是那么大的问题，基本上也解决了。

另外一个更重要的细节就是，不管是多少个家属，谁请的律师，最终都要以犯罪嫌疑人、被告人本人的确认为准。虽然法律对此没有明确规定，但是原则上就是这样的，即最终聘请的辩护人是由犯罪嫌疑人、被告人本人来决定的。家属请了很多，都可以提供给他，他最后选择聘请谁就是谁，只有他才有最后的决定权。所以作为律师来说，这一点一定要清楚。如果当事人不同意了，那你说你是他父亲请的，这就没有意义了，你只能退出。就像大家知道的林森浩案件，后来二审的时候，他父亲就给他请了律师，而且还发了声明，说已经换了律师，原来二审的律师不用了，但是后来林森浩本人专门写了一个委托给最高人民法院，说还要请二审的律师，不接受他父亲请的律师。这时候他父亲请的律师就不能成为辩护人，只能是他本人请的才能作为辩护人。但是大家也要注意到，因为林森浩的案子比较重大，所以最高人民法院在处理这个问题的时候，我感觉就比杨佳那个案子在处理聘请律师的问题上好很多。最高人民法院说他的律师只能是林森浩本人聘请的律师，这一点是没有问题的，我觉得和我们律师界的意见是完全一致的。同时最高人民法院也考虑，毕竟这个案子很重大，人命关天，最高人民法院实际上也听了林父聘请的律师的意见，也接收了他们提交的书面材料，最后甚至在评述这个案件的时候，还考虑了那些律师提出来的意见。我感觉这样就很好。其实有的时候在解决实质问题上，不能太拘泥于形式，说你不是辩护人，你的意见我就不听。我们国家这个问题不突出，我们去国外、去加拿大、去美国，他们实际上有好多刑事案子，在案件之外有很多所谓法律之友，院外团体等，也对案件发表意见，比如涉及要不要给艾滋病人强制验血，可能献血的无偿组织就会发表意见，法院也会考虑。关键看这意见对不对，而不在于是谁发表的，发表意见是公开的，又不是私下来找法院。实际上法院要多听，听一听人家的意见，兼听则明嘛。因此在这个问题上，原则是很清楚的，最后辩护人的确认是由犯罪嫌疑人、被告人本人来决定的，这个是没有争议的。

但是如果是特别重大的案件，其他的律师愿意发表意见，我认为司法机关也可以考虑。我自己也有过这样的经历。大家知道原来有一个很有名的案子，就是吴若甫被绑架那个案子。第一被告人叫王立华，因为他当时被抓后，是他姐姐找的我，她就说王立华被抓了。按照她的理解，这个罪因为也死人了嘛，他肯定是保不住命了，但是她觉得王立华有可能知道很多案件的情况，她就说我是一个资深的律师，能不能去给他当律师，做做工作，劝劝他，看看他能不能检举揭发立功，说不定还能保自己一条命。我感觉他姐姐也是一片苦心，姐弟情深。另外一个，如果他能检举揭发了，对社会也是一件好事，所以我当时就同意了。结果我去一见他，我就说："你姐姐聘请我做你的律师。"他上来就一句话："给我请什么律师啊，我不需要律师。"然后他说："你要是真想帮我，就赶紧去告诉法院，明天就把我判死刑枪毙了，省得我在这大热天还受罪。"这样就不会出现我们通常的情况，问犯罪嫌疑人、被告人他家属聘的这个律师，他是不是同意，他同意了，确认了，你就可以辩护了。王立华就不同意，他不同意不是说不同意请我，他是不同意请律师，他认为自己不需要辩护人。但是这个人又很奇怪，他又不像有的人说他不请，然后就回监所了，他没有，他又坐那儿跟我说话。开庭之前，我也去见了他好多次，每次见，他都来，每次一谈都一两个小时，所以我也从他那儿得到了很多的信息，包括他整个案子发生的过程，应该说我们得到的还是比较一手的资料，每个案子都是怎么做的，他怎想的。跟他聊天也知道了很多情况。他本人虽然说不想请律师，但是他也很想知道外边他那些女朋友们怎么样，他那些伙伴们怎么样等等，他也很关心这些情况。但是他就是说他不要律师，所以到了开庭的时候，大家看我并没有作为律师，是法律援助的律师。结果一审判了之后，他上诉了。后来他姐姐又来找我了，按道理来说，他不应该上诉，因为一审判得就是死刑立即执行啊。上诉了是不是意味着他改变态度了？他又想要保命了？他姐姐说还是麻烦我再去见见他。我就又去了，一见他一问，他就说了，他还是不想请律师。我说："你当时不是告诉我说让法院快点把你判死刑执行就得了，怎么你现在又要上诉呢？"他说他上诉不是为了他自己，他是为了让那个第二被告人不能改判。他认为整个庭审过程当中，那个第二被告人背叛了他们的小团体，把责任往别人身上推。他说他不能让他得逞，所以也跟着他上诉，去飙着他。实际意思，他上诉的目的不是让自己轻，是让第二被告人不轻。搞了半天，他还是说他不要律师，反正最后这个案子就结了。像我办这个案子就比较特殊了，因为有好多都是被告人说他不同意，我们律师就退出了，就不用工作了。但是他这个人又想跟你去谈，其实看守所从某种程度上也愿意让我们跟他谈话，因为跟他谈，有时候交流一下，有利于看守所对他的管理，所以就形成了这么一个局面。但总而言之，一个基本原则，就是家属请的律师要经过本人确认。

那年湖北有一个案子叫邓玉娇案，大家可能有点印象。当时邓玉娇那个案子，她母亲就曾经在政府网站上发了一个声明，说她把那个辩护人给解聘了。实际上这个是无效的，这是政府根本不懂法。她母亲不能把她请的律师解聘，只有她本人才能解聘，所以我们要把这个原则掌握清楚。

二、侦查阶段律师的地位

（一）侦查阶段的律师就是辩护人

大家要注意，按照新的《刑事诉讼法》，侦查阶段的律师就是辩护人，这是《刑事诉讼法》的新修改。因为以前在侦查阶段就叫律师，从审查起诉阶段开始才叫辩护人。新《刑事诉讼法》的这个修改，可是学者们一致呼吁的。也就是说侦查阶段虽然律师职能受到限制，但其实也是辩护。律师给犯罪嫌疑人就是做辩护，没有必要说以后才是辩护，前面就不是辩护。按原来的说法，侦查阶段就叫法律帮助、法律咨询，没有这个必要。所以现在称谓统一了，在刑事案件当中，刑事诉讼的过程中，侦查、审查起诉、审判阶段，犯罪嫌疑人、被告人聘请的律师都是做辩护工作的，都叫辩护人。

（二）侦查阶段只能委托律师作为辩护人

侦查阶段和审查起诉及之后阶段有区别，后面是亲友也可以做辩护人，而侦查阶段只能委托律师，这是考虑了侦查阶段的特殊性。在这里面我想单独地讲一下辩护律师的职能问题。辩护律师向侦查机关了解犯罪嫌疑人涉嫌的罪名和案件有关情况，大家要注意六部委这个规定的第 6 条，"辩护律师在侦查期间可以向侦查机关了解犯罪嫌疑人涉嫌的罪名及当时已查明的主要犯罪事实"。实践当中，有些辩护人不是太清楚这一条规定，更多的不是很敢行使这个权利。实际上按照现在的法律规定，我们在侦查阶段是可以向侦查机关了解一些案件情况的，主要可以了解两个方面：第一，侦查机关要告诉你犯罪嫌疑人涉嫌的罪名；第二，侦查机关要告诉你，到你问那会儿，他们已经查明的主要的犯罪事实。这是我们的权利，因为《刑事诉讼法》修改之前，侦查阶段的会见都需要侦查机关陪同和准许。因此，我们律师就形成一种概念，凡是侦查阶段，所有都是秘密，什么都不能了解。这个认识对我们律师来说是一个误区。并不是说我们什么都不能问，他们有义务告诉我们已经查明的主要犯罪事实，这个我们是有权利知道的。所以我们律师可以去问侦查人员，当然在这里面要注意怎么样跟侦查机关处理这个关系，不能说法律规定了，你就很怒气冲冲地、很横地去询问，这个要靠大家交流。

但是有一点，律师可以坚持，可以提，就是律师一问，侦查机关就说这涉嫌案件秘密，不能告诉你。他这句话是不对的，即使是案件秘密，这个秘密也是对别人而言的，不是对辩护人，辩护人是可以了解主要的犯罪事实的。当然了，我后面也会讲到，我们律师知道了，但不能出去说，这一点是我们律师的一个责任和义务。你不能从侦查机关那儿得到了关于案件的情况，回头给家属、亲友都讲了。因此要注意两个方面的问题，一个是我们律师认为侦查阶段的东西都是秘密，不敢去问；反过来，我们的律师在办案过程当中，凡是从侦查机关，从犯罪嫌疑人、被告人那里得到的信息，往往都毫无保留地告诉了家属，这是错误的。你得到的那些信息，哪些能给家属亲友讲，哪些不能讲，我们律师必须得自己把握。有些敏感的信息就是不能讲，你自己知道就好了，这也是我们律师的一个原则。在这个问题上就涉及我们如何和客户处理关系。我们中国的律师辩护人聘请，都是由家属聘请的，由家属付钱，因为犯罪嫌疑人、被告人本人被羁押了。这和国外是不一样的，国外都是犯罪嫌疑人、被告人本人通过电话聘请，他在看守所里也可以给你付钱，所以就没有这么大的问题。我们现在都是家属聘请，因此家属认为我把情况告诉他是理所当然的，不告诉他才是错误的。很多家属都是这么认为的，你要不告诉，家属就有意见，甚至严重的还去投诉你。

但是我在这儿要跟大家讲两点：第一，凡是涉及敏感的案件信息，侦查机关告诉你，你是不能告诉家属的，这是我们的一个底线原则，你必须得保密，这是你的法律义务。第二，怎么处理好跟家属的关系？就像你要处理好跟侦查人员的关系似的，你要从他那儿了解案件信息，但是也不能说他不告诉你，你就跟他吵起来，态度上还是要友好合作的。同样对家属也是这样。对家属当然最简单的，你可以跟他说，我们不能告诉你，这是我们律师掌握的秘密。但是这个秘密坦率地说是涉及很多问题的，比如家属关心一下他是胖了瘦了，头发理没理，脸色怎么样，是不是犯病了，像这些也是人之常情，你应该告诉他。关键就是你要把握住哪些是不能告诉的。还有一个方法，我曾经在实践中碰到过这样的情况，就是有的律师会见完了，家属来问："他是不是跟你说什么事了？"律师说："说了"。家属又问："他怎么说的？"律师回答："我不能告诉你。"家属就特别恼火。我也曾经碰到有的家属说："这是什么律师，这律师怎么能这么做呢？为什么不能告诉？"就开始讲半天权利，遇上很强势的家属，他甚至要把你解聘，或者一再地指责你。其实我认为在这个问题上，我们自己心里应该有一个底线。我跟当事人见了以后，哪些能跟家属说，我就跟他们说，哪些不能说，也不要告诉家属说我知道但我不跟你说，就不用说了，他也不知道你知不知道，就把这个矛盾回避了。

但是我们有些没有经验的律师往往告诉了家属自己知道，然后又说按照规定，不能跟他说。因为我们中国人没有外国人那种法治的意识，家属总觉得你是他请的，他都花了钱，你凭什么不跟他说？他就老缠着你，其实给你也带来了很多的麻烦。在这个问题上，我们应该能够处理得更巧妙。

（三）善于提出意见

实践中，在侦查阶段提出意见我们律师用得不多。但是这恰恰是《刑事诉讼法》修改的时候新增加的内容。侦查阶段如果辩护律师提出来要反映意见，侦查人员要听取，提交书面意见的，要附卷，这是法律明确规定的。但是在实践当中，因为以前侦查机关在侦查阶段基本不听律师的意见，所以大家也养成这种习惯了，基本就不给他们提意见。其实是可以提的，当然要不要提，我们律师自己掌握。你要认为没必要说，也没有用，那也可以不说。但是如果你想说的话，法律规定你是可以说的，而且他必须得听。采不采纳是他的问题，但是他要听取你的意见，这是法律规定的，所以大家也要掌握这一点。

三、如何赢得客户信任

做刑事案件和民事案件不同，民事案件往往当事人和律师是可以充分地见面沟通的，在这个过程中就能够建立互信。而对刑事案件来说，很多比如说家属聘请的律师和犯罪嫌疑人、被告人本人完全就不认识，那确实就涉及第一次见面，你就是和一个非常陌生的人打交道，你对他是陌生的，他对你也是陌生的，直接就涉及你怎么样让客户信任你，让你成为他的辩护人。我们也有过这种情况，有些律师去了，见了两次之后，客户不满意，把律师解聘了，说再换一个别的律师。当然有的客户可能说得委婉，大概都是这个意思。所以这就有一个和客户打交道的问题，根据我们办案的实践，我提这么几条建议：

（一）如何向客户介绍自己

因为你对客户来说是很陌生的，他对你不了解，你要向他去介绍自己。当然你肯定要首先说，你是哪个律所的，是个什么律师，更主要的是你要介绍是谁聘请你，来给他做这个辩护人的，因为往往聘请你的人在他心目中的地位决定了他是不是对你信任。就刑事案件的辩护，外边聘请你的这个人，决定了里边的犯罪嫌疑人、被告人对你的信任度，这一点是很重要的。就像我做薄熙来的辩护，大家很关心究竟是家属聘请的还是国家指定的，迄今为止还有很多人在问。

当时很多媒体也很关心这个问题，后来我们给法新社做了一个明确的回答，是家属聘请的。因为这个问题我要是不回答，就容易在外面产生很多的误解，认为这律师都是国家指定的，事实上不是。比如说刘志军那就是国家指定的法律援助，而我们就不是，是家属聘请委托的。实际上大家也知道，薄熙来的家庭结构还是挺复杂的，他实际上也聘请了好几波律师。他哥哥、姐姐、弟弟、妹妹给他聘请了，他岳父岳母家给他聘请了，他儿子也给他聘请了。所以当时很多律师都到了办案单位，最后是由他本人来选的。为什么选我们呢？我理解他肯定是更信任委托我们的他的那些亲属，他对那些亲属更信任，所以第一步他先选我们。当然实际上用不用，他再去观察，再去考虑，因此，外边聘请你的人决定了里面的人对你的信任度。

我给大家的建议是，你要在这个过程中表现出你的专业能力，在跟他谈话的过程当中，第一次谈话就要表明你是一个专业的刑事律师，你懂这个，懂他涉嫌的这些事情，能给他提供服务，这是第一要紧的。而往往我们有些律师在这方面注意得不够，有些律师太随意，甚至有的律师更相信关系，去了之后就跟人家说，这个地方，这看守所的人他都熟悉，他昨天晚上还跟所长喝酒，他们跟检察院什么人熟，跟公安什么人熟，就讲这些。

这些对有些案件是有效的，有些案件的当事人一看，他有关系，就用他，是有效的。但是现在按照我的理解，我们当事人的水平也都逐渐在提高，律师的水平也在提高，而我们法治的水平也在提高，现在司法改革其实更强调专业性。因此对于很多客户，这一套就行不通。

我碰到过一些客户，遇上这样的律师，他马上就不信任了。你就是要表现出你有专业水平，你是规规矩矩地来办事的，这样的话，才能让他信任你。否则的话，你光在那儿说你关系多硬，有时候是很难取得信任的。我曾经碰到有一个客户，后来他取保候审了，他也跟我讲，他说他在那儿的时候，看守所里给他推荐了一个律师，那律师来了，真的有点像山寨王似的，因为那个律师跟看守所的人认识，直接就跑进来了，在那里吹嘘一番。他说他在单位的时候接触过很多律师，尤其接触过很多外国的律师，律师在他心目当中都是西装革履，说话很专业，很严谨的那种人。那个律师来了，就像卖东西的，他说那他不可能信任他。不管他说得多好，他也不会信任他，也不会聘请他。通过这个例子，当然不是说100%都是这样，我要说明的是，这是一个主流和方向。所以赢得客户信任，要靠你的专业水平，你要好好地去研究他的案子。

(二) 如何让客户相信自己

客户用你了，还得让他信任你。在这里面我认为也还是专业水平和能力的问题。就是你有相当的专业水平，他感觉到你能做好他的这件事情，这时候他可能就比较相信你了。当然我说的这些可能更多的是从职务犯罪、经济犯罪这个角度考虑，因为这样的客户往往都是本身专业水平比较高的。当然你说有些客户连文化都没有，可能就没有这么高的标准，反正你怎么说都可以，这种我们律师是容易做的,他容易听我们律师的话。但是如果真的遇上那种本身有水平的客户,你没有专业水平,他是很难信任你的。

很多时候,客户可能比我们律师水平还高。比如我原来给顾雏军辩护,他应该是一个非常强势的人,非常有能力,反应很快,表达能力应该说特别强,科龙不是一个公司嘛,他就办了叫科龙的学校,培训他们的销售人员。当时科龙卖电器,用他的话说:这是一个非常贫瘠的地方,证监会还来查,他们没有多少利。这种家电行业确实竞争特别激烈。他那时候就看出来家电行业在大城市几乎处于饱和状态,所以就开始培训销售人员向二三线城市发展,向县城去。他就成立了一个培训学校,每期培训百八十人,他亲自去讲课,搞那么一两个星期。

但是这个东西好像很有效,所以后来他出事的时候,好多说是他的学生的人来找我,也帮着去反映各种各样的情况。他在最后阶段,能把销售搞上去,主要就是靠的这个方法,所以说他的能力是很强的。同样的道理,做他的律师,他并不会因为你是律师,就相信你,他首先认为你得听他指挥。所以我见了他以后,好多时候都是他讲得多,我讲得少。我就在那儿听,他滔滔不绝在那儿说,重要的时候,我再跟他谈论。有的时候他会来找你问一问。因此审讯的时候,他对侦查人员来说也特别棘手。后来我感觉侦查人员没有人愿意去提审他,因为提审他的时候,不是侦查人员审他,是他在那儿审侦查人员。"你们广东是改革开放的前沿阵地,就这样把我这么好的企业家给抓起来了?"他讲这些,那你说侦查人员讲什么?没法讲。甚至有的时候他还发脾气,他确确实实很能讲。

但是到了最后,尤其是开完庭以后,我去见他,他的态度变了。他说："李律师啊，现在看来有好多的意见你是对的。"因为都开完庭了，回过头来看，他说有好多意见我是正确的。但是在这个过程当中，要让他去接受，就有一定的难度。但是他说我是对的，指的是我说的那些专业性的意见，就是法律是怎么回事，证据怎么回事。所以我们做律师的就得通过这些，逐渐地让客户来信任你，如果不是这样的话，他很难相信你能办好他的事情。

（三）如何让客户讲真话

让客户讲真话，我觉得涉及我们的职业道德，就是职业忠诚。你必须确确实实地把客户当成你的服务对象，尽心尽力地去为他服务。因为只有他相信你是在尽力维护他的合法权益，他才能够相信你，把他的事完全托付给你。这一点我认为是非常非常重要的。这句话说起来容易，难的是怎样去落实。就像我办薄这个案件，我刚才给大家介绍了，我们跟他差距太大了，我相信在他心目当中没有跟他关系好或者多熟悉的律师。因为律师跟他差距太大了，他根本不可能对你有多深的印象，对你有多高的信任度。接触他以后，他一直是在观察的，他在看你有没有水平，你是不是能尽心为他服务。所以在这个过程当中，他曾经无数次跟我们说，他说："李律师啊，我这个案子很重大，我自己也知道。我也是很有期待的。我想要知道你们是不是很有压力？如果你压力特别大，觉得不愿意做，我绝对不勉强你，我非常理解，那你就提出来。我听看守所的人给我讲，还有好多人愿意给我当律师，就换别人，我一定不勉强你。"他也一再地跟我讲说："李律师啊，我也不知道我们家里给了你多少钱请你，我分析，钱也不会太多，但是我希望你不要太看重钱。当然你们当律师，肯定也要挣钱的。我这个案子恐怕是空前绝后的，很难再碰上这样一个案子。我希望你把经济效益放在第二位,不管给你的钱多还是少,你把其他的事情往后放一放,少接一点案子,把时间和精力多往我这个案子上放一些,多投入点精力,好好地办办我这个案子,应该是值的。"

后来到开庭辩护阶段,开始讲辩护意见的时候,我讲了一段话,就和我们通常讲的不一样。实际上我也等于是回应他,也包括回应社会对这个问题的一个看法。我当时是这么讲的:"受被告人家属的委托,经过被告人本人确认,我今天担任被告人的辩护人。对于我们,被告人一直是抱着观察心理的,一方面他告诉我们,说他相信我们,也依赖我们,相信我们的职业忠诚,相信我们的职业精神。但是另一方面,他也有很多的担忧,认为这么重大的一个案件,我们会不会顾虑重重,敷衍应付。他反复地跟我们讲,他不要求我们做任何违法违纪的事情,但是希望我们能够秉持职业道德、职业精神,维护他的合法权益。对于律师来说,这是一个基本的要求,今天我们要以崇高的职业精神接受这个检验。有人说这不仅仅是一场审判,也是在写历史,控辩审各方都是在写历史,书写各自的职业和人生的历史。这里我想告诉大家的是,我们有信心书写自己职业历史的光荣。"这是我开头讲的一段话,尤其最后一句话,微博是播出来的。我得到了很多律师的肯定,也收到了邮件和短信,大家都认为我说的是对的。因为在这个场合下,其实我也是向社会宣告了我们律师的职业道德,我们的职业精神,我们的想法。就是在这个时候,我们肯定是按照法律,按照事实,按照证据,按照职业道德和职业精神去辩护。我们不会因为说有压力,有些该说的话就不说,有别的想法,有些东西就会打折扣。

最后办完的时候,他本人包括他家属对这点是非常肯定的。

他在庭上的时候就说了，谢谢辩护人，这个谢谢不像是客气。他后来很具体跟我们说为什么要谢谢我们，因为他认为我们做得专业、务实、忠诚等等，他感觉到我们在辩护的过程当中，确确实实把很多他完全没有想到、他不懂的那些重要的东西，从专业上指了出来。所以说他后来也跟我们讲，他说怎么判，你们不用考虑，这个事情不是你们能考虑、能决定的，关键问题就是你们是不是把道理都讲清楚了。所以他满意是认为我们确确实实从专业的角度把一些问题讲清楚了。因此，让客户完全信任你，你就得信任客户。在这个问题上，我觉得像我经历这样一个案子，对我的职业生涯肯定是一个很大的提升，也使我体悟到很多东西。我觉得你们将来在做案子的过程当中，在这个问题上会逐渐有所体悟。怎么能让客户服刑出来了还能把你当朋友，这么信任你，这实际上是一个基础。达不到这个程度，往往你是很难做得好的。

（四）如何让客户听取自己的建议

有的时候客户确实是很强硬的，就像我说顾雏军似的，有时候你给他说好多意见，他都听不进去。比如说他在法庭上一再要举报这个，举报那个。我们原来也跟他说这么说不行，虽然媒体能替他宣传，但是没有真正的事实，还是解决不了问题，最后还是要回归到事实证据上，回到案子本身，到底这件事情怎么样，怎么回答人家指控的问题。那他光说他是冤枉的，像他当时在庭上明确提出来，在那之前他也一直在提，要求广东省的司法机关回避。他认为科龙这个公司原来都快破产倒闭了，到了他手里之后，现在蒸蒸日上了，很多"饿狼"都看着这个东西，很多领导直接地、间接地、公开地或者半公开地要求他把这个股权卖给他们，他不同意，现在他们就通过这种方式来整他。他就明确地提出来，说广东省的司法机关都要回避。在侦查阶段他这么讲，所以为什么那帮侦查人员审不了他呢？因为他根本就看不起他们。他说他们来了，就是来给领导当狗腿子，就是想来夺他的财产。问他的事，他连说都不说，他说的都是其他的东西，所以他的笔录并没有什么内容。

他一直很抵触，到了检察院让他们回避，到了法院，他也提出来回避。但法院要开庭啊，所以跟我们商量，说这个案子确实回避不了，能不能让我们共同去做做工作，解决他这个认识问题。我劝过他，法院的人也专门去跟他谈了几次，就说他要说的那些事情他们知道要怎么讲，但是他这个理由确实很难成立。后来我为这个也专门找了最高人民法院，我说像他这种情况能不能考虑异地？如果按照现在我们这个案子，异地是非常多的，但是像他这种异地就没有过，因为当事人提出来说这个地方的人对他不公平，他要上那个地方的情况根本没有。后来怎么办？只能跟他讲，讲了之后，他明白了我们说的道理，但是还是要坚持，所以最后法院就没办法了。我们也跟法院说，他肯定还是要提。后来我们就跟他说他可以提，但是到法庭上还是得接受审判，就算提出回避，啥也不说了也不行，还是得接受审判，当然能同意不提最好。后来我们跟法院讲，开庭的时候让他提，提了之后，法院做一个决定，随后下来再审理。

那天要开庭的时候是很戏剧的。正好是开庭前两天，我去会见他，他走不了了，警察扶着他，摔得那么重，两个人都架不起来。我说："你怎么了？"他说："我摔了，上厕所没想到有水，一下摔了。你看我这么大的坨儿，这下摔得我腿坏了。"因为马上要开庭，他这一摔，别人肯定会想到底是真摔了还是出了什么别的问题。他说和任何人都没关系，不能怨管教，也不能怨屋子里其他的人，就是他自己摔了。他出庭的时候是被用轮椅推进来的。所以那时候媒体也都很关心，但是这一点我觉得顾雏军是很好的，他上来就很明确说是他自己摔的，马上就把这个事情说清楚了。

开庭坐那儿以后，法官把程序说完，上来就开始问当事人情况，顾雏军马上就说："报告，我要发言。"法官问："你要发什么言？"他说："我要申请你们回避。"他准备好了一个纸，写了10多页，念了有10多分钟。法官让他念了，念了之后说休庭，合议，休庭回来说回避申请不符合法律规定，驳回。他也同意了，最后达成了这么一个解决方案。

但是像这类事情，实际上作为辩护人，法院肯定是希望我们去做工作，让他接受法院的意见，别提回避了。但是能不能做通他的工作？这不是我们想做就能做得通的。像他这么强势的客户，有的时候他不能完全听你的意见，我们只能逐渐地跟他谈。当然在其他的方面他信任你，在这个问题上他也可能会信任你。

像薄这个案子也是，他最早要求出庭的证人有好几十个，包括重庆市委市政府现任的官员，副部级以上的一大堆。后来我们也跟他商量，说首先看他受的指控，一个受贿，一个贪污，一个滥用职权，滥用职权是这当中最轻的罪，而他要求来出庭作证的那二三十个人，基本上都是围绕滥用职权（因为都是那些重庆现有的官员），他们来证明了半天，还是这个比较轻的罪。其次，这些人基本上都有证言，而这些人的证言大部分都有书面文件可以支撑，并不是说这些人都是瞎说。因为毕竟都是现职的官员，大家也可以想象，侦查机关找他们去取证，这么重大的案子肯定谁也不敢瞎说，基本上都是很严谨的，都是能够有书证来应证的。

我不知道你们是不是开完庭之后都很清楚，当然这个事是很受关注的。就是当时王立军跑到美国使馆的时候，说他有休假式治疗那么一个微博，这个影响是非常重大的。这个微博到底是谁起草的？怎么起草出来的？怎么发布出来的？这也是他滥用职权的一项事实，那肯定是要搞清楚的。我们后来看了书证以后发现事情是很清楚的，写微博的是哪个人，出主意的是哪个人，修改微博的是哪个人，每个人都说得很清楚，并互相推诿，最后都不知道是谁写的。如果让这些人来出庭作证，当然他们说的可能更细一些，但是基本的事实不会有大的差异。再一个，这些人本身又是现职，工作也很忙，从法院的角度来说，肯定也不愿意让那么多领导都跑到法院来等着作证，所以我们就跟他反复地谈了几次，最后他就同意了，把出庭作证的证人限于那几个重要的，谷开来、徐明、王振刚、唐孝林、王立军。但是最后唐孝林有医院开的一个证明，说他病得不行，出不了庭。法院一开始同意让徐明和王振刚出庭作证，谷开来是说她自己不来，因为她是亲属，没办法强制。后来他嫌出庭证人太少，又申请，于是法院同意让王立军出庭，加上一开始经过法院同意的徐明和王振刚，薄这个案子有三个证人出庭作证。

　　就当时而言，他认为出庭作证的证人太少，我们也认为还可以再多一点。无论是他本人还是我们，都希望谷开来出庭作证，但是没有办法，因为谷开来是近亲属，按照法律规定，是不能强制的，但是在这里我要给大家讲的是，因为我们都要办案，你们以后也可能会遇上类似的案子，这个案子，谷开来没有出庭作证，法院没有错，是符合法律规定的，实际上这个案子提出来的问题是，谷开来不出庭作证，她以前写的证言笔录还能不能采信？后来最高人民法院在制定关于证人证言的采信规则的时候提出过这个问题，规定对定罪量刑有重要影响的证人，如果不出庭作证，他以前的证言笔录不予采信。如果证人出庭了，不一定就采信他出庭作证这一次的证言，也可能采信前面的，他的证言要全面来考量，如果他不出庭，前面的证言就不采信。最高人民法院曾经提出过这样的意见，但是这个意见据我所知，到现在为止，因为这个文件还没出台，所以还没有生效。但是这个问题提出来了，因此大家要注意，对于我们律师来说，这个规则非常重要。有些证人就不出庭，怎么办？不出庭能不能不采信他的证言？这个问题就给解决了。

当时，我们认为出庭的人数可以再多一点。但是今天反过来看，薄这个案件有三个证人出庭作证，应该说已经很好了。所以好多人包括法院现在也宣传，虽说不是破纪录的吧，却也是开了一个先河，有证人出庭，而且还不少。因为现在很多职务犯罪开庭，有的没有证人出庭，或者更少，所以这个还是很重要的。

你跟客户沟通交流过程当中要通过一些具体的事情，作为律师来说，你让客户全听你的意见是非常难的。当然也有，就是客户的文化水平特别低，基本上就是文盲，什么也不明白，他可能就完全听我们律师的，这种是比较好的。但是像我说的这种，文化程度相对高的这种客户，让他全听你的意见，确确实实得下点功夫。

（五）保持与客户的距离

前面我是讲要跟客户近，让他信任你，你要为他服务。现在要说的是如何跟客户保持距离，这是我们律师作为职业人和作为朋友的一个区别。这个距离有以下几点要注意：

第一，不能做超出法律法规的承诺。以前我们律师的职业道德里也有一条，就是不能承诺刑事案件的结果。你不能说我给你办到判缓刑，我给你办到判死缓，我给你办到判无罪，不能承诺这种结果。

第二，不能教当事人做违法违纪的事情。比如说我们律师不能去教他说"你不能承认啊，你不承认就没办法"，这是不行的。虽然有时候可能是很随意说出口的，但律师一定要注意不能教当事人说假话。

第三，不能帮助当事人做违法违纪的事情。律师不能去串供，去串证。前些日子有一个司法机关的人跟我说了一个例子，一个共同犯罪案件，第二被告人在法庭开庭的时候就跟法官说，那天在看守所的时候，他的律师来会见他，第一被告人的律师也在会见第一被告人，结果第一被告人的律师跑来告诉他说，这件事不让他承认。这律师不就是在串证吗？这是很危险的，等于这个证人就直接证明了这个律师有串供。有的时候检察机关说律师在那儿教唆当事人翻供，但没证据，所以侦查人员为这个事很苦恼，他们很生气。像这种就直接证明了律师的串供行为。他是第二被告人，并不是你的当事人，你去会见你的当事人，那么你跑到第二被告人那儿是不对的。因为我们国家现在是不允许会见同案被告人的，你跑到那儿，本身就有串证的嫌疑，何况你还真去串供了，还告诉他不要承认。这一点我们律师是一定要注意的。

第四，明确拒绝当事人的违法违纪要求。这个明确拒绝，我认为实践当中是这么几种情况一定要注意。一是让传话。家属让你传，明显是个串证的事，受贿的钱，把它说成是借款或者说成是合作或者说成投资等等，这种串供的话一定要注意，不能随便去传。二是不能借你的手机打电话。因为现在很多看守所要求把手机锁在外边。也有的看守所管得不严，甚至有的你带好几个手机进去也没关系，但是一定要注意，在你会见的过程当中，无论如何不能接电话。因为你想如果手机锁在外边，你能接吗？你也不需要接。所以在会见犯罪嫌疑人、被告人的时候不能接手机，更不能把你的手机拿去给他打电话用。这是一个底线，大家一定要特别特别注意。因为有的当事人，我以前也碰到过，知道你去会见了，他的家属就故意那会儿给你打电话，实际目的就是想趁着你在让他和家人说两句。但这是底线，千万不能做。另外现在科技发达了，有好多家属说能不能拿手机给他拍个照片，看看他是不是瘦了，这个心情可以理解，但是你也不能做。为这个事情，我们曾经跟公安部监管局提过，保障律师职业规定的时候也提过，说能不能允许？人家不允许。我们说可不可以我们会见的时候录音录像？这个意见也被否决了。所以说你也不能去拍照。如果说允许录音录像，那当然就可以了，但现在不行。

第五，明确拒绝当事人亲友的违法违纪要求。像刚才说的这些，有时候亲友也会提出来，也要拒绝。大家都是资深律师，肯定不会犯这样的错误。但是年轻的律师，我们要经常教导他们，千万不要不好意思，不敢说不，否则最后就可能出问题。

（六）维护当事人的合法权益

关于当事人的合法权益有以下几个内容：

第一，律师应当全力维护自己当事人的合法权益。这句话包含三层意思：一是维护自己当事人的权益，这里所强调的是自己的当事人，不是别人，也就是说在同案的情况下，你要优先考虑自己的当事人；二是维护自己当事人的合法权益，那你只能维护合法的，违法的权益你不能维护；三是全力维护自己当事人的合法权益。我这里加了一个"全力"，尽最大的力。对律师来说，对每一个案件，你都要尽全力，这是一个最低要求。不是说尽全力是最高要求，尽全力是最低要求。当然，案子不同，力的尽法可能不一样。我刚才谈到法律援助，法律援助机构现在也受到很多的批评，有很多人认为法律援助的一些律师工作不太负责任。法律援助机构现在也提出来说，是不是要制定一些最低的工作标准？我认为是有这个必要的。当然不只是法律援助律师，就算是当事人聘请的社会律师，也会有不负责任的人。我们经常听到法院说某个律师，辩护意见只有半页纸，或者律师辩护一个案件，一次都不会见当事人就去开庭。甚至有更过分的，律师到了法庭的时候，都不知道自己给谁辩护，跑到那儿去问法官自己是给第几被告人辩护。这不是太离谱了嘛！我们觉得这是坚决不可以的，一定要有最低的工作要求。所以以后可能法律援助这边会先制定出一个最低工作要求来，最少得会见一次吧，至少要去阅卷，主要的证据要复印下来，然后要参加庭审，这么几项工作律师总是要做的。而且律师的辩护意见，要把主要的内容说出来。

第二，律师应当保持职业忠诚。首先是不能损害自己当事人的利益。所谓不损害自己当事人的利益，就是在任何情况下，你的辩护意见都不能使你的当事人受害。最突出的一个例子，你不能往重了去辩。明明是无罪的案子，你辩护成有罪的，明明是罪轻的案子，你辩成罪重的，这肯定是不可以的。

当年昌平不是有一个案子嘛，指控的是普通诈骗，结果我们那个律师在辩护的时候说，这个案子哪是普通诈骗，我看是贷款诈骗，集资诈骗，他把一个最高刑无期徒刑的案子给辩护成了死刑。结束后当事人当天就说了："我以前说我无罪，还有人相信，结果让我这律师这一说，谁还能再相信我？"他说他要求律师回避。当庭当事人要求律师回避，这个是很不可思议的。后来这个当事人跟法官说："你不能请这个律师了，这个律师是我家里人请的，家里人恨我，不想让我出去，所以就让他给我这么辩。"这个案子反映出来两个问题，一是我们律师往罪重了辩，这本来就是一个错误。二是我们律师为什么这么辩？是因为听了家属的，这个我刚才就讲过了，律师的服务对象是当事人，不是家属，虽然家属聘请了你，给你付了钱，但是你最后要听犯罪嫌疑人、被告人的。我们一定要把握好这个原则。

第三，不能出卖自己当事人的利益。比如说你有一个对你当事人不利的证据，你要不要提交？按照国外的规矩，是不能提交的；按照我们中国的规矩，我认为也没必要提交。但是如果侦查机关找你来调查了，你有，你不能说假话，那是另外一个义务。就是说你没有必要主动拿出一个东西来，对当事人不利。尤其是当年李庄那个案子发生之后，李庄当事人告了律师，我们很多律师也很气愤。那我们律师能不能举报当事人？坚决不能，因为我们掌握他们更多的情况，如果律师都去举报当事人，那我们这个职业就垮了。如果是这样哪个当事人会信任我们？当事人还敢跟我们说话吗？肯定不敢，所以说坚决不行。从这个意义上说，你就不能举报。其实你的举报也不一定都能成功。

我也碰到过像受贿，指控20万，他说20万就20万吧，就认了，其实200万也不止，他们都没查出来。那你说我们能跑去跟检察院说，你们怎么那么笨呢，他还有200万呢吗？当然不能。你说的事情怎么证明？也没法证明。我们律师不能这么做，这是一个底线。

第四，不能为了同案其他被告人或者单位的利益而损害自己当事人的利益。尤其是现在比如经济犯罪，很多是单位犯罪，有时候单位为了保护单位，往往想让个人承担责任。如果某个个人愿意承担责任，这是可以的。如果不是的话，单位找你来了，说你就让他承担了吧，不要说我们单位了，这样是不行的。你可以不攻击单位，但是不能加重你自己当事人的责任。当然实践当中有一种情况，可能也可以考虑，比如非法经营，抓了四个人，父亲、外甥、儿子、侄子，一家子人，那父亲就说了，三个人都年轻，所有事都他担了，全是他指挥的，他们都是听他的。这种情况下，那当然可以让父亲重一点，年轻的人轻一点，因为有亲情在里面。我们律师也可以考虑这一点，他要重就让他重，这是他自己的意思，但是律师不能替他分配，说父亲承担了吧，让儿子出去，这个我们不能做。在这种情况下，对我们律师来说有一个价值选择，在这种价值的选择上，我们主要考虑我们自己的当事人。

第五，同等地对待各种当事人。不管犯罪嫌疑人、被告人是真犯罪了还是没犯罪，即使真犯了罪，臭名昭著，杀了几个人，我们还是要把他当作一个普通的客户来对待，要抱有同情心，要尽到最大的力量来帮助他，维护他的合法权益。这里也包括态度，比如说我不赞成律师训客户，就像侦查机关一样。我曾经碰到过这种律师，在法庭上比检察官态度还恶劣，疾言厉色地训斥当事人，还说他说假话，这个是没必要的。律师要抱有一定的同情心，不能因为他杀了好几个人，你心里特烦他。你当然不一定是同情他杀人，但是从职业的角度来说，还是要对他有尊重。包括有的时候跟他接触，握握手，这个都是可以的。我们有好多律师可能会想：怎么说他都是一个犯罪嫌疑人，是被告人，是个坏分子，因此我就要跟他拉开距离。

这里有一个细节，现在职务犯罪越来越多，我当时办薄这个案件的时候，那天说要去会见。到了路上，我问检察官："你们怎么称呼他？"因为你见面了，称呼是一个问题。他说："我们就称呼他老薄，你看我们叫他薄书记吧，人家说他都不是书记了，什么薄书记。你叫名字也不行，我们就叫他老薄，看守所的人，秦城的人也管他叫老薄。"那我们说就叫老薄吧，后来我问了一下其他的人，也都是这种办法，就是老什么老什么这么来叫。

但是对于律师来说，其实这里也有一个问题。你看像我这样的，别看年龄差不多，叫他老薄其实没问题，但是很年轻的律师也这么叫，实际上是别扭的。所以在实践当中我的体会就是，一个是尽量不去称呼，一见面说个"你好"就开始说事情。还有一个就是在法庭上尽量不说名字，就说被告人，这种说法是比较标准的，也清楚，这样就能回避了。虽然是一个称呼这么简单的问题，其实嫌疑人和被告人也很在意，就看你怎么叫他。你看有好多职务犯罪我们去见了，基本上都是原来顾总、徐总、刘总，按照他们在社会上的称呼对待他们，很少叫名字。虽然说叫他"总"，他却是在看守所里，但是他可能心理上还是觉得你尊重他，所以我觉得在这方面作为我们律师来说，确实要跟司法机关有不同的考虑。司法机关怎么叫他，他都没办法，但是我们律师可能就不同了。

四、强制措施的辩护

（一）推动提高取保候审比例

强制措施的辩护我们认为现在是重要的，为什么呢？因为《刑事诉讼法》修改有几个重点，比如比较突出的地方像加强辩护权，加强犯罪嫌疑人、被告人权利的保障，还有非法证据排除，证人鉴定人出庭，还有一个就是强制措施。立法机关当时的意图就是想扩大强制措施中的非羁押强制措施的使用，所以律师一定要充分地利用法律这个红利。但是实践当中并不理想，我们国家原来取保候审的比例也就是5%，基本上都是在羁押。

现在新的《刑事诉讼法》实施了，我们希望这种取保候审的力度能够大大地增加，但是实践当中并没有。今年年初的时候，最高人民检察院侦查监督厅统计，现在全国取保候审率达到了20%多一点。也就是说取保候审率能到20%了，羁押率降到了80%以下，这已经是付出了很大的努力。而国外取保候审率是多高？90%多，好多国家都在95%以上，所以差距很大。我们认为我们国家的取保候审率至少应该达到60%，现在我国未成年人犯罪差不多达到了这个比例，而成年人羁押率还是太高。现在有很多判得很轻的案件，都不能取保候审，这确实是一个观念的问题。

比如说你去办取保候审，这个人认罪态度不好，就被认为不能被取保候审，好像取保候审必须得认罪态度好。所以我也去跟司法机关讲过，我说他认罪态度不好，恰恰能取保候审，因为你们不就担心他串供嘛，他压根儿就不认，串什么？那就取保候审呗。但是我们这种观念就是不能被接受，司法机关认为他态度不好，就把押他在看守所看作是一种惩罚，实际是这个问题。因此，我们律师接下来的工作就是一定要推动、扩大非羁押强制措施的使用。按照新的《刑事诉讼法》，实际上也是有些变化的。我们律师要积极地提出不予批捕的意见，因为批捕审查时间只有7天，我们律师一定要提前做准备，可以从三个方面着手。

第一，按照现在的规定，你有权提出意见，这个以前没有规定，但新《刑事诉讼法》明确提出了，在审查批捕的过程当中，辩护人要求交流意见的，检察官必须得听，提交书面意见的要附卷。这是法律明确规定的，他必须得听你的意见，不听是不行的。

第二，你可以提交一些支持性的材料。

第三，你可以请求和检察官面谈，这个没有说必须谈，但绝大多数他会谈。因为不是说你可以约谈嘛，你可以要求谈，个别的还可以要求开听证会。现在对未成年人犯罪的批捕，好多都开听证会。因为曾经有一个呼声，现在我看这个呼声又开始起来了，就是要求把批捕权给法院，不给检察院。所以现在检察院就说给法院，法院用司法的方式，开听证会，我们也可以开。现在有些检察院批捕的时候开听证会，让我们律师去发表意见。所以我们要积极地去请求面谈。

（二）充分利用羁押必要性审查制度

新的《刑事诉讼法》要扩大非羁押强制措施的适用，其中很重要的就是引进羁押必要性审查制度。这个审查是两个方面，一个是要求司法机关主动审查，尤其像侦监部门，他们专门负责羁押，他们就要主动去审查。一个案子批捕以后，按照过去的习惯，司法机关就不管了，延长率基本上是100%，最后就一直到终审判决，没事了。但是现在不一样了，现在规定司法机关批捕了以后，要对羁押必要性进行审查，如果审查认为不需要羁押，就要提出来变更强制措施，有关方面要执行。所以等于给了司法机关一个义务，他要主动地进行羁押必要性审查。

同时，司法机关审查也有可能偷懒，审查了之后认为都不需要变更，这是非常可能的。那么接着法律又规定了一个方面，相关的人包括辩护人、近亲属、本人可以申请变更强制措施，有关的司法机关3天内要作出决定。大家要注意这一条实际是规定得最细了，真的是考虑到操作性。3天内作出决定，不同意变更强制措施的，要说明理由。这是连带的，我们可以申请，申请了之后，他3天内决定，不能老拖着，而他要是不同意变更，要说明理由。去年《关于依法保障律师执业权利的规定》又把这条明确了，不同意变更必须是书面的，口头不行。以前司法机关都是打个电话说他们不同意，现在不行，要求书面的，而且要说明理由。当然我也看了，现在有些司法机关也想到了一条最好的理由，就是不符合取保候审条件，就这么一个理由。当然以后我们要争，法律规定的理由是具体的理由，我提的那个理由为什么不行？而不是司法机关给一个笼统的理由就决定不同意变更。所以以后我们就得通过这些方式，推动司法机关更多地去考虑这种强制措施的变更。

关于变更强制措施，采用非羁押强制措施，应该说是未来的一个发展方向，是需要我们司法机关和律师共同努力推动的一件事。这个对我们律师来说意义特别重大，我们一定要推动提高非羁押强制措施使用的比例。经过这几年的实践，我也总结出来几条意见：

第一，有些案子如果一审开庭以后不能当庭宣判，要变更强制措施。因为现在司法机关说不能变更强制措施，不就是怕被告人串供嘛，怕开庭时候找不来人嘛，这是两条最主要的理由。现在一审开完庭了，他不可能不来开了，已经开完庭了，也不存在串供的问题了，那还有什么理由不能取保？现在司法改革也提出来要扩大当庭宣判率，如果当庭宣判了，我们也没有话说。如果当庭不宣判，我认为只要是拖到半个月以上，就要变更强制措施。不能说开完庭了，有的案子拖一两个月、三五个月甚至一年，被告人还被羁押，这个是不允许的。我认为这个应该作为强制性的条件被规定下来。

第二，立法要正面规定必须羁押的条件。为什么现在我们这种取保候审率还这么低？是我们法律规定得有问题。我们现在法律规定的是什么呢？规定的是哪些情况下可以考虑取保候审。因此，司法机关一看，总是从消极的方面考虑得多。我们正好跟国外的观念和规定相反，国外是把取保作为常态，羁押是例外，我们羁押是常态，取保是例外。因此，取保总是难。我建议将来我们立法要修改，就是正面规定必须羁押的条件，列出来哪些情况必须羁押，哪些情况不能取保，除此之外的都能取保，那这个取保候审率肯定就会提高了。

第三，要加强取保候审的监管。这一点我们国家现在有很大的提高，现在有好多省搞电子监管，其实是很有效，也很简单的。包括以后我们可能把缓刑、假释包括取保候审统一都交由司法部社区矫正那个部门来负责，国外基本上也是这样，这个监管问题就解决了，也打消了司法机关取保候审之后监管问题的后顾之忧，这个肯定是有好处的。实际上在给司法机关讲课的时候，我是一再地提，我说实际上取保候审对你办案是有好处的。好处在于什么地方呢？就是取保候审的人，你注意到没有，翻供的特别少，一般的取保候审，我们律师肯定也告诉他不要翻供，免得到时候被抓起来，他基本上就稳定了。现在司法机关也逐渐认识到了这一点，实际上变更强制措施以后，那些人不翻供，羁押的反而翻供，翻供特别厉害，所以这一点实际上是一个好处。

另外还有一个更大的好处，现在我也经常跟司法机关说，就是你可以实现有错案，但没有冤狱。让司法机关办案，个个都办对，这个是很难的，谁都可能犯错误。但是如果是取保候审，侦查了半天之后，发现他没有罪，这事就结了，没什么后果，也不需要赔偿。但把他放在看守所羁押了一年，那不应该赔偿吗？这一年对这个人可能是灾难性的，他要是个老板，企业就可能破产了。那你就是有了错案，又有冤狱，当然要国家赔偿。如果有错案，没冤狱，这是可以做到的，取保候审就能做到，所以我们也向司法机关呼吁这一点。我觉得我们律师要多给他们讲这个，这样的话，他们才能够从观念上和实际的好处上接受这个制度。这个制度应该说在刑事诉讼当中是一个非常好的制度。

五、会见的规范

会见问题应该说是我们刑事辩护中非常重要的问题，过去讲刑事辩护有三难，首要的难就是侦查阶段会见难。新的《刑事诉讼法》实施以后，应该说三证会见问题基本解决了。到目前为止，我们在全国进行调查，普通案件的三证会见基本上解决了，所以这一点应该说也是立法机关、司法机关下了大力量才解决的。

但现在我想讲的是目前的问题，以前的困难解决了，现在又有了新三难，当然也可能有四难五难，其中一条还是会见难，就是三类案件会见难。我们凭着三证能会见了，但是有三类案件，就是涉及国家安全的犯罪、恐怖活动犯罪、特别重大贿赂犯罪案件，这三类案件规定必须得经过批准，不是说司法机关要不要在场，是要求会见必须经过司法机关批准。这三类案件现在会见是困难的，这个困难是必然的，因为要批准嘛。

现在的问题是什么呢？涉及国家安全犯罪和恐怖活动犯罪，因为案件比较少，恐怖活动犯罪大家也能理解，关键就是特别重大贿赂犯罪案件，会见难变成了一个非常突出的问题，所以各个方面也都有反应。现在最高人民检察院的规定是侦查终结前，至少要让辩护人会见一次。这一点是跟公安部不一样的，公安部没有规定，最高人民检察院明确规定了。这个规定在《关于依法保障律师执业权利的规定》里面又重复了，就是特别重大贿赂犯罪案件在侦查终结前至少要安排辩护人会见一次。另外还有一条，就是有碍侦查的情形消失以后，要允许律师会见。但是在实践当中非常难，侦查机关总认为还是有妨碍，就是不让见。一直到要侦查终结，要移送了，才安排律师见一次，实际上只是走一个形式。

现在实践当中我们碰到很多，因为现在职务犯罪很多。但这种情况我认为还不是最突出的，因为这个毕竟是法律这么规定的，可能需要将来完善法律。现在关键是有些巧立名目，比如贪污犯罪，不是属于这个范围内的，有的也把它作为特别重大贿赂犯罪案件，不让律师会见。特别重大贿赂犯罪案件，最高人民检察院明确解释了，数额要50万以上，还要综合其他一些条件来判断。现在这50万究竟是举报的50万还是初查的那50万？有的可能就20万，也说是50万，所以就是这样一些情况。

另外，现在和它对应的还有一个指定监视居住的会见，刚才也有一个同志来问我。这个也比较普遍，就是现在对很多职务犯罪，采取的强制措施不是往看守所送，而是指定监视居住。实际这个指定监视居住就有点像双规了，现在我看指定监视居住要被职务犯罪普遍去推广使用了。这些人都在一些特定的场所，这时候律师的会见也很难。因为按照规定也要批准，人家不同意，当然也见不成。

这都是现实存在的一些问题，怎么来解决？只能通过实践不断地推进。前些日子我跟最高人民检察院的控申厅，还有监所厅的领导在一起开会，他们现在倒是明确提出来，尤其控告申诉厅那个厅长还说，其实他们现在也想找几个例子，就是比较典型的，他们要推动、要改善这个状况，但是到现在还没有收到这方面的举报。我在这里跟大家说一下，如果你们在实践当中办案确实碰到妨碍了犯罪嫌疑人、被告人的合法权益和妨碍了辩护权的行使的情况，可以去最高人民检察院举报。他们既然这么说就证明他们可能对这方面问题比较关心。只有大家不断地去反映问题才会被重视，因为你不反映，在他们心目当中认为这个问题没有，就是全都解决了，他们是这样一种认识。反映了以后，至少他们认为确实有问题，高层才会去研究怎么解决，所以在这个问题上，我给大家做这样一个提示。和会见有关的几个问题要注意：

（一）辩护律师会见犯罪嫌疑人、被告人时不被监听

辩护律师会见犯罪嫌疑人、被告人时不被监听是法律明确规定的，也应该是毫不动摇的。但是现在侦查机关就提出来，说现在律师搞串供，教当事人翻供，他们也没有证据，但是律师就是在搞，所以他们现在主张律师会见要被监听。这个从律师的角度来说肯定是不同意的，学者们也不同意，但是确实提出了这个问题，值得我们重视和考虑。

当然反过来，我们律师现在也提出来，说律师会见能不能自己录音录像？也免得将来说我们串供了，翻供了。去年通过的《关于依法保障律师执业权利的规定》本来是有那一条的，就是说律师会见的时候可以录音录像，但是到最后关头，这一条又被去掉了，可能是公安部不同意。我们以后还是要去呼吁，我倒是感觉与其他们认为需要监听，还不如让我们律师自己去录音录像。那你要说有问题，剪没剪辑还是能鉴定出来的，我们律师自己录音录像也可以。但是现在是不允许的，律师不能录音录像，同样司法机关也不能监听。

实践当中现在面临一个问题，就是看守所好多律师会见少，到时候律师去的多了，根本就没办法安排。所以有的看守所现在就提出来说律师如果同意，可以在审讯室会见，他们把录音关了，录像开着。因为监视是可以的，就是不能听，就把录音关

了。但是我要跟大家说的是，我们律师也要提高自己的素质，你的的确确不能在那儿赤裸裸地去教。你说他没有录音录像，现在那种设备太先进了，说不定他忘了也就在那儿录着，我们还是要注意的。

（二）会见谈话的重点内容

会见谈话我们谈什么？大概有以下几个方面：

第一，我们律师去会见，目标很清楚，我们不是去探视，说看看他身体怎么样，身体也是一个方面，但那是次要的，主要是要关注被指控的事实。

第二，提出分析和咨询意见。这个分析咨询意见大概包括五个方面的内容：一是要给他讲讲法律程序；二是介绍一下犯罪嫌疑人的权利，这个我们现在都总结了，有的时候我们要用通俗的话介绍；三是要讲一讲他涉嫌的那个犯罪的条件究竟是哪些条件，哪些是重要的；四是分析一下他整个涉案的事实证据；五是给他提出一些建议。

下面我想讲的是在会见谈话中要特别注意的几种问题的回答，这里指的是比较有风险的问题。

第一，有些当事人往往会说，有些事情他要请教律师，人家来讯问他的时候他怎么回答？尤其像那些职务犯罪，他是说借款呢，还是说别人送给他呢，还是说他们奖励的呢等等，他就开始让你帮他选择。在这种情况下，我们律师千万不要帮他选。你就是告诉他实事求是地说，当时他们是怎么说的，他就怎么讲，我们在这些方面不能被当事人给牵进去。

第二，有的时候当事人给你提出几种情况，说这样一个东西，他说不是他的，是别人的，如果这几种情况，选择哪一种情况？那我们律师也不要跟着他去说，每一种都给他分析，最后还是让他自己去决定，你不要去决定。

第三，犯罪嫌疑人可能要问你侦查机关来讯问他的时候，他可不可以不回答？他有没有这个权利？这个问题要注意，我们辩护人一定要跟当事人讲清楚。首先，你得告诉他说，侦查人员讯问，他不能不回答，因为我们法律明确规定了，对侦查人员的讯问应当如实回答，你要说可以不回答，这个回答是错误的。如果这样的话，侦查机关是对我们律师有意见的，因为你这个回答明显不符合法律规定。但是如果你说不能不回答侦查人员的讯问，这样告诉他是不完整的，他就可能造成一种错觉，侦查人员问他什么，他都得说，这个也不对。我们接着一定要说，侦查人员讯问你案件事实问题，你要实事求是地回答，但是和案件无关的问题，你有权利拒绝回答，因为这是《刑事诉讼法》明确规定的。我们一定要把第二句话告诉犯罪嫌疑人，所以说对这个问题的回答一定不要太简单，一定要把这两个意思都说清楚，这是很重要的一个问题，这是犯罪嫌疑人的权利。我们说犯罪嫌疑人有什么权利？其实最好的教育就是这些被抓起来的人，出去跟那些亲戚朋友讲，他有了实践，他们都明白了，我们这社会上的老百姓逐渐地就明白了在法律上他们有哪些权利，所以我们律师一定要给他们最符合法律规定的准确的意见，不要把这个地方说偏了。

（三）会见注意的事项

关于会见应该注意的事项有以下几条：

第一，家属和亲友不能参加会见。这个在大城市的看守所基本不会发生，因为他们根本就进不去。但是我感觉在县城里经常是可以的，因为确实管得很松，有的家属有点熟人什么的就跑进去了。但是我们律师一定要注意，如果家属来了，一定要让他走，不要让他跟着你一块儿去会见。我记得我在一个地方就碰到过,我在那儿正会见呢,家属就跑进来了,在那儿说话,我就赶紧让他走了。

第二,不能为了让犯罪嫌疑人、被告人不被提审而天天都去会见。现在我们有这种情况,有的家属说他有钱,他请了你,你别的案子都不要办了,就办他这一个案子,天天去会见,让他们提审不成,尤其是犯罪嫌疑人刚被抓起来。以前确实也出现过这种情况,因为办案人员都是上班才来,结果每次一来,我们的律师都在那儿会见,那人家办案单位一看这种情况,提前就约好了,第二天你一来,人家在提审,第三天还提审,天天提审,律师就见不成了。

我前些日子碰到过一个案子就是,连续10多天都提审,律师见不了,这个当然也不正常。所以有个地方我记得还规定过,说一方只能连续会见两天,第三天要让对方会见,这么规定有点像笑话。但是连续这样去会见是不合适的,我觉得也没有必要。因为对于他来说,要解决的问题是他真的没犯罪,如果他真犯罪了,你就是晚审讯几天,他还是要有问题的,所以不要这样做。

第三,不能把通信工具借给犯罪嫌疑人、被告人看,这个我刚才讲过了,此处不再赘述。

第四,会见时不能拍照或者录像给当事人家属看,因为现在不允许。

第五,不能给犯罪嫌疑人、被告人提供食品,这个是明确规定的,就是我们坚决不能提供食品,因为食品容易出问题。所以我们律师会见,不管他家里怎么求你,他本人怎么说,你也不要给他买。这个我们一定要有原则,要坚持,因为他出了事,你确实担不起责任。但是能不能抽烟?这个根据实践的情况看,我们要征求一下看守所民警的意见,如果民警同意,抽也可以。但是现在我看各个地方的看守所管得越来越严。我们在这个问题上也不要违反规定，人家让抽就让他抽，不让那就没办法。

第六，不能教犯罪嫌疑人、被告人翻供，同时要重视犯罪嫌疑人、被告人翻供问题。前面是我们不能教，但同时我们要重视。比如你办了一个案子，你一去会见，他就说他要翻供，我们一定要重视这件事。一是要听听他已经翻供了还是打算翻供；二是他这个翻供到底有没有成功的可能性，有没有事实根据，符不符合事实。另外我们律师自己也要有一个警惕，他翻供会不会说是你教他的？我们要考虑这个问题，因为现在很多人就是这样讲，说律师一见面就教他翻供，甚至说是律师100%教的这么严重。我曾经碰到过有的当事人，真的还让我特别感动，很替律师着想。我记得广东有一个客户，我去会见他，连着去两天他都不见我，我觉得很奇怪，他为什么不见？后来我见到他了，他说因为这两天在写翻供的材料，要交上去，然后再见我，要不然的话，他们就得说是我教他的，那到时候会给我带来麻烦，他不想那样。他说他先把这件事做完，就是在我来之前，他就已经翻供了，不是我来了他才翻供。人家当事人还真是替我们律师着想。

我最近也碰到一个案子，当事人都提前翻供了，然后才来见我们。这个确实不可能有嫌疑了，不能说是我们教的，我们只是知道了这个事实。但是像这样的当事人是少的，这样的当事人我认为他确实要翻供，他这里头肯定是有了假话，同时他也充分考虑到不能给律师带来麻烦，律师才能全力帮着他。不然的话，到时候侦查机关来找律师，说是律师教的，弄得律师也不敢说话了，那肯定有问题。但是大多数当事人不会这么考虑，因此，在他们翻供的时候，我们要警惕，要注意他这个事情会不会给我们带来风险，我们肯定还是要自我保护的。

第七，不能教同案犯和证人串供、串证，我刚才已经讲过了，不再赘述。

（四）关于会见的争议性问题

第一，律师会见的时候，能不能使用不连网的电脑和打印设备？这个问题也是原来提出来的，包括去年《关于保障律师执业权利的规定》的文件也写了，但是最后的时候像录音录像一样，被去掉了。但是如果我们律师认为这个有必要，将来还是可以争取的。我感觉从看守所的角度来说，因为毕竟技术现代化了，比如现在看守所侦查讯问全部都是用看守所的打印机和电脑，他们全连内网，实际上他们都已经习惯了。如果律师自己带一个，我认为其实说起来也没什么大问题。比如薄这个案件，我们就是拿着打印机和电脑去的，他说有些材料拿个打印机打出来，让他看一下，改了之后再打。因为我们的电脑不能跟看守所的连网，所以我们可以拿着打印机和电脑。当然他这个案子可能比较特殊，有关方面说了，要满足他写材料这种想法，不是手写的，都是用电脑帮着他打。他这个案子能行，那其他的案子，我们认为单就设备而言，应该也没什么区别，将来也许是可以的，我们可以去呼吁。

第二，律师可不可以在会见的过程中录音录像？这个我刚才已经讲了，目前法律规定是不允许的，那我们也没办法了。

第三，侦查阶段律师能不能去调查取证？这个法律一直没有明确规定，但是我们律协的意见是不去。这个大家是有共识的，因为在侦查阶段你去调查取证，极容易搞成妨碍作证，所以最好在侦查阶段不去调查取证。也有学者对我们这个意见提出批评，说没有法律根据，凭什么不让律师调查取证？意思好像是律师为了自我保护，放弃了当事人的权益。我们说我们律师还是要自我保护的，因为侦查阶段去取证，的确风险太大，效果也不好，极容易形成跟侦查机关的冲突，所以我们还是主张侦查阶段律师不去调查取证，到了下个阶段再说。

第四，律师会见要不要做正式的笔录？司法机关有时候也提，我们律师也问，要不要做正式笔录？到现在还没出台。我们把《律师办理刑事案件规范》修改了，对这个问题做的规定还是灵活的，就是不要求做正式笔录，提倡做笔录，鼓励做笔录，但是不要求必须做。因为我们要说必须做笔录，那有的办案机关、当事人或者看守所都来检查你做没做笔录，我们认为这也没必要。因为我们律师的笔录不是作为证据用，就是自己的工作笔记，那可以根据需要来做，我们把权利完全交给了律师。当然我们鼓励，你如果做得比较完整，将来也是一个很好的资料。就像我刚才说我去见王立华这样的当事人，那也是很难得的，你记录他一些东西，回过头来历史上也可能作为资料用。因此，从这个意义上说，多做笔录，做好一些，是值得鼓励的，但不是必须的，不做没问题，不违规。

第五，怎样排除律师教唆犯罪嫌疑人翻供的嫌疑？这个需要我们律师共同来考虑。我曾经碰到好多公安同志跟我讲，他们那儿的律师就是在教。他说律师去会见的时候，就让看守所告诉他，就跑到那儿，站在门外监督。当然这个也是比较极端了，但是反过来我们律师也要考虑，老这么说，我们律师如果没有做，那也很冤呢。我们也要考虑我们将来怎么排除，怎么证明我们没做。这也是我们需要认真对待的一个问题，不是一句话两句话就能说清楚的，肯定是在实践当中我们要有一些方法。我今天提出来，大家都要去考虑。

六、案件材料的使用

关于案件材料争议的问题比较少，一个核心的问题就是怎么理解《刑事诉讼法》规定的那个核实证据？可以从下面四个方面把握：

第一，本来《刑事诉讼法》一通过的时候，立法机关跟我们讲，核实证据，就是我们可以把案件材料给犯罪嫌疑人、被告人看，所以一段时间内我们就是这么讲。但是检察院反对，现在就是关于案件材料的使用这个问题上出现了一个争议，争议是什么呢？就是在一审开庭前，证人证言、同案供述能不能给犯罪嫌疑人、被告人看？讲给他听，基本上检察院的同志也是同意的，关键就是我们把笔录直接给他看行不行？现在检察院是不同意的。所以大家注意到，六部委的规定和最高人民检察院的司法解释，包括去年那个《关于依法保障律师执业权利的规定》，关于核实证据这个解释，还是沿用了《刑事诉讼法》那句话，可以核实证据。其实都可以不用再说了，因为在这中间检察院曾经提出一个方案，就是辩护人不得以任何形式，把证人证言和同案供述透露给犯罪嫌疑人、被告人。所以当时拿出这个稿子的时候，我们是坚决反对的。我说这样的话，就完全脱离了中国的国情，律师根本就没办法辩护了。你想想律师能赢得当事人的信任，本来就很难，你现在说证人证言和同案供述都不能跟他说，就一点书证和他自己的供述，嫌疑人肯定认为律师是在糊弄他。那你怎么去跟他交流？他关心的就是证人怎么证的他，谁怎么说的，到底有什么样的材料，我都不能跟他讲，你说平时怎么去会见？就没有必要会见了。这样的话，会给律师工作带来巨大的压力。

为了这个问题，证人证言和同案供述不跟犯罪嫌疑人说，有好多案子都发生了重大的矛盾和冲突，所以我们是坚决不允许的。而且这个规定明显违背了《刑事诉讼法》。对于证人证言和同案供述不能给犯罪嫌疑人、被告人看可以说是有争议的，但《刑事诉讼法》讲的核实证据就是可以和犯罪嫌疑人、被告人说，这一点是肯定的。你现在连透露都不能透露，那怎么可以？另外这个规定是说永远，那一个案件，一审开庭前不透露给犯罪嫌疑人，可以理解，认为会影响他，需要当庭讲，一审开完庭了，怎么还不能给他呢？开庭假定所有的证据都已经向他出示了，即使是没念也算出示了，那为什么还不能给他听，不能跟他说，不能让他看？这个没有任何道理。所以这种保密只限于一审开庭前。就这个问题，我们跟检察机关的人开会也一直在探讨，我认为没有必要。为什么呢？因为我们国家《刑事诉讼法》规定得很清楚，只有被告人供述，没有其他证据佐证的，不能认定。被告人不承认，其他证据确实充分的，可以认定。所以我们也跟检察机关讲，但是现在这个问题依然是有争议的。大家要注意争议在什么地方？你要理解地特别精细，是一审开庭前，证人证言和同案供述能不能拿给犯罪嫌疑人、被告人看，就这个问题有争议。你跟他讲，我们认为应该没问题。

第二，案件材料能不能给家属和亲友看？这个是明确的，不能。以前也因为这个，曾经有一个河南的律师被判了一年刑。但是后来那个律师被改判无罪，因为当时是按照泄露国家秘密给他判的刑，最后法院认为这个案件材料到了法院阶段是不是秘密由法院来决定，这个提前没标注，不算国家秘密，律师不是泄露国家秘密的主体，因此就改判了无罪。但是由此引出来的问题是，律师不能把案件材料给犯罪嫌疑人亲友和家属，这是一个规则，也不能复印让他拿走。但是在实践当中，律师操作起来是有困难的，因为很多家属就是这样，他说是他委托的，为什么不能给他？这个我们还是要跟他解释，案件材料不能给。

第三，案件材料能不能给媒体？不能。能不能上网？也不能。一审开庭后可不可以？也不可以。我们有的同志也提出来说，一审开庭都公开审理了，案件材料都公开了，媒体也报道了，为什么就不能给媒体？因为把案件材料给律师是为了让你辩护使用的，不是通报给媒体的，如果需要给媒体，应该是由司法机关其他部门来负责，不能由律师来负责。所以说即使媒体知道了，也不能从律师那儿拿到案件材料，因此我们要掌握这一条规则，即"不能给媒体"。至少到目前为止是这样一个规则，也许将来会变，那大家要关注。现在是我们不能给媒体，给了媒体，律师可能要承担责任，也说不定有关机关就会追究你。大家尤其要注意的是，现在好多重要的案件，尤其是职务犯罪案件，往往在复印卷宗的时候，检察院都要求你签一个保密协议，对这个保密协议我是很抵触的，所以我也曾经跟很多检察院说我不签，我说这个东西是没有必要的，因为作为律师来说，我必须保密，不是这个案件的材料保密，而是所有案件材料我都要保密，我没必要再签这个。签这个是不是别的案子我就不保密了？当然因为有些检察官我们大家也都熟悉，也很为难，但是后来他们一看我们老这么反对，有的也就算了，就不签了。不签了，我们也不能泄密。但是现在我看他们又发生变化了，他们不再签那种普遍的保密协议了，而是想了一个办法，他们说这个案件特殊，要求终身绝密，因为案件材料大部分都是秘密，但是有些案子就到了绝密级了。他们要把这个特别提示你，让你知道，让你签。所以我们现在没办法，也得签。这个的的确确就是案件材料保密要求很高的，我们律师一定要注意这一点。

第四，这个问题也是很尖锐的问题，就是案子判决了以后，尤其是被告人服刑以后，刑满释放了，来找律师说，把那案卷材料全部给他复印一套，他要留作纪念，将来写回忆录用。你给不给他复印？当然还有的人更高明一点，说他不服，要申诉，让你给他复印一套，你能不能给他复印？这个对我们律师来说是个难题。我在司法部和全国律协都提出了这个问题，说要作出规定，但是现在还是没有规定。我们能不能复印给他？大家要小心，实践当中有的律师就复印了，因为不复印，家属不同意，当事人不同意，律师没办法，就印了，倒也没出过大的问题。但是一旦出了问题，我们律师也不好担，所以说还是尽量不给他印，或者印的时候选择一些，尤其是有些敏感的证人证言。大家要知道证人证言在法庭上用的时候，只用了那么一小段，实际上还有很多内容。他如果看到某些证言，可能就想证人怎么会这么说呢？就会去找后账，社会矛盾就出现了。所以我们律师还是尽量不把案件材料全部复印给他们，如果实在是不行，你就说让他找一个申诉的律师，你把材料给那个申诉的律师，我们律师对律师复印，大家都有这种职业的责任，那就会好很多，所以要这么来处理。

七、调查取证的规范

（一）证据披露义务

调查取证的规范基本的内容我就不讲了，下面就是讲一下在调查取证这个问题上，新《刑事诉讼法》规定的律师的证据披露义务。"辩护人收集的有关犯罪嫌疑人不在犯罪现场，未达到刑事责任年龄，属于依法不负刑事责任的精神病人的证据，应当及时告知公安机关、人民检察院。"以前是没有这个规定的，现在新《刑事诉讼法》做了这个规定。这三类证据，我们要提前披露,实际上就是不能允许辩方突袭。关于突袭证据这个问题,我的看法是在我们中国的刑事审判当中,辩方想要在证据上突袭是不可能的。因为你提出来新证据,人家控方就说这个证据他刚见到,要求核实,所以现在不发表意见,法院肯定会同意的。同样的道理,控方这么提,我们辩方也可以这么说。所以就回到刚才讲案件材料,一审开庭前证人证言、同案供述不给被告人看,实际上在实践当中,如果真的有律师去做,他也是很难实现的。你不让看,可以,那就开庭的时候让被告人坐到法庭上去看,一会儿法院就烦了。那么多笔录,他一看,一天也开不完庭,法院还想一天就结束呢,结果光证人证言他都看不完,法院肯定说不行你们把那个都拿过来,让他看,看完了之后再开庭。

像我办理过几个大的案件都碰到过这种情况。一开始检察院不让把案件材料给被告人,甚至讲都不愿意让讲,结果到了法院阶段了,法院说怎么还不让他看呢,赶紧让他看,昼夜兼程地看,就出现了这种情况。我们认为检察院和法院在案件材料的使用上,考虑是不一样的。实际法院是要让他全看的,最后肯定是法院有权利的,他让看,就让他看,我们律师就听法院的。

(二)调查取证的注意事项

下面我要讲一下调查取证的注意事项,这个是在这些年实践当中发生的,我们肯定是要特别注意的。

第一,要亲自调查取证,这个我们律师一定要注意。你不要懒,然后让家属去,或者派别人去,写你的名。要让别人去,就让别的律师签名,不要写你的名,如果是你的名,你要亲自去。因为一旦到法庭上质证,发现证据是假的,这就不好了。

第二,必须向证人而不是向其他人调查取证。往往有时候有些证人说他也没有文化,不会说,让那个谁说吧。这个不可以,证人是特定的，不可能让别人代替。

第三，必须证人亲自签名或者捺手印，不能代签，尤其律师不能代签。我们曾经发生过这种案子，证人的签名是由律师代签的，这个坚决不行。他随便划拉一下，捺手印都可以，但是你坚决不能代签。

第四，律师调查取证的时候不能宣读其他证人证言，就是你不能把别人的证人证言给他读一遍。

第五，不能取证以后再增加内容，这个我们也要特别地警惕。因为你的取证笔录和侦查机关是一样的，有时候可能后面有些半行的地方或者空行。我们有一位律师是四川的，他取证回去以后发现有些话好像没说到位，就拿笔在后面往上加。结果加的时候字越写越小，笔的颜色也不一样，加了好几处。到证人出庭了，法官问这个证言是不是他的，他说是，拿来一看，他说这句话不是他说的，那律师说那是他加上去的。然后一会儿又看，说这句也不是他说的，那律师说也是他加的，结果这个律师后来被判了一年。这是肯定不行的，我们律师要特别地注意。

第六，不能事先写好调查的稿件。你要去找证人调查，提前把证人笔录都写好了，打出来，拿着让他看一遍，签个字，这个坚决不行。证人笔录必须要当场形成，你提前可以写一个提纲，但是不能做成笔录。北京有一个案件有个律师就因为这个被判了刑。判刑依据的证据是什么呢？就是他找证人取证的时间晚于在电脑当中发现稿件的时间，也就是说那个稿件已经在他电脑中形成了，第二天他才打出来去取的证，就是那个内容。给他判刑的理由是说他诱导了证人。

第七，不能教证人怎么作证。证人有时候和犯罪嫌疑人一样，往往都问律师怎么回答这个事对他有利，你不能给他回答。

你要让他实事求是，不要管有利没利，要看事实。我们一定要掌握好这个原则。

第八，家属不能参加调查取证。我们律师去调查取证，好多时候是需要家属配合的，需要他帮你来联络，但是真正开始调查取证的时候，家属一定不要在屋里坐着，要让他出去。这个时候我们律师不要磨不开面子，不敢说，要告诉他不能参加，这个一定要跟他说清楚，这是一个规矩。

第九，明知是假证，不能向他调查取证。就是有一些证人实际上就是假的，家属造了假。我们曾经碰到过好多个案件都是这样，家属找了假证人，让律师去取证，最后把律师抓起来了，结果证人没事。因为司法机关对律师有意见，先去找那证人，让证人说是律师教的，最后所有责任都由律师来承担。所以说这个我们一定要注意，如果你合理地分析，比如说当事人已经说了当时一个人都没有，突然冒出来一个证人，那就很不可靠，或者你一看那证人讲的，他就不像在现场，那这样的证言你就不取，或者取了之后，你要掂量要不要交给司法机关。

第十，明知或者事后得知是假证的，不要交给司法机关，已经交给司法机关的，一定要撤回来。大家要注意后面这句话，就是证据已经交了，但是你意识到这是假证，一定要把它撤回来。一般来说，撤回来就没有什么太严重的后果了，如果不撤回来，真有可能追究你刑事责任，说你妨碍作证。

八、律师的保密义务

律师有着最重的保密义务，全世界都是这样。律师这个职业是最需要保密的，像我们国家关于保密就规定那么几条，像英国，光律师保密的规定就有几百页，规定得特别细。总而言之一句话，就是你要保密。就是很多的秘密都得保，因为你知道了很多当事人的东西，知道了很多司法机关的东西，就要保密。《律师法》规定了律师的保密义务，但是《刑事诉讼法》就刑事辩护这一块，把它规定成了权利，颠倒过来了。"辩护律师对在执业活动过程中知悉的委托人的有关情况和信息，有权予以保密。"就是说律师有权保密，也可以不保密，这个保密义务有豁免。这个主要是根据下面的但书来的，因为后面有一个但书，这个律师的保密义务就是绝对的、无条件的、全面的、持续的，这个大家要清楚。

现在我就讲一下和刑事辩护这块的保密相关的几个问题。

第一，律师要全面地保密。现在说有权保密，那是不是还有权不保密？不保密的是什么？就是这个但书，"辩护律师在执业活动中，知悉委托人或者其他人准备或者正在实施危害国家安全、公共安全以及严重危害他人人身安全犯罪的，应当及时告知司法机关"。这三类情况，你就不能保密了，就要报告。而这个跟《律师法》又有区别，《律师法》还包括严重危害他人财产安全，《刑事诉讼法》把这个财产安全去掉了，国家安全、公共安全和严重的人身安全，就这三种情况，保密义务就豁免了。

但是《律师法》和《刑事诉讼法》还有一个区别，《律师法》规定的是在那种情况下，你就可以豁免保密的责任，可以不保密，但是没有进一步的要求。《刑事诉讼法》规定了你应当告知司法机关，就是你不仅不能保密，还得去报告。我们出国的时候也跟其他国家交流，发现这个是其他国家没有的。现在举一个例子，比如说马加爵，如果他杀了人之后跑到我们律所来咨询，说他杀了人，怎么怎么着，我们当然第一项工作就是劝他，让他投案自首，告诉他自首可能从轻。但我们也不能答应他自首的话就能保条命。案子那么重大，杀了四个人，能不能保命也难说，但是可以从轻，有这可能性，我们可以给他办。如果他同意了，我们就立功了，没有问题。如果他不同意，我们怎么办？这就是一个问题了。如果按照国外的规矩，像这种情况，劝了半天，他说不去投案自首，律师怎么办？就让他走。他走了，律师接下来怎么办？就当他没来过，这事就结束了，也不会有任何司法机关的人来找律师的麻烦。但在我们国家就不是这样了，如果按照《律师法》的规定，我们可以让他走，走了之后也当他没来过，当没见过这个人是可以的。但是按照《刑事诉讼法》的规定，就不行了。因为《刑事诉讼法》规定，像他这种有可能危害公共安全，有可能严重危害他人人身安全，杀了四个人，他有可能杀第五个，你就得告知了，放他跑就不行了。所以这个对我们律师来说就是一个很难的事情。这条规定在这个极端的案例下来看，对我们律师来说责任是沉重的。

第二，不能向任何第三方披露。我们这个保密义务，就是不能向任何第三方披露侦查阶段获得的案件信息，也不能把案件材料提供给媒体。同时这次《刑法修正案（九）》专门规定了一条，泄露不公开审理案件信息的，负刑事责任。这一条当时在制定的时候，我们认为完全没必要。不公开审理案件信息本来就不应该公开，泄露了之后肯定要追究责任，还一定要追究刑事责任干什么？其实这一条的出现，就是针对李天一那个案子。最后为了淡化这个问题，说不仅是律师，其他人泄露也都要追究责任。我们律师现在要注意，凡是法庭上不公开审理的案件，是不能泄露的，泄露之后，就有刑事责任。

第三，律师依法享有免予作证的特权。前面讲这个保密义务是我们律师的义务，又给我们规定了保密的权利，那我们律师有什么权利？就是免予作证，别人来找我们作证的时候，我们可以拒绝，尤其是侦查人员来找我们作证。这一条对律师来说很重要。现在发生了好多这样的案子，有些司法机关的人跑到律所，要求律师把什么材料都提供出来，要求律师给出证人证言，这个我们是可以拒绝的，就说我要给客户保密。只要不是刚才我说的但书的那三种情况，都可以拒绝。所以这一点我们律师还要强硬起来，因为我们如果在这个问题上退步，给这个司法机关作了证，下一个还要来找你，那我们律师的保密特权就没有了。所以免予作证的特权我们律师一定要行使，遇上司法机关来找我们调查取证，一定要拒绝。

九、充分利用证人、鉴定人出庭制度

（一）证人、鉴定人出庭制度存在的问题

证人、鉴定人出庭这个制度应该是这次《刑事诉讼法》修改着力强化的一个制度，总的目的就是扩大证人、鉴定人出庭的比例。但是最后《刑事诉讼法》通过的文稿，应该说还不是特别理想，尤其是学者们对这个文稿还是比较有意见的。因为这个稿是讲相关方面对证人证言有异议，该证人证言对被告人定罪量刑有重大影响，人民法院认为有必要，证人、鉴定人要出庭作证。其实在人民法院认为必要的那个前面，原来那个稿子里有一个或者就等于是两类条件，一类是说相关方面对证人证言有异议，该证人证言对定罪量刑有重大影响，另外一类就是人民法院认为有必要。如果是这样的话，很多证人就要出庭了。但是到最后立法机关又把那个"或者"去掉了，变成了三句话是一个条件，其实最终还是法院来决定。我们认为这样给法院的裁量权太大了。如果说这个证据对定罪量刑有重要影响，辩护人和犯罪嫌疑人、被告

人提出来让证人出庭作证,他就应该出庭作证,法院不应该再裁量。但是现在规定的还是法院裁量。

(二)申请证人、鉴定人出庭作证时候的考虑

这个我觉得对我们律师来说没有什么特别固定的标准。一定要什么样的情况下才能让证人出庭,什么样的情况下就不用他出庭,这个没有一个固定的僵化的标准,全由我们律师自己来掌握。很多因素我们可以考虑,比如这个证人证言对被告人定罪量刑是不是很重要,如果不重要,我们可以考虑就不让他出庭了;证人证言本身和其他的证人证言或其他证据有没有矛盾,这个应该是我们考虑得比较多的因素,如果完全没有矛盾,可能让他出庭的价值就小了;通过证人、鉴定人出庭作证,能不能动摇这个证据的可采信性?以及通过证人、鉴定人出庭作证,能不能给被告人带来有利的影响?比如通过他们出庭作证,让这些证人赞扬这个被告人,使人家认为这个被告人过去确确实实是一个很好的人,人品很好等等,有时候也会有这样一些作用;通过证人、鉴定人出庭作证,能不能削弱控方的指控体系?通过证人、鉴定人出庭作证,能不能给庭审带来某种主动性?这些因素都有可能,都是我们要考虑的。但是这些都不是固定的规则,你要根据实际情况变通。作为律师来说,我认为我们可以提出来要求出庭作证的人多一些,当然法院最后可能通知不来,那到时候再说。律师可以多通知一些,多申请一些。如果这个证人出庭对我们很不利,就要避免让他出庭,但是这种情况下,有可能控方会让他出庭,所以这个东西大家就是在博弈。

这里边有一个问题,我在这儿要提出来,就是律师能不能对自己这方的证人,准备出庭的证人、鉴定人进行指导?实际对控方也同样,也就是说控辩双方能不能对己方出庭的证人和鉴定人

进行指导，提前教一教他？现在这个没有明确的法律上的规定，实践的规则大概就是三句话，第一句话是可以指导。为什么呢？因为有时候出庭作证，对证人来讲是非常陌生的，有的人可能一辈子也没碰到过这么一件事，他根本不懂，你教一教他出庭什么时候去，人家会怎么传唤他，到了法庭之后，法官会问什么，让他签什么保证书之类的，作完证之后要签字，这是一个。另外一个，就是作证的内容，你可以给他一些提示，就哪些事情让他去作证，作证的时候，对方可能会关心哪些问题，他们可能会提出来什么样的问题，这些问题提出来之后，他们可能是什么样一个用意。因为证人对这些一无所知，他也不懂法，你可以把这些东西给他讲一讲，可以对他进行指导。第二句话，千万不能教证人怎么作证。你不能告诉证人他一定要说这就是借款，这个坚决不行。就事实问题，你不能提任何意见，只能给他假设一些情况，就庭上出现的程序性的问题，给他做一些解释和指导。当然还有第三句话，在证人要出庭作证的情况下，律师在他出庭前尽量少跟他见面，少跟他讲，还是要减少风险。因为如果见了很长时间，你很难说这个指导都是合适的，也许哪几句话你说的不准确，或者他理解的有问题，就可能出现很大的风险，所以说这个是要特别重视的。

（三）对证人、鉴定人的发问

大家也知道要是在国外当律师，应该说最硬的功夫就是法庭调查时对证人的提问，因为西方国家的审判奉行的是直接言词原则，证人只要不出庭，其证言就不能被采信，只有出庭了，法官听见了，才相信，没听见，法官是不会采信的。所以说他们的证人几乎就是100%出庭，不出庭就没用了。所以说出庭就是最重要的。同样的，证人出庭了以后，作为辩护人也好，控方也好，你的能力就体现在怎么样向证人发问上。很多精彩的发问就是出现在这种法庭调查上、证人出庭上，庭审真正吸引人的地方也在这儿。对证人和鉴定人的发问是律师最重要的和基本的能力，也是一个技能，能体现出律师的水平来。但是对于律师发问，我们国家限制还比较严，跟其他国家不一样。有几点需要注意：

第一，不能提诱导性问题。因为除了我们国家之外，其他国家的规则是直接询问，不能提诱导性问题，要提开放性问题，交叉询问可以提诱导性问题，基本都是这个规则。所谓直接询问要提开放性问题，就是这个问题里面不能含着答案。比如你问那天天色怎么样，他说那天是黑还是亮等等；或者你问车速是多少，他说大概50公里、80公里。但是如果你要问天是不是很黑，就是诱导性问题，问车是不是开得很慢，也是诱导性问题。你的问题当中含了一种答案，实际上是暗示了一种你要他回答的期待，这种就属于诱导性问题，是不允许的，在直接询问时不允许，在交叉询问时则大大地鼓励。因为那些精彩的问题往往都是诱导性问题，让证人掉到坑里了，大家才觉得设计得很好。

但是我们国家恰恰不是，我们国家最高人民法院的规则规定得非常明确，任何一方都不能提诱导性问题。也就是说我们国家就是讲实事求是，来了之后你就直白地说，所以对我们律师来说难度很大。

第二，不能离题太远。我们提问的时候，一定要很快地切入主题，不能绕的太多。就像我们不能提诱导性问题，一绕，法官马上就打断了，你本来设计挺好的一个问题，就问不下去了，关键的地方还没到，法官已经给你打断了，这就麻烦了。我刚才说不能提诱导性问题，也不能离题太远，是不是可以稍微离远一点呢？我认为可以。但是按照我的实践，离题不能超过五个问题，最好是在三个问题内就要到这个问题点。这样的话，往往法官和对方都不会打断你。

我那时候给徐中和辩护，就是我们国家反腐败第一批被判死刑执行的那个典型，原来河南汝州市的市长。当时在法庭上，我有一个提问是什么呢？当时指控他的时候，起诉书当中有一段话，他受贿中那两笔大的，都是在去南方考察的路上收的，一笔40多万，共有两笔。起诉书说徐中和要去南方执行的时候，就对他那个副手叫范干朝，他是第二被告人，说让他给下头打个招呼，起诉书就说范干朝心领神会，知道徐中和要借机大捞一把，然后就开始说他怎么收钱。那就是说还没去，徐中和就想收钱，就要勒索钱，大概就是这个意思。这个符不符合案件事实呢？所以这就涉及范干朝为什么这么讲。这是范干朝笔录里的话。因为我们那时候没有证人出庭，但是他是同案的第二被告人，他出庭了，所以到了法庭调查的时候，我就问范干朝，说："范干朝你是不是经常出差啊？"他说："是啊。"我说："你出差是不是要给你手下的人打个电话，告诉他接站，住宿等等？"他说："是啊。"我说："这些是不是打招呼？"他说："是啊。"我说："你为什么说徐中和打招呼就是要捞一把呢？"他说："那不是我说的，是检察院说的。"就在那个帘子布厂，一千多人那个大礼堂里开庭，范干朝就那么大声说这是检察院说的。

后来法院在判决的时候就把这段话去掉了，认为这个话肯定不符合事实。我问这段问题，实际上等于是我通过两个铺垫到第三个，问到了点，如果再长，可能法官就会认为我在那儿问他出差干什么，就会打断了。但是往往一开始问得比较紧凑，法官可能也会容忍。因此，在设计问题的时候，大家一定要事先想好，不要设计得太远，尽量快。

第三，围绕证明目的设计提问。你想要证明什么？你让证人来，你要问他，你一定要有目的，你的目的是什么？要围绕这个来设计问题。

第四，提出的问题要尽量地具体、简单、明白、容易回答。我们法庭上提问为什么有些律师不成功呢？就是有时候问题他自己都没想好，说了半天，人家也听不懂，也不知道怎么回答，或者不是一两句话就能回答完，很复杂，得说半天，这些都是不好的问题。你的问题要简单明白，谁都能听懂，同时也要容易回答，证人用很少的话就能回答你的问题。这样的话，你才能顺利往下推进。我认为我们律师必须得训练这个能力。

第五，提问题的时候要解决关键或者重要的问题。因为我们国家证人出庭少，这和国外不一样，国外有的证人一作证就能作好几天，你说那律师得问他多少问题啊，这就是为什么他们要搞一个律师团，一个律师团大家分工，轮番去问。这一点我们要佩服，外国的律师强于我们，确确实实人家很会问问题。因为我也参加过很多民事案件，我就听，你看他问的都很平淡，但到了一定的时候，确确实实就把你逼到了胡同里，你简直就没有办法。开始问的问题都特简单，大家都认为好像是毫无必要的问题，但是到最后，可能就逼得你没有办法。为什么要这样呢？因为有一个目的，要解决什么东西，你心里要有数，你要围绕这个来进行。

就像薄这个案子，我刚才也说本来王立军出庭作证，有关方面一开始是不同意的，法院也是不同意的，因为法院明确跟我们讲了，在这个案子当中法院认为王立军是一个次要的证人，他出不出庭作证没什么关系。这个意见我是赞成的，因为王立军证明不了贪污受贿当中的任何一件事，他的证言就是证明滥用职权这一块。对滥用职权他的证言实实在在地说，有很多跟书证和其他的证言还是能解决一些相关的问题的，但他证明不了太多的东西，更多的可能是一些感情因素。当然一开始从我内心来说，作为一个律师，尤其是王立军原来在重庆搞得那个样子，我们律师应该说是深受其害的。我也想借这个机会，问他一些东西。但是就这个案子本身来说，他确确实实没有那么直接，所以后来法院提了一个意见，我认为也是可以的，所以我们就说那就不出庭吧。但是后来当事人不同意，说他申请了那么多证人出庭，谷开来不来，谁谁谁不来，还开什么庭，别开了。法院考虑了以后，才同意王立军出庭。

结果那一天还真是让我们很意外，当然我也知道我不可能去问他其他事情，只能问指控的事情。王立军坐轮椅被推进了法庭，让他念证人保证书，看不见字，还得别人念给他听，能听见。让他签个名，签不了，还得捺手印。我当时第一句话就是问他，我说："王立军没想到你身体这样，对你的大脑有没有影响？"他说不关我的事。但是这个证人对被告人是有很大的抵触情绪的，到法庭之后，人家法官说："证人。"他说："我不是证人，我是受害人。"后来检察官问他："他是不是打了你一个耳光？"他说："他不是打了我耳光，是打了我一拳。"被告人就跟法官说："审判长啊，我那天确实打了他一个耳光，这是我修养不好，但是我绝对没有打他一拳，本人没有练过拳击。"那天在庭上还是斗得很激烈的。但是王立军出庭作证，他要证明什么呢？实际上王立军要证明的就是，薄熙来老婆杀人了，他去给他报告，他不但不信，还打了他，还撤了他的职，他就是要证明这么一件事。但是从薄的角度来说，他根本就不是来报告谷开来杀人了，他是来要官的，薄认为他是心术不正，所以才打了他。他根本就不相信自己老婆会杀人，他得拿出证据来，他是这个意思。

后来王立军作证的时候,是我对他提问的,我当时还是下了功夫准备的。我就问他,我说:"王立军,我听说在谷开来要去杀人的那天晚上,最后是见了你?"他说:"是。"我说:"已经很晚了?"他说:"对。"我说:"她杀了人之后,就给你打了电话,说她杀人了,是吗?"他说:"是。"我说:"第二天她又给你打了一个电话,你还做了一个录音?"他说:"对。"因为那个录音记录笔录卷里都有。我说:"谷开来告诉你她杀人了,这是不是自首?"他一下愣了。我说:"你看一个人杀了人,跑去跟警察说她杀人了,这不是自首吗?"他说:"她天天说杀人,我怎么知道她杀没杀人。"我说:"你都不相信她杀人,你怎么相信薄熙来就要相信她杀人呢?"他立即就没话说了。

其实我在前面也问了他一个问题,我说:"你见谷开来的时候,她要走,她有没有跟你说她要去干一件大事?"他说:"她天天说干大事,我哪知道她干不干大事。"所以这些东西一印证下来,那就证明他所说的不是这样一个情况。他自己都说谷开来老说杀人,他也不知道她杀没杀,他是这么认为的。那薄熙来当然说他不相信谷开来杀人了,就有合理性。因此,我觉得王立军整个出庭过程,我对王立军的提问,我还是满意的。有很多旁听的人说这个问题还是问得比较好的,因为王立军一上法庭的时候,说的几乎都是假话。按照王立军一开始的说法,薄在谷杀人之前就知道,那都成了共犯了。结果人家薄自己问他,一个一个问题问,问到最后,他就承认了,根本没有,不是那么回事,他随口说很多的假话。当庭的时候我也问他,我说:"尼尔武德那个尸体火化了之后,你是不是给谷开来发了一个短信?"他说没发。我说:"那个短信发得还挺文学,说'化作青烟,驾鹤西去'。"

他说他都不会发短信。他那手机短信都在卷里,他就是睁着眼在那儿胡说。他卷里也有一句话说他奉上级指示,去跟薄谈,说谷杀人的事,我说:"你奉上级指示,这个上级是北京的上级还是重庆的上级?"他说:"北京的上级。"我说:"你跟薄谈了以后,薄等于是不信啊,你看还打了你耳光,那你有没有给你北京的上级汇报说跟他谈了,他不听?"他说:"他不让我上北京去,三千武警对我围追堵截,狙击手的枪对着我脑袋。"我说:"那你有没有打电话?"他就支吾了。不让你去,你电话总是可以打一个吧,实际上也没有。

我后来也问他,我说:"谷开来杀人的案子,你有没有立案?"他也支吾了,就在那儿开始推,推到别人身上去。你说杀人犯自己来说杀人了,公安局都不立案,这个责任让谁去承担?因此,后来到了这些问题上,实际上王立军自己明显有很多问题,他没法自圆其说。因此,我又觉得有些证人真要出庭了之后,确实对案件还是有帮助的。从辩护的角度来说,我们还是支持,我觉得也应该鼓励证人多出庭。

现在给司法机关讲课,尤其给检察院讲课的时候,我是一再说,我说你们也应该支持,也要鼓励,因为证人出庭了,才能够查清案件事实,这是非常有帮助的,靠那个笔录,根本就搞不清楚。

第六,对鉴定人的发问,可以从削弱其专业能力入手。对鉴定人要发问,因为鉴定要有资格,机构要有资格,人要有资格,本身要有一些专业上的要求,所以我们可以考虑从专业这方面去动摇他。我认为对鉴定人的发问,我们律师很多时候是会成功的。我们很多鉴定人往往专业素质不高,尤其是对出庭作证他们不懂,有很多很基本的东西,一问就问倒了。

顾雏军那个案子，我当时辩护，我们辩护最成功的是什么？就开了3天庭，最后辩护的就是指控了四个罪，搞了12份司法会计鉴定报告，经过了鉴定人出庭作证，最后法院认为12份司法会计鉴定报告都不能作为证据使用，全部排除了。就是那个案子把司法会计鉴定报告全都排除了。最后把一个最重的罪，职务侵占罪也否定了，侵占挪用罪一半的数额减掉了，保留了前面两个轻的，就是没用那个司法会计鉴定报告。因此，通过这个案子就说明，第一个是鉴定问题很大。第二个，当然有时候鉴定没有了，也可能还能定罪，但是鉴定意见确确实实是我们律师在辩护当中要经常着手质疑的一个方面。不要一看鉴定，我们就相信这是专家做的，可能我们不行。专家做的，有时候也会存在很大的问题。

第七，我们在向证人、鉴定人发问的时候，万一证人、鉴定人很有水平，很有能力呢？包括国外那些证人、鉴定人，尤其有些老出庭的鉴定人，和律师一样，都是非常非常有智慧的。所以人家也编了一些笑话，就是那些证人或者鉴定人怎么在法庭上调侃或者讽刺律师。当然也有律师把证人问倒的。所以在这种情况下，有两个情况大家一定要注意，一个是证人不配合你。你原来想这个证人可能要按照这个路，结果他就不按照你这个道来。这个时候按照我们国家这种规矩，又不能提诱导性问题，你是没办法让证人按照你的意思回答的，所以你必须得换问题。另外一个更重要的，就是公诉人提出了异议。因为现在证人出庭的不多，大家规则操作的也不熟练。现在实践中，比如什么叫诱导性问题，什么叫威胁性问题，其实没有统一的标准。你说什么叫诱导性问题？找几个标准，大家可以公认，说这是诱导性问题，但是还有好多是还是不是，是有争议的。因为这种问题是即时作出决定的,公诉人说这是诱导性问题,法官马上就得决定是还是不是,而且立即说是继续问还是不让问。我们国家法官在这方面水平有限,经验也不多,经常的实践是谁提异议他都支持,公诉人提问,辩护人说这是诱导性问题,法官马上说别问了,换个问题。同样辩护人提问的时候,公诉人有异议,法官也说换个问题吧,这是诱导性问题,人家有意见。实际上我们的法官在这方面因为自己的判断能力有限,基本上都是尊重提异议那一方。

在这种情况下,我们律师有一个问题要处理好,就是法官说这个问题不要提了,有的律师就说,这个问题很重要,为什么不让我提,他必须得回答,就在那儿争,这是非常错误的。只要人家提出异议,法官不让你问,马上要换问题。回到刚才说的这个,我们设计的提问要设计得有目的,要问关键问题,但是你要设计很多很多普通的问题,就是围绕这个设计很多的普通问题,尤其是要设计不同的角度怎么达到那个关键,你可以从这个地方达到,也可以从那个角度,还可以从相反的方向来,所以说你可以用很多很多的方法来进行提问。人家一异议,你不用争,马上就换问题。尤其是你准备若干个普通的问题,你随口问一些过渡,然后开始用另外一个角度问。甚至有时候你第二次又问到这个问题,对方就不异议了,同样的问题他也不说诱导了,你就问出来了。但是你要跟他在那儿争,这对律师来说是最愚蠢的。不要跟法官争,他不让你问,你就不要问,这是一个实践的点。

十、非法证据排除

(一)非法证据排除的三种情况

第一,必须排除的非法证据。《刑事诉讼法》第54条"刑讯逼供等非法方法收集的犯罪嫌疑人、被告人供述和采用暴力、威胁等非法方法收集的证人证言、被害人陈述",这个是绝对要排除的,这是明确的。但是最高人民法院是把它解释得非常窄,刑讯逼供就必须是刑讯逼供,而不包括威胁、引诱、欺骗,同样暴力、威胁也不包括欺骗、引诱,所以这个手段是限制得很窄的,但是这种是必须要排除的。现在有两种情况可以认为必须要排除,一种就是在羁押的状态下,犯罪嫌疑人没有在看守所做笔录。按照现在法律规定,做笔录必须得在看守所进行,没有在看守所审讯,这个笔录一般是排除的。还有一种,就是把证人羁押到看守所做的笔录、证人证言,这个是可以排除的。现在司法机关也基本上达成了共识,这种肯定构成了威胁,不正常,把证人关到看守所里,你说能正常吗?证人肯定会有不当的压力,这种要排除。

第二,可以排除的非法证据。《刑事诉讼法》第50条规定,"严禁刑讯逼供和以威胁、引诱、欺骗以及其他非法方法收集证据,不得强迫任何人证实自己有罪",这一条实践当中我们应用得更广,因为现在前面那些情况,往往有的时候可能很多人做得很隐晦,你不大容易找到。可能这种情况就比较多,但是在实践当中,现在看这些方法有的时候也会有用。

就像薄这个案件,大家注意,薄这个案件当庭被告人是提出了非法证据排除的,在这之前也写了非法证据排除的申请。但是后来我在法庭上专门又做了一个解释,因为薄提出了非法证据排除,但是在开庭的时候,他明确地讲了,说侦查人员对他的审讯是理性的、平和的、文明的,那他为什么又提出了非法证据排除呢?所以我也跟法庭讲,我说他提出来这个非法证据排除,他不是提第54条,他提的是第50条,说受到了威胁、引诱、欺骗。他说被威胁,那时候谷开来的案子正在审讯,别人跟他讲,他的态度决定了她的生死，拿他老婆的命来威胁他，说要不配合，还要把他儿子抓回来。第二个被欺骗，他说他这么多年共产党员，对党是忠诚的，是一心想留在共产党内的，所以为了留在党内，他就配合了，就承认那些，结果没想到还是把他开除了，他说这是受骗了。第三个被引诱，他说那些事都是10年前的事了，他压根儿就没有任何印象了，全是那些人启发的他，诱导着他才说出来的，他根本就不知道。所以他就提这些，同时也提出来要看同步录音录像。但是最后我不知道你们是不是注意到了，他提出来这个非法证据排除是有实际效果的。

我一开始对这个问题也没特别在意，但我后来观察了一下，后来法院也跟我讲，实际这个意见被采纳了。怎么采纳的呢？就是把他在侦查阶段和审查起诉阶段的审讯笔录都排除了，用了什么给他定的罪呢？用了他在侦查阶段和审查起诉阶段自己写的那个自述笔录给他定的罪。网上能找到那个判决书，他怎么说的，他自述供述是怎么讲的，并没有讲他那个笔录怎么讲的，因为实际笔录是被排除了，因此产生了一定的效果。

第三，法律没有明确规定，但是可以排除的非法证据。这个我列了一些具体的内容，实践当中律师还是经常用的，现在他们犯那种错误都比较少了，但是我们可以关注。这些提出来往往都容易被采信。

（二）非法证据的调查

调查当然我们就要了解，询问犯罪嫌疑人和被告人，研究他的审讯笔录、作证笔录的时间，固定一些书证和物证。这里面主要是第四项和第五项，就是调查看守所期间的笔录并且复制；调查看守所的警官、医生或者同号被羁押的人。这两条我们跟公安部监管局的人在一起研究，他们都是同意的。现在正在制定"看守所法",大家之后看,如果这个法出来,把这个内容含进去,那就解决了这个问题。你说让我们律师提供材料和意见,我们没有办法调查,因为这种刑讯逼供都是很隐蔽的,接触的人很少,没法调查。能到看守所调查,对我们是有很大帮助的。这个问题也许这次"看守所法"会同意这样做。

(三) 非法证据排除的重要规则

非法证据排除里面一个很重要的规则,需要大家知道,证据的合法性问题,要由控方来证明,而不是由辩方证明。这个大家要注意,我们只是提供线索,提供材料,控方有义务证明证据是合法的,所以我们没有义务证明证据非法,不需要,只要提供线索就行。

十一、关于媒体

(一) 三个认识

媒体的问题,应该说是一个大的问题,我在这里为什么要讲呢?我就觉得有三点需要我们律师有一个认识:

第一,律师没有媒体义务。有些记者哄律师说,你得满足大众的知情权,必须得披露什么什么,这个是错误的。任何国家律师都没有媒体义务,你的义务就是向司法机关说意见,不必向媒体去说任何意见。这一点我们大家一定要清楚,记者来跟你这么说,你就说我没这个义务,让他找出一条法律规定来。要求政府机关有媒体义务,要满足大众的知情权,那是政府有行政权,律师没有。

第二,辩护人自行决定是不是向媒体披露。但是这样说是不是辩护人就可以不和媒体打交道?也不一定。有时候律师认为有必要,也可以跟媒体说,但是这个就由你自己来决定了,你认为合适就说，认为不合适就不说。

第三，辩护人向媒体披露的信息必须是准确的。如果我们不披露，没问题，如果披露，一定要披露准确的信息。准确的信息是什么呢？它符合法律吗？不能是道听途说的，比如薄这个案件，让我见识了媒体的威力，那真的是全世界主流的媒体都来找过我，你听到过那些路透社、法新社、CNN、联合早报、日本共同社都来了，而且每个记者都特别谦卑，说给他们半个小时，十分钟，五分钟，甚至有的说电话里跟我说两分钟，都是特别迫切。确实媒体的力量是巨大的，在这个过程中，其实我就有俩问题正面回答了，给了法新社，一个是我们是薄的辩护人，第二个就是回答是家属委托的。后来还有一些，比如说案件到了哪个阶段，实际有些媒体我也跟他们说了，但是我就不让他们报道是我告诉他们的，就是为了让他们掌握这种进度。有一些比如我们律师说了，说这案子在审查起诉阶段，案子本身只要不是那种保密的案件，都是没有问题的，我们也可以说。但是一定要提供准确的信息。

（二）辩护人不能利用媒体来办案

锋锐律所发生的这个事情，对我们律师界影响和打击还是很大的。其实这里面就反映了一个问题，我们也不认为律师跟媒体什么都不能说，我也不是这个看法。但是有一点，我们律师在办案的时候，主要是通过司法机关，而不能主要通过媒体。当然有的时候我们也说了，律师说了没有用，媒体一炒作，才会改变。比如雷洋这个案子，其实大家心里也明白，如果媒体都不炒作，这个案子也许就悄无声息了，但是媒体一炒作，情况确实就不一样了。尽管如此，我觉得炒作是记者的能力，工作需要家属去做，我们律师最好不要去做这些炒作，我们还是要坚持通过法律的渠道来办案。

（三）可以对媒体丑化抹黑当事人的行为提出异议

让我们主动去炒作一个案子，我们不做，但是有的时候没办法，比如说一个案子，就像我说徐中和那个案子，一起诉，整个起诉书的内容全都到了媒体，铺天盖地，各个媒体全在报道。现在我们有好多的案子都是，一起诉就报道，一审一判决，还没等生效，也是铺天盖地的报道。我们对媒体是非常有意见的。我听说刘汉那个案子也是，当时第一天一开庭，媒体就一边倒在那儿报道，最后那个律师急了，提出来说如果媒体这样报道，明天他们就发声明，最后有关方面把媒体控制了，又达到了平衡，控辩双方的意见都报道。所以说这个时候我们律师也要争，如果我们不争，那就是这样一边倒地来压。另外，对有些丑化当事人的行为，我们律师是不是无所作为？我看有的时候我们有的律师发个声明也管用，就是没那回事，甚至有的时候也可以跟办案单位提出来，说这样做不对。

我去年专门写了一篇文章，就是关于媒体审判的规范。我现在是主张媒体这个问题要由法院来掌控。一些情况下，我们可以申请法院发出禁令，不允许媒体这么报道。或者这样报道了之后，要求他撤稿子或者发声明澄清。否则的话，一方面比如我们律师、家属炒作起来，办案单位有意见；另一方面反过来，实际上有时候有些办案单位也会通过媒体丑化和抹黑犯罪嫌疑人、被告人。明明做了坏事但没那么坏，给社会的印象却是就那么坏，这个对律师来说，我们要维护犯罪嫌疑人、被告人的合法权益，也要做一些工作。这个问题也值得我们考量。虽然媒体问题不是我们的专业，但是和我们密切相关。我认为我们律师也需要在实践当中认真考虑和对待这件事，看是否有一些好的方法来解决这个问题，使我们真正能够按照法律要求的那样，通过司法程序，通过司法机关来维护犯罪嫌疑人、被告人的合法权益，办好我们的案子。这个是需要大家共同来讨论的。

今天我就讲这么多。因为主要都是我个人的一些意见、认识和体会，不正确的地方，希望大家批评。谢谢大家！

> 张燕生 念斌案辩护律师，北京大禹律师事务所创始合伙人，中华全国律师协会刑辩委员会委员，北京市立法咨询委员会专家，中国政法大学刑事法律援助研究中心研究员，亦曾任北京市律师协会刑事辩护委员会主任等职。

04 张燕生
犯罪重建在刑事辩护中的应用
——以念斌案为例

大家好！今天我想跟大家分享一下我自己学习的一些体会。我今天想讲的这个题目是"犯罪重建在刑事辩护中的应用——以念斌案为例"。也是因为这个课程听起来比较空，我们把一个案例结合进来，大家听起来就会比较舒服。

一、念斌案的基本情况

其实参加这个培训，可能我们在座的很多人最关心的是什么是犯罪重建。在讲这个之前，我想先简单地把念斌案的情况介绍一下，可能我们在座的大多数律师都比较了解这个案情了，所以我就简单地把案情过一下，这样我们就会知道后面这个案件所发生的一些问题和我们最后找到的一些点，是怎么来进行抗辩的。

选择了念斌案，是因为念斌案有着非常明确的现场，而且是大量使用这种微量证据的案件，和我们今天这个题目是非常接近的。而且侦查机关在这个案件当中暴露出来的所有问题，都反映了在犯罪重建当中所存在的这些问题，所以我以念斌案为例来讲解。

这个案件实际上发生在福建省的平潭，它在离我国台湾地区非常近的一个小岛上。案发现场，大家可以看到一栋房子，在小卖部里坐着卖水果的就是念斌，也就是说这个案件在案发之后，公安机关已经介入了，当时念斌其实对此还不知道，也没想到这个未来的凶手就是他自己，所以他当时还在卖水果。

这个现场的里面大家也可以看到，里面的这个红心是他的房间，外边上面的这个红心是丁云虾的厨房，是她的灶台，就是水壶投放的地点。这边是念斌的房间，这栋房子出来以后是一个公共的厨房，他的邻居丁云虾和陈炎娇都住在这里，她们做饭也在这边。这一侧就是死者两个孩子的母亲，叫丁云虾。这个水壶就是我们这个案件当中所涉及的最重要的一个物证。

因为丁云虾和念斌是同乡人，两个家族在当地都是比较大的家族，关系非常好，互相通婚。每逢红白喜事，两边的家属都汇聚一堂，非常热闹。丁云虾和念斌之间感情也比较深，而且念斌和丁云虾的弟弟是特别要好的朋友，念斌结婚的时候，丁云虾的弟弟还给他做伴郎，所以这件事情发生以后，远在南非的丁云虾的弟弟当时打来电话，说他不相信是念斌干的。

这件事情发生在 2006 年 7 月 27 日。2006 年 7 月 27 日，吃过午饭，丁云虾就在她的食杂店里面睡午觉。下午 1 点 40 分左右的时候，孩子的爷爷来给她送鱼。因为丁云虾的丈夫已经去世了，留下三个孩子,所以孩子的爷爷经常照顾丁云虾,给她们送一些鱼过来。这次他们有 14 筐鱼,就是鱼饲料,孩子爷爷又从这里选了一些比较新鲜的小鱼,可能至少得有两三斤到三四斤,给她送过来。当时丁云虾还在睡觉,她的孩子接过来以后,陈炎娇起来把鱿鱼洗了以后焯了一下放到碗里,然后用碟子扣上。当然后来这个碟子也不翼而飞了。这个案件真实的情况到底是什么,我们现在的确还不清楚。

到了下午 2 点和 4 点左右的时候,大家都在休息,只有两个男孩儿在玩。进入这栋房子里的只有他们楼上的一个邻居,一个 12 岁的小孩经过厨房,上到楼梯上面去。到下午四五点钟的时候,丁云虾也起来了,正如她的证词所说,她用铝壶里的水煮了半高压锅的稀饭。然后陈炎娇的女儿念福珠起来帮着丁云虾去炒鱿鱼,因为她母亲已经把鱿鱼焯过了,放在碗里,她起来就去炒了鱿鱼,炒的时候都把那鱼切开了。

丁云虾的两个孩子加上陈炎娇的女儿念福珠,以及丁云虾还有陈炎娇,五个人共同吃了这盘鱿鱼。三个小时以后,丁家的两个孩子还有陈家的女儿念福珠就相继出现了中毒的症状,到 28 日凌晨丁家的两个孩子就死了,其中女孩是 2 点多钟死亡的,男孩是 5 点多钟死亡的。6 点 15 分,公安机关接到报案后进入了现场,进行了现场勘查,结束的时间是当天下午 4 点钟。而且就在当天,就在当时,公安机关就已经做了刑事立案的决定。这一天,在现场勘查的工作还没有完成的时候,他们的立案决定就已经作出了。

尸体检验报告作出了一个结论:死者死于氟乙酸盐。氟乙酸盐是这样一种物质,它的外形很像盐,白色,非常容易溶于水,如果倒在水里晃一晃,无色无味,什么都看不出来,像盐一样溶化在水里，但是它有剧毒。当地的《东南快报》当时就报道了这个消息，其中谈到，根据当地省公安厅的大专家李航奇的描述，他在一件一件进行排查的时候，拿起一口被洗得干干净净的铁锅，进行检测的时候没有料到会发现这种特别容易被水溶掉的物质。我们都知道炒菜锅是非常有光泽的，很光洁，表面还都被刷洗干净了，然而在做检验的时候竟然还能得出提示说里面还存在氟乙酸盐。李航奇当时激动得都跳了起来。

就是这一口锅，就是现场所出现的被检验出氟乙酸盐这样的一口锅。接着警方就在念斌的小卖部通往厨房的门上扣下了门把，把门把送去检验，检验得出结论说门把上含有氟乙酸盐，因此念斌被抓。念斌被抓了以后，就供述自己因为一包香烟，对丁云虾怀恨在心，就往丁家的水壶嘴里投毒，致使丁家一共六口人均中毒。念斌交代，案发前六天到县城去进货的时候，他顺便买了鼠药两包，目的就是为了毒他们店里边的老鼠。丁云虾的三个孩子一块儿吃的饭，死了两个，实际三个孩子都在，所以他说的是六口人都吃了饭，当时共有四个小孩，还有两个大人。

他回到自己店铺以后就把药投放到了这个货架上，还把剩余的一包鼠药存放于电话柜的抽屉里。到了2006年7月26日，因为有一个顾客购买香烟时被丁云虾叫走，他就对丁云虾怀恨在心，接着他就把老鼠药拿出来，倒进矿泉水瓶，倒了一半的药，兑上水，从他们家的厨房潜入到这个厨房后面，转到丁云虾放置水壶的地方，把有老鼠药的水从水壶嘴里投进去。

当晚他们这一家六口人吃了这鱿鱼以后，出现了两人死亡，四人中毒的结果。警察在宣布完念斌投毒以后，村子里丁家还有俞家，也就是死的这个孩子的爷爷这个家族里上百人就过来，把念斌的家给砸了。这个家到今年整10年了，还保留着原样。

从2008年2月1日到2011年11月24日，念斌被福州中院判处四次死刑。法院认定念斌有罪，并且判他死刑有这样几个跟念斌直接相关联的"铁证"：一个是门把，一个是铁锅，还有水壶，做稀饭的高压锅，以及卖鼠药的老头和制作鼠药的工具。后来他们抓到了这个老头，说在这个老头制作鼠药的工具当中也发现了氟乙酸盐。最重要的证据就是念斌的口供，他全部招认，而且有非常详细的细节。但是念斌一直在喊冤，从第一次上法庭就大喊自己冤枉，说自己是被屈打成招的，他什么也没有做，他没有干这样的事情。

这个案件我们参与了6年多，一直跟踪了6年多的辩护。这个案件存在大量的问题，案情也是扑朔迷离，所以在这当中我们运用了犯罪重建的一些方法、手段，不断地挖掘和发现新的证据，揭露这种假证，最终使这个案件水落石出。现在我们再回过来看犯罪重建，什么是犯罪重建？其实说起来有点拗口，就是用了很多的定语，用什么样的一种科学手段，怎么去还原真相。实际上用最简单的话来说，就是还原现场。

二、什么是犯罪重建

在这里我采用"犯罪重建"这个词，是因为在美国有一本非常厚的书，就叫作《犯罪重建》。我没有改变它的名字，直接援引了这样一个名称。有些地方把它叫作现场重建，有的叫犯罪现场重建，有的叫犯罪再现，实际指的都是一回事。对犯罪重建的概念，很多教科书讲的细节不一样，但是大体都是比较一致的，就是指侦查机关通过对现场所发现的一些痕迹、物品、尸体的位置、状态、相互关系进行研究，通过实验室的物证检验结果，再结合调查所发现的证人证言等所有的资料和信息，运用逻辑思维的方法，对现场所发生的犯罪的内容和犯罪的过程进行一种虚拟再现的侦查行为。美国犯罪现场重建协会对它也做过一些定义，包括李昌钰对犯罪现场的一些概念上的描述。

美国的 W. 杰瑞·奇杰姆和布伦特·伊特维也对犯罪重建做了这样一些解释。他们都是美国犯罪实验室协会的主席，也是加利福尼亚州刑事协会的主席。伊特维是美国法庭科学家，就是犯罪学画像的专家。他们都是非常专业的犯罪重建的专家。其实说这些，大家仍然会对它感到非常生疏，还是觉得很难以理解。

我想用最通俗、最简单的话来说，其实犯罪重建这个名词说起来是我们今天所引进的这样一个名词，但实际上最早它就是一个公安机关的侦查行为，每天所有的公安机关都在实施的行为。比如说突然发生了一个杀人的案件，这个时候我们几乎所有的人都对这个现场产生了疑惑，大家都很关心这里发生了什么，因为我们看到的只是这里死了人，但是在这个人死之前，什么人进来了？怎么进来的？用了什么手段？怎么把这个人给杀死的？这样的过程是我们特别想知道的。

侦查机关所做的工作就是通过在现场提取物证，了解全部的案件情况，运用逻辑推理这样一种关系，最后再向大家公布。就像大家特别喜欢说的，像福尔摩斯的故事似的，他就拿尺子量，最后说这个现场是怎么回事，谁跟谁有什么样的一种关系，这一天他进来跟他一块喝酒，两个人因为什么事情发生了争吵，然后一气之下，他左手拿着铁丝电线勒住脖子，右手把他给勒死，看他窒息了，又担心怎么样，又放了一把火，然后逃逸。可能这个过程就是犯罪重建，就是要还原当时这样一个现场。

其实我为什么这么关心犯罪重建呢？这是因为用更加通俗的话来说，犯罪重建就是把某个人加工成罪犯的一个过程。因为警察在封锁了现场之后,到底干了什么,我们是不知道的,当所有的工作都完成之后,他们将成品提交给检察院,最后提交给法院,就是把犯罪嫌疑人、被告人,未来的罪犯提交给法庭,把卷宗交给律师。我们所能看到的就是这样一个未来的罪犯,我关心的就是警察怎么样就把这个人变成罪犯了?这就是我们所要关心的,也是犯罪重建所要做的。其实用最通俗、不一定准确的一句话来说,犯罪重建就是加工罪犯的过程。

但是犯罪重建,重建出来的是真相吗?犯罪重建追求的是真相,但是重建出来的并不一定就是真相。如果这个重建的过程,侦查机关的素质很高,侦查人员的素质也很高,重建的犯罪情况非常真实、科学,非常富有逻辑,那么他抓到的是真凶。这是一个非常完美的破案故事,中央电视台法治频道每天都在播放这样一些完美的故事。但是如果这个过程有一点点闪失,出现了一点点错误,犯罪重建就变成了加工冤案的加工厂。这正是我们作为刑辩律师所关心和关注犯罪重建的一个根本原因。

我们刑辩律师今天置身于一个无法评估的冤案的海洋之中,哪一个行业都不会像我们一样,这么深切地去了解到、体会到我们今天的冤案之多。为什么会有这么多的冤案?当我们具体去做一个冤案的时候,当我们对这些冤案追本穷源的时候,我们会发现冤案的源头就是这样一个加工罪犯的过程,就是重建的过程。

这种犯罪重建其实特别典型的是普通的刑事犯罪案件,是有案发现场的案件。但是职务犯罪案件有没有现场呢?通常也不能说没有现场,在哪个地方行贿也是现场,但是这个现场不像普通的刑事案件那么突出,那么典型。但是纪委和反贪部门在双规和侦查阶段,也获取了行贿、受贿所谓的一些证据,他们也会拿出一个行贿受贿的故事来,然后再去通过所谓的侦查取证,完善犯罪的事实。严格说来这个过程就是犯罪重建的过程。某某县委书记在某一个房地产项目开发过程中，收受了房地产开发商送给他的多少钱，开发商用了一个篮子，篮子里放了一只鳖，鳖的下面压了两万块钱，上面还放了一篮子的鲜花送进去的。这就是一个犯罪重建，还原了当时的一个过程。因此，普通的职务犯罪案件依然存在着犯罪重建的问题，因此，也依然存在着把某个人变成罪犯的这样一个过程。所以我一直到处讲犯罪重建，是因为我所关注的正是这样一个不为人知的造案的过程，一个案子从无到有的造案过程。

大多数的律师、法官甚至包括公诉人，对于公安机关的犯罪重建或者叫构造案件的过程并不清楚。在很多人的头脑当中，侦查机关的工作就是科学的工作。我们很多人都认为公安机关就是科学的，比如刑事科学技术检验报告。这样一种错误的想法深深地存在于我们当今司法人员的头脑中，侦查神秘论也依然充斥着整个诉讼过程。包括我们在市场上买不到犯罪侦查学的书籍，学生想要看，只能在大学图书馆里借。而从职能的角度上来说，律师和侦查机关的信息是不对等的。其实我们最终是要为我们的被告人去辩护，但是当我们拿到了成品的卷宗的时候，它是怎么形成的，过程我们是不知道的。因为我知道在国外的话，有一些封锁的现场，律师在当时都是可以进现场去看的，而我们永远看不到。

当我们拿到卷宗的时候，早已时过境迁，也许是半年以后，甚至两三年以后，现场早已不存在了，是不可能看得到的。所以我们大量的信息不对等，比如证物库，在国外，律师是可以进到证物库里去查验这些物证的，而国内的这些证物库从来没有对律师开放过。侦查机关整个侦破的过程和重建的过程更加是秘密的，我们是完全不知道、无法参与的。所以我们的当事人在大呼冤枉的时候，在外界看来，这个十分神秘的地方，就成了我们非常关注的地方，所以我今天讲课的目的，也就是想让大家知道罪犯是如何加工出来的。

三、犯罪重建的历史发展脉络

下面简要说一下犯罪重建的历史发展，给大家介绍一些人。

（一）约瑟夫·贝尔

约瑟夫·贝尔博士是19世纪英国皇家医院的一个外科医生，也是爱丁堡大学的教授。他应该说是犯罪重建的鼻祖之一，他的学生福尔摩斯非常有名，他的学生柯南·道尔是非常有名的破案小说的作家。这个叫贝尔的博士给人看病诊断，据说具有非凡的观察和推断的能力。他通过观察，几乎没有出现过错误的诊断。英国女王到苏格兰的时候，他担任女王的私人医生。

据说特别有意思，他给学生上课的时候，拿着一小瓶药，他说这个药非常苦，有哪些功效，用嘴尝试起来会非常苦，希望每一个学医的同学都品尝一下，然后就要把这个瓶子传递给大家。他说在给大家之前，他不能让大家去做一件不愿意做的事情，因此他带头尝一尝。他用手指头蘸着这个很苦的药水，自己放到嘴里尝了一下，然后就把这瓶子交给了他的学生。每一个学生都用手指头尝一尝那个药，大家那个表情，很苦。在大家谈论各自感受的时候，贝尔博士说："我一直强调你们要认真地观察，你们谁也没有发现，我用食指蘸了药液，却把中指塞进了嘴里。"所以他说要学会观察，他这句特别著名的名言就是在讲，通过观察和逻辑推理，你们对每一个案件都能够作出正确的诊断，但是还是不要轻易地相信你们所谓的演绎推理，而是要使用听诊器来证实自己的判断。

（二）柯南·道尔

柯南·道尔在贝尔博士39岁的时候，成了他的学生。柯南·道尔很大程度上接受和学习了他的老师所具备的细致入微的观察和逻辑推理能力。因此，他写作了小说，不断地发表作品，应该说柯南·道尔是犯罪重建的鼻祖之一。他也有许多的名言，他说排除所有的因素以后，剩下的结论才是真相。我们法庭上讲排除一切合理怀疑，其实说句实话，可能就是来自于柯南·道尔的这些话，要排除一切合理怀疑。

（三）汉斯·格罗斯

汉斯·格罗斯博士是奥地利的法学家。这个人也是非常值得称赞的。他曾经当过预审法官，在国外的话，预审是要由法官来进行的。他作为预审法官，亲眼看见了不负责任且能力特别低下的刑事侦查人员所导致的各种失误；而且他也亲眼看到了很多存在着各种缺陷的目击证人。他特别提出来，人是具有本质上的不可靠性的。其实我特别欣赏格罗斯博士，因为他所说的这些话时隔这么多年，到今天依然是有意义的。人的证言是最不可靠的，这是他提出来的。侦查人员最大的敌人不是别人，而是他自己，也是他提出来的。所以他就提出来侦破案件要有一套有章可循和系统的方法。1894年，他出版了一本书叫《犯罪侦查》，是地方法官、警察和律师使用的教科书。这本书可以说是里程碑式的，也是这个领域的开山之作，是引起全世界关注的。而且我注意到，如果学习刑事侦查学，他写的这本书是包括律师在内都要去看的。

我们今天的刑辩律师当中不知道有多少人学过刑事侦查学，当然我也很遗憾，因为我过去没有学过，也是从办念斌案件以后才开始接触的，因为我想了解侦查机关到底是怎么做的。也就是说我们做刑事辩护，不了解刑事侦查，不知道案件是怎么造出来的，是怎么破的，就很难发现问题。所以他当时这本书就是主张我们律师也是要去学刑事侦查学的，包括法官也要去学。

（四）艾德蒙·洛卡德

艾德蒙·洛卡德博士是法国人，医学博士，法学硕士，他最大的贡献就是提出洛卡德物质交换原理。在我们中国的教科书当中使用的也是他的这个物质交换原理，这是全世界在刑事侦查学上一致公认的。作为一种学说，他也受到了柯南·道尔著作的启发。他当时周游世界，想去了解和研究世界各国都是用一种什么样的科学的方法和微量物证的方法来做这种犯罪重建的，结果他特别失望，他发现世界各国的法律都没有相关规定。因此，他大概是1909年在瑞士洛桑大学建立了全世界第一个能够授予法庭科学学位的，以及有专门研究这样一个专业领域的第一所大学。之后也是在他的帮助下，法国建立了第一个警察机构的犯罪实验室。他还确立了关于指纹学还有毛孔最初的鉴定标准，他认为毛孔也是独一无二的，这个人也是我们一定要知道的。

他最著名的一个观点就是，一个人的任何一个行为，当然包括犯罪的暴力行为，都不可能在他行为过程中不留下任何痕迹。这是他讲的，他认为只要有行为，就会留下痕迹。只要两个物体之间发生了接触，就会发生微量物质的转移，这种物质的转移可能是多样性的，比如可能是毛发，可能是花籽、油漆、土壤，可能是指纹，也可能是血痕等等，但是无论如何都会留下痕迹。比如两个汽车相撞，红色的汽车和绿色的汽车在相撞的时候，红色的油漆和绿色的油漆会发生融合，会发生交界；你走过的路，你的鞋子会带着那边的尘土；你摸过的东西，会留下你的指纹；你喝过的水，会留下你的唾液；等等。所以他有一句特别著名的话:这是一种不会被遗忘的证据。

(五)保罗·科克

保罗·科克博士是美国匹斯堡大学的化学博士,也是加州大学的化学博士。他在1953年写作了《刑事侦查学》,这本书也是被公认的具有奠基作用的一本书。他完善和支持了洛卡德的原理,无论你走到哪里,无论你接触过什么,无论你留下什么,不管你是在有意识还是无意识的状态下,这些痕迹都将作为不利于你的无声的证言。他说这是一种不会被遗忘的证据,不会因为即时的兴奋而产生混乱,也不会因为人证的存在而缺席。物证是确凿的证据,物证不会存在错误,物证不会去做伪证,但是物证解释可能会存在错误。因此,他的主张是非常有价值的,物证是不会说话的证人,是不会说假话的,但是物证的解释会出现错误。

四、犯罪重建的精髓

犯罪重建也是一个很新兴的学科,我在看了这些书以后,总结出它的五项精髓。这五项是犯罪重建当中必须要知道的,当然这些没有去强调,比如说侦查现场应该铺什么样的板子,铺什么样的纸,现场拉线应该拉在什么地方,这些细节我们不再去关注。因为这是侦查学当中非常具体的,包括什么指纹怎么检验,这些不是我们关注的,而是犯罪重建最基本的要求,一共五项,我下面分别来讲。

(一)道德规范

我认为道德规范是至关重要的,所以把道德规范放在第一位。犯罪重建对警察道德规范有着严格的要求,我们之所以对物证特别感兴趣,是因为物证能够告诉我们过去发生过的事情。但是我们要强调的是,物证只有在得到正确的记录、收集、分析和解释的前提下，才有可能确定犯罪行为发生时候的情况。比如说我们经常会把犯罪重构比喻为一种拼图，张耀良大律师也一直很喜欢拼图这个比喻。的确，侦破的过程就像拼图一样，就像我们案发现场扔了一大把拼图的片，我们所要做的是把这些图一片一片地拼起来。但是拼图和我们现场有一个区别，拼图是不会错的，因为我们买来的拼图是必然存在的，它就是严丝合缝的，只要你拼对了，就不会出错，但是我们的案发现场不一样，案发现场找到的那个原始材料可能都是错的。如果拿到的都是错误的东西，那么你无论如何都拼不出这张图来。因此，它就要求我们所有提取的物证，必须能够如实地反映它的原始状态。因此，这就成了我们正确分析和解释证据的一个最基本的前提。

我们处理刑事案件经常会质疑证据，其实这些证据可能跟本案根本没有关系。我曾经办过一个杀人案件，有一条裤子，侦查人员说这条裤子就是被告人的裤子，在现场发现的。后来我去了现场，那旁边有一个大垃圾场，堆满了破衣服破裤子。我怎么知道这个裤子是否是被告人的呢？就是说侦查人员拿来的这个东西一定是要保持它的原状，而且是跟案件有一定关联的东西，不能给破坏掉。一旦破坏了，可能就没有办法去还原它的真相了。

再比如说有一个案例，也是一个在美国非常典型的案例，说当时有一个枪击案件，初步判断认为子弹是从被害人的口腔正面打进来，从脖子后面出去的，但是在解剖尸体进行检验的时候，突然发现这个弹孔是从脑后进去的。为什么？因为他脑后的皮肤是往里边伸进去的。但是他口腔里面牙齿是往后倒的。因此这时候就出现了一种矛盾的东西，最后经过反复追查，才知道是警察在进入现场之后，把这个人翻过来了，警察自己从他脑后的这个弹孔，把手伸了进去，因为他想看看弹孔有多粗，结果就把皮肤塞进去了。因此就会形成一种假象，这个皮肤是往里的走向，实际上是从前边打进的。因为这个涉及了给这个罪犯的定罪是一级谋杀还是二级谋杀这样一个问题，所以必须要保持原貌，如果不保持原貌的话，就可能会出现错误。因此，犯罪重建要求的最基本的道德规范，就是必须要按照规范正确地进行。

包括我们公安部也出了很多类似规范，其实公安机关在进行现场勘查的时候，在侦破案件当中，往往并不按照规范去做。因此，这就要求必须要正确地进行。所谓正确地进行，就是要确保每一个证据在提取、保管等各个环节上是没有问题的，检验的结果也必须是真实的，要保证具体的证据一定不能出错。因为在一个现场中可能有上百个证据，但是绝对不能够出错。其实念斌这个案件当中，从证据的提取、保管到运输，所有的地方都存在着非常严重的问题。这些证据最原始的形式都存在着问题，这个重建就是不存在的。因此要有非常规范的证据监管链条，证据应该怎么提取，提取以后怎么保存，怎么编号，怎么运输，怎么保管，都应当有一个严格的规定，破坏了这些规定，这个证据就失去了它的原貌。

刚才我谈到了侦破案件和拼图其实非常相似，但是拼图如果我们现在只给你一个拼图板，大家会非常容易把它放进去，因为它显而易见，很简单。但事实上，这么简单的侦破案件并不存在，在现实中，公安机关去侦破案件的时候，现场会留有大量的证据。比如说红色的是生活用品，蓝色的是工作用品，紫色的可能是与现场并没有关系的物品等等，可能会有大量的物品混杂在现场。哪一样东西和我们这个案件有关系呢？公安机关也许需要把红色的挑出来，这才是我们所需要的图板，我们才能拼出真正的图。而在现实中，在现场没有人给你标出颜色来，就像全部是黑色的一样，究竟如何识别？如何挑选？这个难度是难以想象的。因此，公安机关在侦破过程中有可能会不出错吗？那是不太可能的。因此，物证的提取是我们非常关心的。

另外一个重要的方面是独立，法庭科学家的独立性，也就是鉴定人员、科学技术人员的独立性问题，他们不能丧失他们的中立。如果这种科学存在着党派的话，那么可能就不能称之为科学，科学是跨越党派的。特别是当它隶属于公安机关的时候，它可能依然要产生变化。为什么我们很多的鉴定机构要脱离公安机关？就是为了保持它的中立和独立。

侦查当中呢？观察者效应是侦查人员最大的问题，这也就是刚才我说的，对于侦查人员来说，他最大的敌人不是别人，是他自己。为什么呢？因为观察者效应以及检验者的偏见。这里有一句话，"一个人的眼睛仅仅能够看到他所寻找的事物，同时他们也仅仅寻找那些早已存在于脑海之中的事物"。这句话是被写在巴黎司法科学警察学院墙上的，也是他们老生常谈的一句话。这是一句名言，也就是说作为一个搞刑事侦查的警察来说，你不能带有任何偏见，不能过早和仓促地作出不成熟的结论。其实严格来说，我对我们律师的要求也是这样。我见到很多律师为了显示自己的才华，在很快速地浏览过卷宗以后，立刻就得出结论，这个案件怎么辩护，他有辩护观点了，其实我都是不主张的。因为没有研究每一个证据，在每一项证据没有读完的时候，请不要说你的辩护观点。就像公安机关也是一样，在证据没有全部研究透的时候，不要说这个案件就能定性，就要破获了。你必须要克服你自己头脑当中的偏见和已经固有的一种意识。

对科学家来说，最具偏见的一种信息就是犯罪嫌疑人的口供。这种东西其实大量存在，我们也经常看到。比如我现在要去送检一个物品，送检物品当中很典型的，比如念斌案，在送检检验报告的时候，他就会写上这个案件，念斌招供他是在什么时间把这个毒物投放到了水壶里，现在给你送来的就是水壶里的水。这种东西对法庭科学家来说，对于检验的人员来说，会产生一些误导。特别是英雄主义色彩，其实我很长时间一直都在思考，在法庭上被告人说警察打了他，冤枉了他，法官经常问他："你认识警察吗？""不认识。""那他凭什么害你啊？"被告人说不出来，我们律师也说不出来。为什么要害他？为什么呢？警察不想害你，但是有一样，警察头脑中有一个英雄主义色彩，这是一种固有的东西，警察是抓坏人的，他要去报仇，要去打击犯罪分子。因此，当他知道某个人是坏人的时候，他觉得就该打他，不打他，他能招供吗？

包括我原来的一个助理，是很能理解律师的，但是后来遇到了一个强奸案件，犯罪嫌疑人最后把这女孩杀死了，还毁了容。后来这个人就说他被打了，警察觉得他就该打，甚至我的助理都会觉得这么恶劣的人，不打他，他能招供吗？所以最具偏见的就是嫌疑人的口供。当有了口供，比如说警察在去给检验人员送血液检验的时候，他会告诉检验人员，如果死亡时间是在今天夜里3点钟以前，他就能把这个人给抓住了，现在就差这一个证据。3点以后，他就有不在场的证据了。这个时候法医的检验可能就是在3点以前，就作出了一个3点以前的报告，然后就把这个人抓了。这种情况在现实当中比比皆是。不道德的问题必须要提到桌面上，什么东西是不道德的？不道德不仅仅是做违法乱纪的事情，还包括了许多日常生活当中看似不重要的事情。对一个侦查人员来说，我们所列举的这些行为都是不道德的行为，包括鲁莽、做事不认真、不细致、仓促行事、渎职、偏见、屈从上级、屈从于压力、讨好老板、讨好上级、欺诈。其实说句实话，在刑事案件当中，尤其是在反贪当中，现在基本是靠欺诈破案，就是骗。

我见到过专门搞预审的反贪局人员，反贪局的人不会打你，但是会跟你斗智斗勇。跟你斗什么智呢？他可以骗你，而且在检察院是盛行一句话的，"骗他不算犯罪，不算不道德"。比如和他说："李局长你别说了，你自己都知道，你看你腿都肿成这样了，你认了就没事，不认就接着站。没什么事，你看我现在手里有两张纸，一个是拘留证，一个是释放证，你就这么点小事算什么啊！你认了，我现在马上就放你，你认吧。"那好吧，你是办案人员，你穿着官服，我信你啊，老百姓对公安机关、司法机关真就有着这种无限的崇拜。你是司法人员，你能骗我吗？你跟我说让我签了字就放我，好了，我把字签完了。这个字签完了，他们就具备了逮捕你的证据了，马上就把你拘留了。你大呼上当，晚了，这种情况比比皆是，叫欺诈，欺诈在刑事侦查当中是一种非常不道德的行为，是要被摒弃的。

还有就是粗枝大叶，一个错误，就可能会导致我们全盘的错误。你一个人的错误，损害的是一个公安机关的名誉、名声，甚至损害的是一个系统，一个体系，这就是仓促行事。缺乏经验算不算不道德呢？算。没有经验，你就不具备破案的能力，所以为什么见习警察不能独立地办案？就是这样一个原因。

还有为了破案，为了快，追求速度而不顾具体的事实到底是怎样，该做的不再做了，或者随便拿来一个就采信，这也是不道德的。

（二）对证据的解释

下面就是犯罪重建的精髓，对证据的解释。刚才讲到了保罗·科克博士,当时他就提到了,这是一个不会被忘记的证据,它不会缺席、不会做伪证,但是对证据的解释可能会出现错误,这就是对证据的解读。我记得在法庭上,曾经有这么一段对话,也是我的一个案子,我那个当事人是一个博士,当时他在法庭上就质问那个法官:"你有什么证据证明我有罪?"法官说:"我当然有证据证明你有罪。"我这个当事人说:"证据在哪儿啊?"这个法官说:"难道刚才庭上给你出示的不是证据吗?"然后我这个当事人说:"那叫什么证据?那些证据怎么能证明我有罪呢?"法官说:"那些当然是证据,那些证据清楚无误地证明了你有罪。"这是一个没公开审理的案子,法官说话很随便。

上述这一番对话,先不说法官的有罪推断,首先这个证据是一个空洞的概念,所以为什么我很讨厌使用证据的三性,合法性、客观性、关联性,空的呀!在法庭上公诉人说,我们今天已经形成了证据链,这个证据具有客观性、合法性、关联性,有什么用啊?然后律师说,这些证据与本案无关,不能形成证据链,所有的证据都是支离破碎的。大家都在各说各的,问题出在什么地方?就出在了对于证据的解释上。

大家对证据有着不同的看法,不同的认识,这就是对证据的解释。我们对证据进行解释的意义,不仅仅是在于证据表面上所表现出来的一种状态,同时还必须解释这个证据所表现出来的这些意义。它为什么是这种状态?它为什么具有这样一种特征?它这种特征是怎么形成的?弄清楚这些问题才能讲明它和这个事实有一种什么样的关联。真正去做犯罪重建,去重构一个案发的现场和案发的事实的话,是要由法庭科学家去做的,而我们中国大部分是由警察或者公诉人来帮助他们完成的,这些人大多并不了解法庭科学知识,所以这样的话,我们重建的质量就会非常差。

我为什么讲这些？因为这些对我们律师是很重要的。其实大家要注意在法庭上公诉人是怎么来解读证据的，我们大家都是在解读的。有时候在法庭上我更加关心法官对这个问题是怎么认识的。有的时候法官会有一个固有的成见，你说了半天，他连听都不想听了，他脑子里固有的成见是他对这种证据一种错误的认识，而这种错误的认识在他脑子里已经固有地存在，所以他这种解读是错误的。我们需要去看透这种证据的本质，学着如何去解读和说服法官，这都是我们刑辩律师需要做的工作。

（三）整体论

一个案件中的证据可能有成百上千个，即便没有这么多，也有几十个，这是普遍存在的。关键证据有两三个或七八个，辅助性的证据可能会有更多。这些证据我们刚才已经讲过了，在每个细节上的提取都不能出任何错误。要确保这些证据都是原始的状态，我们要进行整体性研究。也就是说犯罪重建是一个从具体到一般，从具体到整体的综合评估的过程。就像我刚才说我们律师办案，必须关注到每一个具体的案件，每一个证据，每一个细节。但是光注意到细节还是不够的，我们最后还要把所有的证据融会贯通，把它们放在一起进行整合和加工，这时候才会形成最终的一个辩护意见。因此，在做犯罪重建的时候也是一样，其实犯罪重建的过程就是我们律师构建一个犯罪的模型，我们要破这个模型，也要从具体和整体论的角度来考虑。

在犯罪重建当中要考虑到整体，这个整体强调的是什么呢？是证据之间的一致性，证据之间不能产生矛盾。因此，犯罪重建也叫作整体论的犯罪重建，它不是一个简单的犯罪重建，而是整体论的犯罪重建。也就是说它是一个体系，一个系统，要把所有已知的证据全部综合起来，发现它们之间相互依存的关系。证据越多，越有利于我们分析；越少，判断就越难。而且证据之间的协调一致也是非常重要的，就像一个钟表，要让它一秒钟都不差，那就要让它每一个部件、每一个齿轮都精密无误到极限，才能做到这个钟表是准确的。这跟我们的案件是一样的，要做到准确，每个细节都要协调一致，而不能互相牵绊。

比如说在一个案发现场，我们要看血液的流淌方式。如果说被害人是站立的时候，比如被打中了胸部，这时候他倒下去，这个血应该是从胸部往下流。但如果你在现场发现的血迹是倒着流的，血迹走向了另外一个方向，那么你这个立论就是错误的。所有证据之间不能相互矛盾，要和平共处，相互支持，相互协调。所以我们在考虑证据的时候，对每一个部分，在确认这个证据确实跟本案有关联的情况下，还要把它放在整体当中去看待。

我经常拿这个来做解释，比如说我们有很多张纸立在这儿，还有一支箭，这支箭从这些纸张当中穿过去，这个时候出现的是一个什么情况呢？它的方向必须是一致的，而不能够出现不同的方向。大家可以看到，我手里拿着这样一张纸，我现在把它扔下去了，大家可以看到我这一路走过来的这个路线，是有一个方向的。我扔到这个地方，如果这儿有一堵墙，它就被挡住了，就没有过去。但是如果这个证据是在外面的厕所被发现的，那么好，这个证据就跟我们现场实际发生的和其他证据相矛盾了。因为其他的证据，大家都证实是落在这个地方的，但是现在你是从厕所里找出来的，这里就存在问题了。证据之间是不能够矛盾的，我们刚才看到所有的证据应该是方向一致的。但是方向一致的证据，公安机关在提取的时候，并不会这么简单地就把这里所有的证据都拿到桌面上来，事实是他给你拿来的是另外两个证据。比如念斌案非常典型，公安机关就给我们拿来了两个完全证明念斌有罪的证据。我见念斌的时候，我就在怀疑他是不是有罪。我首先要怀疑他是有罪的，不是有罪推定，然后要对他有罪进行排除，是不是？公安机关拿来的证据，我就要看，我在看证据的时候，还要听念斌怎么说，我还要用我自己的眼睛再去审视其他的证据。当我在审视其他证据的时候，我发现其他证据的方向和公安机关拿来的证据的方向是不一致的。如果不一致，那我就要问这个不一致怎么形成的。为什么往这边走是没有罪的证据，往那边就是有罪的证据？你给我拿来的都是往这边走的证据，如果你的立论是对的话，那么现场所有的证据的方向都应该一致往这边。可是我们眼睛看到的，除了你给我的这几项以外，其他的证据都是往那个方向走的，那么证据就出现了问题。这就是证据的一致性，证据之间必须是协调一致的。

（四）科学的分析方法

科学的分析方法是逻辑，逻辑作为一门学问，是举世公认的。所以所有的推断，包括公安机关建立的这样一个模型，重构出来的这样一个故事，一个事实，必须要符合逻辑。就是所有的证据都和这里的这个逻辑的关系是一致的，而不能够相反，不能出现矛盾，整个运用判断的方法也是符合逻辑的，这是一个基本的学科。所以每个小的前提是正确的，大的结论才会对，小前提都错了，结论也必然是错误的。我在念斌的案件当中，一直都在讲关于逻辑的问题。

（五）科学的检验方法

什么叫科学？我不知道大家怎么去理解科学，科学最重要的一个核心就是证伪，科学是要经得住检验的。证伪，也是我们犯罪重建的精髓。就是说我提出一个科学的立论，全世界的人都可以来攻击我，来排除我这个错误。当所有的东西都证明你不能推翻我的时候，它就是真理。法庭也是一样，我们的刑事案件是科学，不是闹着玩，不是县官破案，先拉出去打五十大板，打完招供，那叫破案，破案不是科学，因为破案可以破真案，也可以破假案，不是真理，真理只有一个。所以真正的科学是要经得住证伪、经得住推敲、经得住质疑的。因此，公安机关在重构犯罪的时候，必须要自己来推翻自己。什么叫科学？真正的科学家并不是在极力地说服自己，不是千方百计地证明自己的正确，而是要否定自己。通过否定来确定自己的正确，这才是科学。所以犯罪重建也是一门法庭的科学，我们中国现在还没有法庭科学研究所，在国外都是有的。

科学作为一种证伪，只有经过了多次测验，才能作为一种科学的理论。公安机关的立论也是一样，说某人有罪，那也要经过多方的否定才能决定，因此仅有公安机关不能定罪，还要经过检察院的审查起诉，还要经过法庭。法庭为什么要设立成一个控辩室？就是说这种证伪的过程不仅仅是公安机关要自身来否定自己，来进行证伪，检察机关也要做，法院更要做。我们这种控辩的核心就是为了证伪，是要排除一切合理怀疑，只有在排除之后，才能证明法官的定罪是真的。因此，要排除一切合理怀疑，这样我们法庭所使用的才是来自于科学上的证伪。

五、用犯罪重建方法审视念斌案

这个案件刚才讲了，两个小孩，一个是在7月27日凌晨2点死的，另外一个是在早上5点多钟死的。两个孩子刚刚去世，6点15分，警方就已经进入了他们家的现场，并且封锁了现场，当天就做了刑事立案侦查。刚才我们谈到了，刑事侦查学的专家在听到这个案子以后，都震惊了。这样的案子，尤其是中毒的案件,首先要进行各种排查,确认毒源来自于哪里,是什么毒,被害人是怎么被毒死的,吃了什么物品,是不是一种食物中毒的误食,因为很多食品自身就带有毒性,是食物中毒,还是人投毒,食物中毒不是犯罪。在这些最基本的信息都不清楚的情况下,公安机关当天就作出了刑事犯罪的立案,这就意味着必须有一个人来当罪犯。所以这是警方从第一步开始就埋下了重大错误的隐患。而且这个案件被立为重大刑事案件以后,接着就被省公安厅列为他们省 2006 年的十大刑案之一,这就意味着给了警察最大的压力,他必须找出一个真凶来,哪怕是替罪羊也得找,这是必然的。

由于信息的不对称,警方并没有告诉我们完整的案发现场的情况,他们封锁了现场之后,在里边提取了什么?怎么提取的?哪些证据他们看见了没有提取?那我要了解哪些他没有提,为什么没有提,哪些证据他看见了,并提取了,也都调动了,但是没有向法庭提交,为什么不提交,警方筛选这些证据的目的和意图到底是什么,警方通过筛选,想说明什么,想掩盖什么,这都是我所关心的。

我们和法官一样,甚至包括公诉人都是一样的,我们所能从卷宗当中看到的,是一个已经被警方处理过的现场,所以大家一定要知道,我们拿到的卷宗通常是不能相信的。因为我们拿到的这些东西并不是完全原始的东西,而是经过警方筛选的。在全面看了卷宗,会见了念斌之后,我们当时就提了三点质疑。

(一)质疑点一:毒源是不是来自水壶

刚才我在讲犯罪重建之前,把这个案件向大家做了一个介绍,介绍的过程就是警方构建的过程。在卷宗当中我们所能看到的和警方基本构建念斌犯罪大致的一个过程,就是他潜入丁云虾的厨房，由于对丁云虾怀恨在心，就投了这么多毒，这个毒是前面卖老鼠药的卖给他的。

最重要的一个物证就是水壶。首先我们对警方所提出的立论提出了质疑，毒源是不是来自于水壶？这个案件从一开始，其实所有的证人都在说他们是吃了鱿鱼中了毒，鱿鱼中毒应该是没有争议的。为什么呢？因为中毒那天，丁云虾这一家人吃的是白米稀饭配鱿鱼，而陈炎娇这一家母女两个吃的是自己家熬的地瓜稀饭配鱿鱼，他们两家共同的食物是鱿鱼，连他们自己都说他们的共同食物是鱿鱼，所以是鱿鱼中毒，而不是稀饭中毒。现在警方提出来并不是鱿鱼中毒，毒源不是来自于鱿鱼，而是来自于水壶里的水。刚才我们讲到了，所有的立论，所有的证据，所构建的这个模型，或者所构建的这样一个基本的事实，所有的方向都应当是一致的，都应该是往这个方向走的。你说他是向水壶里投毒，投了毒以后，陈丁两家人用水壶里的水做了稀饭，然后又做了鱿鱼，导致他们两家六口人中毒。但事实上呢，我们质疑，毒源是来自水壶吗？当时我们就对照所有的证人证言，他们陈述当天吃的饭，因为中毒跟吃饭有关，那就要看他们肚子里都吃进了什么东西。我们就把鱿鱼、螃蟹，丁家的稀饭、陈家的稀饭，都做了比对，看他们都吃了些什么，又去看他们中毒的情况，把所有的病例都调出来，包括去查验氟乙酸盐中毒的症状，在医学上轻微的是什么，重的是什么，特别重的是什么，把它列举出来，然后再把每个人中毒的症状放到这里边来进行一个比对。我们发现丁云虾是没有中毒症状的，两个死去的孩子所出现的都是非常重度的中毒症状，而念福珠、俞涵（丁云虾的小儿子），还有陈炎娇，他们都有轻微的中毒症状。为什么呢？这一天吃饭，两个死去的孩子，俞攀是10岁，俞悦是8岁，俞攀那天和他们邻居家楼上12岁那个孩子在一块儿玩呢,因为他总是偷他妈妈的钱,妈妈打了他,不让他吃饭,这一天据说俞攀就没有吃饭,而俞悦特别爱吃鱿鱼,所以在念福珠炒的时候,他就站在旁边一块一块地吃。俞涵是6岁的那个男孩,他从小就不爱吃鱿鱼,所以那天吃饭的时候就吃得很少。念福珠那天因为是别人家的菜由她来炒,所以她也吃了一些,但比那两个孩子吃得少,但是又比俞涵吃得多。陈炎娇说她只夹了三小片。丁云虾说她当时还在看着小卖部卖东西,等着孩子们都吃完了以后,她才过来吃饭,她过来的时候,鱿鱼已经被吃光了,她只夹了几片炒鱿鱼里边的辣椒吃。

我们可以看中毒的症状,我们先列举出来,然后运用逻辑学的原理进行分析。因为投了毒必然出现中毒,这个应该是一致的,如果不一致,这里就会存在问题,因此我们就把中毒的结果做了一个比照的图。按照中毒的症状,我们用黑色的柱状图来表示,中毒重的这个柱就高,中毒轻的就低,丁云虾没有出现中毒的症状。我们再用中毒的症状和陈家的稀饭进行比对,就是地瓜稀饭,只有念福珠和陈炎娇两个人吃了,她们都吃了很多地瓜稀饭,但是她们两个人都分别出现了比较轻的中毒症状。和他们同时还食用了杂鱼螃蟹进行比对,发现念福珠一口都没有吃这个杂鱼螃蟹,陈炎娇也没吃。陈炎娇和念福珠只吃了鱿鱼,另外那一道杂鱼她们俩都没有动筷子。最后我们再拿中毒的结果和丁家的稀饭进行比对,丁家的稀饭,念福珠跟陈炎娇也没有吃,但是她们俩依然出现了中毒的症状,而丁家的稀饭,丁云虾吃的是比较多的,但是她并没有出现中毒的症状。因此,我们就得出了第一个结论,丁家的稀饭并不含有毒的物质,中毒和丁、陈两家的稀饭都没有因果关系,丁家的稀饭和陈家的稀饭都没有毒。

我们拿鱿鱼和他们中毒的症状进行比对，发现出奇的一致。吃鱿鱼多的死亡，吃鱿鱼少的轻度中毒，没有吃鱿鱼的不中毒，是完全一致的。不仅是一致，而且吃的多少与严重程度是成正比的，也与他们每个人的证言所陈述的，说他们共同因鱿鱼中毒是相吻合的。因此，我们得出第二个结论，中毒和鱿鱼有关，并且中毒人员的中毒程度和食用鱿鱼的量也是成正比的。

　　根据逻辑学的原理，同一壶水不可能导致截然相反的结果。这天非常巧，这壶水煮完鱿鱼，就煮了稀饭，没有添加水。这一壶水没有动，怎么可能倒到稀饭里并没有出现中毒症状？这是不合乎逻辑的。尤其是我们还做了这样一个比对，念福珠在炒鱿鱼之前，把鱿鱼从锅里捞出来以后，把它放在碗里很长时间，水基本空干了。她还把它放在案板上来切，可以说鱿鱼所能带走的水已经是微乎其微了。我们专门就此做了一个实验，我们买了一斤鱿鱼，放在水里焯，焯完以后空出来大约 25 毫升的水。而稀饭呢，稀饭是整壶的水倒在锅里，然后再把米放进去，连米带水一块煮，喝进去的是原汁原味的毒药。可是丁云虾说她吃了一碗，她没中毒，陈炎娇吃了三片鱿鱼，就中毒了，这个是不合乎逻辑的。因此，结论三，鱿鱼当中的有毒物质和水壶当中的水没有任何关系，水壶当中的水没有毒。警方认定毒源来自于水壶这样一个论点是错误的，因此，对于他所提出来念斌把毒物溶化在娃哈哈矿泉水瓶里，然后再投入水壶里的这个指控，构建的这样一个事实也是错误的。

　　我们聘请了国内顶级的专家，专家支持了我们的观点，说我们说得非常对，氟乙酸盐的特性是盐，它是水溶性的，用水一冲就掉了，非常容易。其实后来那个专家一直在说，那铁锅经过清洗之后，根本不可能有毒，根本检不出来，他始终都是不相信的。包括北京市公安局都做过这样一种实验，把氟乙酸盐和猪油放在一起进行熬制，煮完以后，再把猪油撇出来，经检验猪油里不含任何氟乙酸盐。也就是说氟乙酸盐不溶于脂类，只溶于水。他说由于脂类是不可能带有氟乙酸盐的，也就是说即使沾染了也是微乎其微，在它的表层，而稀饭所有的毒都含在稀饭里边，因此，他们认为喝了稀饭的中毒应该重，吃鱿鱼的应该轻，这个才是真正的结论。

当时那两个专家也旁听了庭审，公诉人在法庭上说，丁云虾没有出现中毒的反应，是因为她过度悲伤而感觉不到。专家当时听了非常震惊，专家说你想呕吐时能咽进去吗？这成了王宝强那个电影了，喝了一大罐子牛奶，他可以不吐出去，还能再咽回去，太可笑了。这是我们的第一个质疑，我们认为他这个立论是错误的。

（二）质疑点二：水壶是警方重构的投毒物证吗

除了刚才说的水，我们要再谈水壶，它是重要的物证。水壶里没有检验出毒物。其实这个水壶问题我跟公安提出了许多次，没有结论。法院也找他们要，最后要来的结果是水壶经过检验，没发现有毒。我们围绕着水壶一直在争辩，念斌为什么不打开壶盖去投毒呢？平时用来用去的这个水壶，为什么这一天不用了？这起案子很有意思，从26日夜里12点开始，一直到27日晚饭，平时这个水壶每天都用，为什么这一天他们不用了？为什么水壶没有毒？壶里水却有毒？因此，我们就开始关注水壶是怎么调取的，结果一查，发现问题了。现场勘查笔录显示，警方7月28日就提取了这把水壶，而警方出具的情况说明是8月8日提取的水壶，后来在我们对这个水壶提出质疑以后，他们又出了一个情况说明，说经过认真回忆，不是8月8日，而是8月9日才提取到案的，是在念斌招供之后，才提取的这把水壶。那么更好了，你三个时间提取的水壶，那么我们要质疑，水壶里的水检验出来了毒物，水壶没有毒，水怎么来的？水是装在壶里送去的还是怎么运过去的？从平潭到福州市公安局一百多公里，是太空吗？水是飘着过去的吗？怎么送到实验室的呢？

我们经过仔细地拍，发现这个壶底，这个反光点，呈亚光状，这壶水已经被倒出去了。水壶里到底有没有水？我们当时在法庭提出来这个水被倒出去了，水是被污染的。7月28日到8月9日之间相隔了13天，你要告诉我你把水搁哪了，你怎么提的水，装什么容器里，怎么收藏的，怎么运输的，我要关心你的证据监管链条，你的证据是不是原汁原味的。水里怎么会有毒？我们要查。

围绕着这几点，福建高院参与了这一场战争。我们提出这个质疑以后，法院又再次开庭。我们9月份开过一次庭了，提完这个质疑之后，11月份法院又要开庭。开什么呢？就是让公安局把那个现场的水壶从证务库调了出来，时隔好几年，里边的水碱全都干透了，白花花的一片。他就把这个水壶拍了一张照片，里边没有反光点。在法庭上还弄了一个专家，说这个水壶在有水的状态下就有反光点，没有水的状态下就没有反光点，因此，水壶里有反光点，证明里面有水，这个水就是带着水壶运输过去的，这是福建高院帮着他们论证的。

我们通过多次实验发现，水壶灌满了水的时候，水成为一种镜面状，可以清晰地反映物体，所以它的反光点非常光泽，很干净。接着我们把水倒掉，倒了以后，出现的是什么状态？壶底因为有很多的结晶，我们俗称的就是水碱，当水倒干净以后，残余的水就把这个镜面状给打破了。大家都能够理解，打破了这个镜面状,就会出现一种亚光状。11月再次开庭,我们也拿这个上了法庭,他们当时非常被动。这个庭开着,左侧就是现场照片的壶底,我们把它做一个截图,和我们所做的实验进行比对,发现出奇地一致。当时我们在法庭上出示这个照片的时候,法官说那个照片没有用。我说:"尊敬的法官,这张照片是我们拿着照相机到法院,拍的是公安机关提供的照片,如果你认为我们拍的这张照片不能用的话,尊敬的审判长,我们申请调取公安机关的原始电子照片,请他们出具原始电子照片,拿到法庭上来进行质证。"我们当时提出要求后,法院再不理了。

开庭的前一天晚上下雨了,吃完饭回来的时候,路过积水地带的一瞬间,我非常震惊,这不就是我们的壶底吗?我拍了这张照片,这张照片我们也拿到了法庭上给法官看。法官其实都看明白了,有积水的地方,出现的是镜面状,而水流下去,只是淋湿的地方,就像我们的壶底一样,出现了亚光状,很清晰。你把水倒出去了,我请问水是怎么运过去的?拿什么运的?

面对律师的质疑,法院找了公安局当时提取水壶的两个技术员,让他们来谈。结果他们俩说不知道,还没让他们出庭。后来说那记录是你写的,你怎么会说不知道?他们说忘了,隔这么多年了,哪记得住。

我们提出质疑之后,到了2011年他们又提出来说,他们都想起来了,是他们把水倒在了矿泉水瓶子里,送到了实验室做的检验。我们又质疑,水壶是本案的关键,警方在第一时间,7月28日早晨就进入了现场,就发现了是水壶中毒,为什么7月28日不提取水壶,到8月9日才去提取呢?而且据当地人说陈炎娇当天中午一直都在使用水壶做饭,因为是7月26日夜里,27日凌晨投的毒,这一天不可能不用吧。那么好,我就想去找陈炎娇做这个调查。

我开始梳理所有人的证言，这个时候我突然发现，陈炎娇的证言有三天是不存在的。当时我去找过陈炎娇，我想问她这个情况，她不肯谈，她说她只相信政府。陈炎娇是亲手制作鱿鱼的人，是关键证人，但是她无知啊。她自己是第一手捞鱿鱼的人，可是她说："我不相信你，我相信政府，我跟政府做了一千多页的证言，你去找我的证言，我不跟你谈，我不接待你，这个杀人的东西，千刀万剐都不为过。"她就在那儿骂念斌。因此，碰壁之后，我整理了卷宗，我就发现陈炎娇有三天的证言是缺失的。后来我就去找法官要，法官说没有。不可能，那就是没调查。我说陈炎娇说有，法官说就是没有。我说一定有。你们要记住，对公安局的人，你们永远不要把他们当成傻子，你们要把法官当成傻子，不要把公安局的人当成傻子，包括水壶为什么不检验，不出检验结果？因为水壶没检验出来啊，他就不给你结果了。而陈炎娇的证言没有，没有意味着绝对不是他疏漏，而是一定有隐情，一定是因为和所提出来的立论相矛盾，撤掉了。

我在做这种刑事案件过程中，经常有考古的那种感觉。你在看这个卷宗的过程中，经常会跟警察对话，你就知道他为什么不拿，一定是这里有鬼。所以我当时跟法官说我就得要，必须要。法官还真不错，就去调了。到11月开庭的时候法官打电话让我过去一趟。我问什么事，他说："你只是要求调那个陈炎娇的证言吗，我给你调来了。"我当时很高兴，但是又特别紧张，因为也不知道到底是什么结果。证言拿到手里，三份证言，其中两份证明的事实是陈炎娇说她是用红塑料桶里的水煮的鱿鱼，丁云虾也是用红塑料桶里的水煮的稀饭，两份证言都是这么说的。

当时拿到这份证言我特别高兴，明摆着公安局就是隐匿了一个这么重要的东西,和他的立论是完全相反的,而且是颠覆性的,开庭的时候我们拿来了,法院没有采纳。这个其实是非常令人生气的,包括庭审时补充了两个证据,一个是水壶,一个是陈炎娇的证言,法院依然判处死刑。当时我们还做了一个调查,因为我知道翁其峰(平潭公安局民警)为什么要隐匿这三份证言,因此我就把陈炎娇、丁云虾所有关于水壶和鱿鱼制作的笔录全部拿出来,一比对,翁其峰是一个很坏的人,能看出来整个是他一手在做的。我们发现三份矛盾的证据都是翁其峰自己没有办法修改陈炎娇的证言,因此他隐匿了,而丁云虾的证词,所有的亲笔制作都是由翁其峰来完成的。丁云虾的口供中没有提及是不是用水壶里的水煮的稀饭,就是福州市公安局的人调查的。只要说是用水壶里的水煮稀饭的就是翁其峰制作的,因此可以说丁云虾和翁其峰配合修改了她的口供,丁云虾就是两个死者的母亲。

在这里还有更多的谜,一直都不能够解决,这些谜直到 14 年后才解开。对水壶和铁锅,当时我提出了对水壶的质疑,既然可以从刷洗得干干净净的铁锅里面检出毒物,为什么用同样的技术不能够从没有经过清洗,里面凹凹凸凸那么粗糙的壶里检验出毒物呢?而水壶又是原汁原味的毒物倾倒的第一个容器,里面没有经过清洗,他们说了,没刷水壶,也不可能刷,里面都带着水碱,所有人都看见了,法官也看见了,里边全是水碱。水壶这么多水碱,没有刷,你都没检出毒,为什么刷洗干净的铁锅里能检出毒?

后来我们就去研究毒物鉴定的手段,去研究质谱仪,质谱仪到底有多大的功能?结果一查,好震惊啊。2006 年的时候,检验这个氟乙酸盐的技术,最高就达到了千亿分之一克,也就是说一克的毒物分成一千亿份,都可以被检验出来。中国没有这么高端的水平，中国有最低端的，一百亿分之一克，福建有一台最次最次、最低等级的一百亿分之一克的，把一克分成一百亿份，都能查出来。铁锅刷干净了都能查，为什么水壶里没有？这是一个矛盾，这个立论不正确。

（三）质疑点三：在哪儿检出的氟乙酸盐

根据洛卡德的物质交换原理，只要存在，尤其是这种微量物证，就一定能够检验。公安局不是说念斌在调制这个毒物的时候，手上沾了毒物，手抓了门把，就导致门把上有，说明这个东西滴落到了外面。那么好，我们就开始要求查，水壶、炉具、屋子里面、货架上到底有没有？有没有检验出来？申请了好多次，最后法院给我们查了，公安局出了一个情况说明，说没有查出来，都进行提取了。我们就质疑了，我们沿着念斌投毒的路线，从他的门一直走到丁云虾厨房的壶，一二十米，开始查。

首先是投放老鼠药，说他投放了氟乙酸盐老鼠药，可到现在为止，整个案发现场没有找到一粒老鼠药来证明存在过氟乙酸盐的老鼠药。半粒米，一粒米的1/4，一百亿分之一都没有，我们没有找到。还有购买鼠药，卖鼠药的老头不仅外观不一致，跟他也互不相识，而且包装袋也完全不同，这包装袋在卷宗里没有，他们去搜查了卖鼠药老头的家，从他们家搜查了150个包装袋，念斌说他那个老鼠药包装袋的外观就是两指宽，一寸高，说得挺清楚。后来念斌说这是他们公安局当时拿着让他看过的，就这么大的老鼠药，所以他说这么小。既然从卖鼠药的老头家里抄出150个口袋，我就在卷宗里找啊找，找不到，后来多次要求调，最后给送过来了，我们一量尺寸，16×8，多大的一个口袋，上面还带着那个挂的东西，完全不吻合。

我们再看他的鼠药工具，说是从他家里搜出了几包老鼠药，被公安局给扔了，在我们卷宗里没拿来。既然说他家有老鼠药，为什么把从他家搜查出的老鼠药给扔了呢？为什么不送来反而却从他的工具里边去查呢？专家说工具里是毒物最多的地方，难道还要用微量物证，还要用二级衍生化再去检验吗？因为这个检验的手段是二级，二级已经微量到了用一级查不出来，还要把它衍生以后，才能检验出来，说明已经微乎其微到了几乎就是没有的地步，为什么要用这样的手段呢？而且卖鼠药老头跟我们说，他做的都是红红的，都是染色的，可是那天丁云虾吃的是白米粥，雪白雪白的，没有看见颜色啊，这也是不对的呀。

还有，按念斌的说法，他把老鼠药撒到了货架上面，案发之后，他害怕出事，就用嘴一吹，把老鼠药给吹没了。我们说货架上查出来没有？我申请了很多次，最后报告来了，说没有发现毒物。我们当时在法庭上就说了，货架上没有检出毒物。我当时对念斌一直是怀疑的，看了这个录像之后，当时就确信念斌确实没有投毒。整个货柜的上方没有经过任何的处理，上面还有老鼠屎呢。如果真有老鼠药的话，有一百亿分之一克都能检验出来。再看货柜的底下，货柜的后面，陈炎娇告诉我们，警察拿着簸箕扫她们家整个的现场，拿簸箕弄走的土，没有发现一百亿分之一克，五百亿分之一克都没发现。

我们在法庭上提到这个问题的时候，公诉人说被告人用嘴给吹没了，老鼠药都被吹掉了。我们说念斌是神吗？五百亿分之一克的东西就被他给消灭掉了吗？非常荒唐。我就说公诉人是在极力地为自己辩解，而不是客观的。

还有就是念斌把老鼠药放到了抽屉里边，抽屉里全是他孩子的药，什么喉疾灵、小儿感冒冲剂，先不说他有没有这个常识，老鼠药怎么也不能跟他儿子的药搁在一块儿吧。就算他没常识，搁到这儿了,这个柜子没有收拾,你可以去查。为什么没有?没检验出来。他调制鼠药的桌子是他们家吃饭的桌子,旁边还有电饭煲,他在吃饭的桌子上调制的鼠药,还沾了满手,可是他的桌子上没有。原来念斌说水变成米汤色,后来我们一实验,发现不可能变成米汤色。因为如果要做老鼠药,要把米泡在这个毒药的水里面,然后再把米晾干,才能做毒饵。因此经过浸泡以后,米就没有白色了。我们实验过,做完以后,反而出现的是微微的黄,亮晶晶的水。

在没有灯的情况下,如果关闭了门窗,想从水壶的嘴往里倒水,是非常别扭的。被告人为什么能做到滴水不漏?我们老百姓都知道,鱿鱼中毒先查鱿鱼,还用说什么,先把鱿鱼找到就查了。

专家当时听完以后,马上说鱿鱼吃完了。洗鱿鱼的水倒哪儿了?倒地沟里了,地沟里的泥巴抠出来都可以查,多简单啊。鱿鱼弄到哪儿去了?扔到垃圾筐里了,那垃圾筐里那些残渣,沾在上面的都是可以查的,怎么就不能查呢?谁都知道,还要去查水壶吗?就是那个翁其峰,还给我们做实验,用了一个15瓦的灯泡,蹲在地上倒,他说他可以做到一滴也不漏,这叫什么侦查实验?

还有一个重要的物证就是娃哈哈的矿泉水瓶子,这还特别有意思。他们说念斌是在7月27日凌晨1点钟投放的,恰好7月27日1:30环卫工人开始打扫卫生,他们那个小地方,矿泉水瓶子都被抢,那是可以卖钱的,所以环卫工人都是要仔细收集的。那天环卫工人说他们收集起来的瓶子给了一个叫李贵灿的四川人,这四川人说他每一个瓶子都要拧开,把里边的水倒掉,踩扁,他没有发现任何特殊的,没有发现里边有米粒的,什么都没发现。这个东西根本就不存在。

但是我们提了这么多的质疑，念斌依然被四次判处死刑。第四次被判死刑之后，他又上诉到福建高院，是 2013 年开的庭。公安实际上一直在操纵和利用丁云虾，丁云虾就是他手里的一张牌，一个挡箭牌，他一直拿丁云虾来打我们。律师团增援和专家的支援，对这个案件也是起了相当大的作用。

2013 年，在我们强烈要求之下，法院调取了六张质谱图，在开庭的前两天通知了我们，当时我们本来想提出质疑说不到三天是不能开这个庭的，最后大家说等这么久了，还是把这个庭开了吧，所以就开了。他们就想打一个时间差，让我们没有办法偷袭，突然拿来了六张图纸让我们看。当时我们拿到这些图，临时去开庭，我们的专家都赶不过来，开庭那天才赶到。在最初看这个图的时候，发现了第一个问题就是没有做空白，这里涉及了很多很专业的东西，因为这是一个剧毒的东西，因此在国际上对于操作这样的物质就有着严格的程序要求，在上这个机器之前，必须要先做一次有毒的叫阳性的实验，先要检验机器是否是正常的。首先要把实验室里的标准样品倒到这个仪器里面，然后检验，出一张正常的图，表明这机器正常，可以完好地检验出毒物。然后对机器进行干净的处理，非常洁净的处理，再打上一个试剂，出一张图，这张图就是空白，啥也没有，证明这个机器干净空白，这个时候才能做检材。

我们这个案件专家发现所有的图表都没有做空白，也就是意味着在做了阳性的检验之后，仪器里依然有残存的残渣，这时候再做实验，就不能证明现有的毒物是机器里残留的还是检材里边所固有的。因此，这样的检验是不行的。尤其是专家拿到这个门把的检验，当时我记得专家看了，就这么指着问："哪儿呢？在哪儿呢？看这个图，这个图什么也没有啊，这个图怎么能说它是有氟乙酸盐呢？"接着又非常肯定地确认了，这个老鼠药工具里根本不含氟乙酸盐，不能认定。

但是这个案件，我们在开庭之后继续组织专家研究这个报告，有一个非常离奇的点，就是死因。死者检验报告是死于氟乙酸盐，当时检验了死者的两个方面，一个是心血，一个是尿液，但是在解剖他的内脏当中，我们拿到报告发现他的胃没有检出毒物，肝没有检出毒物，整个内脏都没有检出毒物，但是在他的心血和尿液里检出了毒物，而且尿液里的毒物标准到了绝对不会是认错了，就是一张非常标准的氟乙酸盐的图，没有错，他的尿液里千真万确存在着氟乙酸盐。当时我们有毒物专家、化验专家、质谱图专家，同时还有医学专家，做尸检的，大家都感到奇怪。因为从人的中毒来说，毒物先要进到胃里，第一应当有毒物的就是他的胃，尤其还有胃内容，两个人有10~50毫升，即使胃里什么都没有，胃内壁都是可以做检验的。但是胃里没有发现毒物。血液先通过胃，然后进入肝脏，肝脏里也没有检验出来，那么到了心脏的时候，已经是末端了，怎么能够说他的肝脏里、胃里都没有毒物，血液和心血里会有呢？更加离奇的是，他的肾脏里没有毒物，而所有的血液通过肾脏，滤出水分，尿是最后的排泄，在全身循环完毕以后，才能从尿液里排出，尿液里发现了毒物，可是肝脏、胃和所有的器官都没有发现，好奇怪啊。

这个问题解决不了，在这种情况下，我和念斌的姐姐念建兰就去了香港，求助香港的毒物专家。这也是我们一个律师为我们提供的，就是张耀良大律师。张耀良大律师当时又为我们找了香港顶级的专家，这个人已经70多岁了，他是香港的首席化验员，也是这个化验所的所长，还是澳大利亚皇家化验所的首席化验员，非常棒，干了几十年的化验。他说在他的一生当中，他没有没见到过的质谱图，他拿着俞悦的尿液跟我讲，这是一张最标准的质谱图，他发现了一个重大的疑点，就是俞悦的尿液发现的毒物和俞攀呕吐物的标准样本一模一样，是同一张图，只是一个写着标样，一个写着俞悦的尿液。包括你们去比对它的峰值，一毫米都不差，就是完整的一片。它是三秒钟出一张图，这就是在同一秒钟出的这一张图。我们当时拿到这个东西很多，一套就有两千多个图片。接着又发现，他们分别把它放在不同的文件夹作为不同的检材，还发现俞攀的呕吐物和这个心血的图纸一模一样。

因为我们要把香港专家的报告转化为内地专家的报告，我们担心香港的报告法院不认，因此要转化，这样就召开了京港两地专家研讨会，也出具了报告，交给了法院。刚刚交完，警方就说他们发现了100多个电子数据，提交给了法庭，而且还出了证明说其中样品二就是俞悦的尿液，他拿错了。这些东西其实给我们提供了相当的武器，尤其是都是被他筛选过的。但是我们的专家拿到这个东西以后，经过检验，对所有的检验报告做了一个全盘的否定。也就是专家得出的一个结论是什么呢？就是氟乙酸盐在我们整个案发现场从来没有出现过，也就是说所指控的这个案件是念斌投放的氟乙酸盐，在整个案发现场从来没有出现过，而且所有的化验程序都存在着严重的程序违规——都没有做空白。除了审查对应的结论，就是检材的虚假。关于这个现场，原来我就一直觉得，当时公安机关说第一次进现场的时候，他们提取了153件物品，但是没有清单，没有照片，没有任何的信息。我们一直在问提取了什么，他们不告诉我们，说没有登记，什么都没有。153件物品乱拿乱装，扔在车里就拉走了，没有登记，不拍照片，不做记录，那就是一群流氓啊。但是这一次他们提供了

300多张照片的时候，有一张照片引起了我的注意。他们其实把所有的照片打碎了，分成不同的文件夹，就怕我们认出实质的东西。

有一张照片引起了我的重视，是现场出现的叶子，孩子中毒以后，孩子的奶奶来了，用水壶里的水煮了这些叶子，让孩子喝了这个水，这是偏方，说喝完就会好。其实孩子也没好，水都在灶台上。这个叶子是滤出来的，我们发现公安机关还做了标号，把它封装到了袋子里。我相信在案发的那天，公安机关是戴着手套，拿着证物袋的，他们收集了所有的证据，而且编排了所有的证据目录，他们的证据全部是有目录的。

但是为什么突然之间发生了变化？在他们给我们后续提供的这些照片当中，夹杂了一个PPT，是他们自己当时做犯罪重建，研究案情的一个东西。这个PPT里当时他们讲的是，他们认为作案时间是7月27日的下午，而不是上午，因为陈丁两家中午还用了水壶，他们当时锁定的时间是7月27日的下午，而不是念斌的7月27日的凌晨1点，重大嫌疑人是楼上的邻居，而且他们认为毒物是被直接投入了鱿鱼里，这是在当时。但是到7月31日出现了重大的拐点，就是警方突然去把念斌门口的门把取了下来，把念斌抓了。而且特别令人震惊的就是我们从来没有见过的案发现场出现在了照片里，我们这时候才知道所有的食物全部都在，包括那天吃剩下的鱿鱼，这些都是过去没有的。一直到开庭之前，提供的录像，我们也把它截屏截了下来，我们都可以看到，打开这个袋子，看得很清楚，鱿鱼就在，而且是两天的鱿鱼，多的是第一天吃的鱿鱼，少的是第二天的鱿鱼，两天的鱿鱼都在。这跟丁云虾有一份口供里说的是一模一样的。我们这个专家都生气了，他说他当时找过这个搞鉴定的，问为什么不检验鱿鱼，他们说鱿鱼没了，吃完了。结果拿到这些照片，这么多鱿鱼都在这儿摆着，骗人嘛这是。不仅鱿鱼还在，杂鱼也在，稀饭也在。他们隐匿了三个重要的证据。我一直都在观察这个案件三个重要的证据，这是我们专家一直在提示的。因为他们检验的是俞攀的呕吐物，是吐在了那个垃圾桶里的呕吐物，而事实上俞攀胃里有50毫升的胃内容。专家说还用什么啊，胃内容就是最绝佳的检验的检材，什么都不要说，这个胃内容就是第一重要的东西。胃内容呢？那个尸体解剖里面是有胃内容的，可是胃内容的检验报告呢？不可能没有，没提交，没提交意味着什么？意味着没检验出来。还有洗胃液，他们被送到医院以后，都经过了洗胃。专家告诉我们，所有的医院对毒物的处理，洗胃，全部会留下洗胃液，这是他们基本的操作规范。洗胃液哪儿去了？后来我们去查卫生防疫站，洗胃液被提走了，也保存在了公安机关，洗胃液里他们根本没有发现氟乙酸盐，因此就不给我们看。

　　还有就是鱿鱼，鱿鱼检验报告呢？两大盘子鱿鱼，没作报告。鱿鱼中毒，连他们没文化的人都说他们是鱿鱼中毒，难道鱿鱼不做鉴定吗？到今天鱿鱼鉴定也没有提交，但是不用说，我现在可以得出结论，鱿鱼汁、死者的胃内容还有洗胃液，这三项最重要的物证当中，全部没有检出氟乙酸盐，因此他们又给筛选掉了。所以我从一开始就在说，我关注的是拉上封条，封锁了现场之后，他们在里边干了些什么，哪些提了，哪些没提，为什么提交这些，而不提交那些，这都是我所关心的。凡是他们不提交的，必定跟他们的指控、跟他们的立论是相矛盾的，所以他们没有提交。

　　通过这次的照片，我们突然发现，开庭的时候，警察出庭撒谎了，因为提交的质谱图当中检验水壶的时间是8月8日晚上9

点多，而那个高压锅是 8 月 9 日凌晨 3 点钟检验的。因此他们说 8 月 9 日才去送的水壶和高压锅，那明显水壶是假的呀，8 月 8 日都检验了，8 月 9 日送的什么呢？为了修改这个错误，警察在出庭的时候，就是在 2014 年这一次开庭，包括这两个提取物证的检验人员以及翁其峰，他们三个人众口一词，咬死了说他们是在 8 月 8 日下午 5 点进行的现场勘查，再次进行现场勘查。他们在现场提取了水壶还有高压锅，提取完当即赶赴了福州公安局，用了一个多小时的时间赶到福州公安局，提交以后，福州公安局当天进行了检验，也就是吻合了 8 月 8 日晚上 9 点钟这个检验结果，为了证明这一点，他们当庭撒了谎。

幸亏在开庭前我天天抱着这个照片看呀看，就这点照片我一直都在看。我们过去曾经访问过鉴定专家徐立根，他是个字迹鉴定专家，当时他说就三个字，他老伴就问："那三个字你天天在看，你在看什么？"这个案件也是，我每天都在那儿看，看什么呢？一直看到开庭前，突然发现了问题。在现场实际上有四个高压锅，在丁云虾的厨房有两个高压锅，一个就是放在红色凳子上的高压锅，还有一个是把盖翻过来，放在桶上面的高压锅。其实这些东西我在 2007 年的时候都已经看过了，但是到了 2014 年，7 年以后，我再来看的时候，说句真的，又有了新的发现。

我当时在开庭的时候问他："你确认吗？"他说："确认。""是 8 月 8 日吗？""就是 8 月 8 日。"我说："你肯定吗？"他说："肯定，就是 8 月 8 日的下午我们提取的。""没有错吗？""没错。"好，询问完毕，下去，又上来一个，又说一遍，下去，翁其峰再上来，我再问，他说："没错，8 月 8 日我们进行的现场勘查，就是 8 月 8 日下午 5 点提取的。"那么我再问："你们带着念斌去指认现场是什么时间？"他说："8 月 9 日晚上 11 点。""一直延续了多长时间?""一个多小时。""你们提交的录像对吗?""对。""你确认吗?""确认。""这个时间确认吗?""确认。我是8月9日晚上11点从我们刑警队的办公室带着他去的现场。"因为这一点也有提审的记录,也可以证明,是那天夜里带走的。他们在法庭上做完证离开以后,法官说接下来传下一个证人。我说审判长,我要对这部分证言来进行质证,审判长问我想说什么,我说我有一段录像想给法庭看。后来我们在法庭上当庭播放了这一段8月9日晚上11点警察从刑警队将念斌带到现场,让他指认现场的这段录像。这段录像,林茂峰扛着他的摄像机,跨过了那个高压锅,时间是8月10日的凌晨。我把它做了截图,请法官看,当时法庭鸦雀无声。那个法官半天没说话,过了半天,大喘了一口气,说:"请辩护人说明这张照片截图的时间,是在录像的几分几秒?"我说:"谢谢审判长,是在这个录像的10分55秒。"法官当场就说三名警察竟然公然在法庭上撒谎,请法庭记录在案。无须跟他争吵,很简单。

当然这个案件扑朔迷离,后来警方还提交了一千多页关于查楼上邻居的这些证据,我就不再讲了。这里边,我其实特别向往的就是做一份柯南式的辩护词。其实在2013年的时候,我很希望破解其中很多的谜团,所以从2013年那一次开庭的辩护词,到2014年的辩护词,我都在力争以柯南式的辩护来破解和解读其中存在的这些问题的根源在什么地方。我始终都在关心的就是为什么要在7月31日取下这个门把?为什么要让念斌把水投在水壶里边?为什么要修改证言?为什么要隐匿这个东西?为什么在最初进入现场的时候,他们提取了红塑料桶里的水,而没有提取水壶?为什么到8月8、9日还没有提取水壶?这一系列的问题都该怎么解答?

这个案件其实到最后，在他们提交了这么多东西以后，我们就觉得有很多问题都迎刃而解了。有时间大家可以看一下我的辩护词，我发表在我的博客，特别长，用四篇博客来分述的，因为一篇博客只能写五千字。一个是解决了他们最初认定的作案时间，刚才谈了，是在7月27日下午1：30，就是鱿鱼送来之后。但是他们把这个案件转向了念斌之后，为了让念斌有作案时间，把念斌给提前到了7月26日夜间收摊，7月27日凌晨投毒。他们把这个作案时间给修改了之后，又出现了一个问题，丁云虾他们原来的证言是7月27日的早上使用过水壶，中午还在频繁地使用水壶，怎么可能会吃两顿饭都没中毒，晚上才中毒呢？为了解决这个矛盾，他们就让丁云虾和陈炎娇一家六口老老少少从早上到中午不吃饭，不喝水，到了晚上又吃又喝又用，全用这个水壶，否则解决不了念斌夜间投毒的问题。为了让水壶和投毒挂钩，因为他们原来认为毒是投在鱿鱼里边，是在7月27日下午1：30爷爷送了鱼以后，但是在锁定了念斌以后，他们必须把所有的时间都提前到前一天，而提前到前一天，这鱿鱼还没送来呢。没有鱿鱼，没办法，只能把那个水壶安到念斌头上，这个时候水壶就成了唯一能够往念斌身上扣的东西。因此，他们就要修改陈炎娇的口供。首先是修改了丁云虾的口供、证言，因为丁云虾是乐于配合的。丁云虾为什么愿意配合公安？很多人怀疑这个母亲杀害了自己的孩子，这个我们现在没有办法来想。但是我们确实难以理解的是，作为一个孩子的亲生母亲，她为什么愿意配合公安机关去修改她的口供？我现在给她做最好最善意的解读，就是她没有文化，不认字，被警察骗了。就是说翁其峰骗了丁云虾，让丁云虾配合他修改了她的证言，变成了这一天她是用水壶煮的稀饭，否则的话，没有办法跟念斌挂钩。

但是陈炎娇是证人，陈炎娇没有办法跟他们去配合，他们解决不了陈炎娇的问题，就把陈炎娇的三份笔录隐匿了，没有移送。我很希望来解读警察的行为，我们要破解它。另外，警察不是不懂得取得水样，他怎么会不懂呢？但是他为什么不在7月28日凌晨就去提取水壶呢？那是因为在他们第一时间进入现场的时候，还没想到要往念斌身上安。那时候他们所听到的是用红塑料桶里的水制作的鱿鱼和煮的稀饭，因此他们在第一时间就提取了红塑料桶里的水，他们家里还有一口井，井里的水样也提取了，整个房间的东西，包括鱿鱼全部都提取了。他们为什么不提交这些呢？为什么不提取水壶呢？就是因为在最初没有将水壶纳入视线，这是一个很好的解读。

接下来，鱿鱼这些东西为什么不在我们中心现场当中出现？为什么鱿鱼在我们整个现场当中，只给了一角啊，水壶也只给了一角，而整个现场特别多的内容，为什么不给我们？我们后来理解了，是因为鱿鱼里没有检验出毒物，而中毒者又是吃的鱿鱼中毒，就算是往水壶里投毒，他们也吃了鱿鱼，鱿鱼里一定是有的，锅里都有了，鱿鱼里怎么能没有呢？鱿鱼里要比那个铁锅里多，铁锅都刷干净了，鱿鱼不存在刷的问题，鱿鱼是原汁原味。为什么要隐匿呢？因为拿出来，就跟他所构建的这个立论相矛盾，所以只能隐匿鱿鱼。要隐匿鱿鱼，就不能拿出153件的清单，物证的清单只要拿出来，所有的物证都在里边，鱿鱼里没检出毒物这个结果就会曝光，他们就会漏底，就会被人发现这里边根本没有氟乙酸盐，那怎么让念斌有罪，何况把他四次判死刑呢？所以我们相信，包括三大法宝检验的东西，鱿鱼汁、胃内容、洗胃液，都是因为没有检验出来，因此只能隐匿。

我们一直在要求提供提取的痕迹和物品登记表，他们不能够提交，也是因为担心鱿鱼被曝光。除了这个以外，我到处都在说，这个案件其实严格说，真的不是疑罪从无，这就是一个真正无罪的案件。几乎可以这么说，所有给念斌定罪的证据，无一没有造假的问题，包括念斌很多的口供，还有丁云虾的证言，翁其峰以分身术的方式来进行调查，一共设计了18份材料。我这个东西是在2014年才发现的，你想想，这有多么不容易。

六、用犯罪重建的眼光总结念斌案

用犯罪重建的眼光来看念斌这个案件，我们有哪些可以总结的东西呢？

（一）警察的道德问题

任何一个不道德的行为，都会让证据失去本来的面目。这个案件在最初的几天都是按照一般程序进展的，但是从7月31日开始，案件出现了明显的拐点。警察翁其峰是这个拐点的知情人，他于7月31日亲自动手取下念斌食杂店，就是通往丁云虾厨房一侧的门把，念斌自此被重构为罪犯。接下来在念斌的审讯以及为念斌定罪而获取的证据，都涉嫌严重的违法。而这些非法证据取得的操办者都和翁其峰有关，在构造出念斌从水壶嘴投毒的这个故事之后，之前频繁使用的水壶做饭，并使用红塑料桶里的水制作稀饭、鱿鱼的故事，与水壶的投毒大相径庭。为此，他们修改了这个证据。

本案最终的结论是氟乙酸盐从来没有在本案的现场当中出现过，也从来没有在卖鼠药的老人家里出现过。可以肯定地说，氟乙酸盐只存在于福建省公安厅和福州市公安局的化验室内，六份关于氟乙酸盐的化验报告，全部来自于福建公安的化验室。而在这六份鉴定当中，只有福州市化验室主任林景辉一个人的签字是真实的，其他所有人的签字都存在着假冒和仿冒的问题。这六份检验报告每一份都与林景辉有关，可以说林景辉也是这个案件的知情人。

（二）对所有证据的解释都是在为公检法进行开脱

对所有证据的解释都是在为警方进行开脱，其后是在为已经起诉的检察官和已经判了死刑的法院进行开脱和解释。他们把这些列在公诉词和判决书当中，都是在扭曲证据，歪曲证据本来的意思，对证据做非常不客观的错误的解释。还有在后续的审查当中，检察院、法院的人员都已经发现了案件证据上的重大问题，但是他们仍自欺欺人，在法庭上，在判决书上，为公安机关洗涤，为公安机关提供的这些假证做各种解释，所有的解释都是不顾事实的，都是在证明自己的正确。

（三）这个案件并不存在整体的结构

这个案件并不存在整体的结构。因为要做重建的话，公安机关的这个重建不仅在每一个个案的证据上是错的，而且在整体的构建上，从证据的细节到整体的结构，证据之间全部不存在勾连，而是相互矛盾，杂乱无章，无法形成体系，只能靠警察掩盖事实，出具虚假的情况说明，以及三机关的胡乱解释，这些解释都是难以自圆其说的。

（四）严重违反逻辑

他们构建的这些体系是严重违反逻辑的。

（五）证伪失灵

证伪不仅是公安机关在犯罪重建当中不可缺少的，是最为严谨和最为重要的部分，也是检察机关和法院的基本职能。在后续审查的基本职能当中，就是要通过审查起诉和庭审的程序，不断进行检验和验证，排除一切合理怀疑。但是这个案件，律师在数次的庭审当中不断提出大量的合理的质疑，都没有得到法庭的支持。法庭四次死刑判决，都是完全枉顾事实的行为，一直到最后宣告无罪。

司法的真谛是公平正义，其本质是惩恶扬善，就是需要查明事实真相。没有真相，就没有正义。犯罪重建所追求的核心就是真相。相信在 21 世纪，我们律师一定会对推动现场重建的科学发展作出巨大的贡献。谢谢大家！

张青松 北京市尚权律师事务所主任，全国律师协会刑事专业委员会委员，中国社会科学院法学研究所法律硕士导师，北京市法学会刑法学研究会理事。

05 张青松
刑事辩护的经验与技巧

大家下午好！感谢主持人的介绍。特别荣幸受邀来政法大学做高级研修班的演讲，压力很大。我提前来了一会儿，翻了翻发给大家的那个手册，里边有很多照片，很多很牛的律师都在这里，像刘平凡、张志勇、虞世俊，这些基本上都是属于我老师一类的律师，在当地都是风云一时的，包括我们尚权所的巩志方，我在所里办案子好多搞不明白的，都要问他。现在回过来我要给大家讲，压力非常大。

我就讲一讲我对程序辩护和对程序辩护方法的一些理解，供大家参考，也供大家批评。

程序辩护我今天准备讲四个方面，程序辩护的定义，程序辩护的内容，程序辩护的操作原则和程序辩护的价值。

一、程序辩护的定义

（一）从刑事诉讼当中司法机关违反法定程序的行为来看

我们知道程序辩护是这些年来尤其是新《刑事诉讼法》修改之后的一个非常热门的提法，这也是我们刑事辩护业态当中一个非常显著的变化。这就是从 1996 年一直到现在，我们刑事诉讼制度的改革和《刑事诉讼法》两次修改之后给我们带来的一种状态。程序辩护大家在实践当中都有很多操作，但是什么叫程序辩护，实际上各说各的，可能理解都不一致。

我个人总结的概念，当然它不是标准答案，是我个人的理解。我认为程序辩护就是对刑事诉讼的侦查、检察和审判活动的正当性进行质疑，通过对其中的不正当行为进行反对、控告、申诉，来实现维护当事人合法权益的辩护活动。这是我总结的一个概念，为什么这样去总结？因为我看到很多教材，包括一些老师的论文，对程序辩护的总结大概分为两类：一种认为程序辩护应该是通过对于刑事诉讼当中司法机关的违反法定程序的行为提出控告，使这样一种程序无效，来实现实体辩护的目的，这是一种说法。但是我个人认为这个还不一定，比如说我们现在的《刑事诉讼法》所规定的羁押必要性审查，羁押必要性审查显然是维护当事人合法权益的一种程序辩护的行为。还有就是逮捕期间的律师发表意见，还有取保候审，这些算是他们的违法行为吗？其实我们的《刑事诉讼法》当中所规定的取保候审，是规定了取保候审的条件，但是符合取保候审的条件，《刑事诉讼法》规定的是可以取保候审，而不是应当。一个符合取保候审条件的犯罪嫌疑人或者被告人，司法机关采取逮捕的措施，没有取保候审，这不是违法程序，只是说他们自己在裁量时作出一种决定，对于律师只不过提出了相反的意见而已，所以这不是所谓的违法。包括羁押必要性审查这样一种行为，我们认为没有必要继续羁押，但是侦查机关可能认为应当继续羁押，这是两种观点上的不同，说不上是一种对违法行为的质疑，只能说从辩方的角度上讲，我们认为不羁押，或者不逮捕，是更为恰当的。这是一种观点，我认为可能不是太合理的。第二种认为就是通过程序辩护，找出程序违法取证的行为，致使控方所取得的证据无效。这是一种观点，实际上我个人认为这样一种理解相对来讲是比较狭隘的。因为在刑事诉讼当中，我们所行使的一些程序辩护活动远远超出了对于取证程序的审查这样的一个范围，就是刚才我们提的这些，包括像司法机关的一些渎职行为，也是一种程序上的对抗。我认为这个应该范围更大，大到什么程度呢？就是对整个诉讼活动当中司法机关的程序的正当性进行质疑，这是一种思考方法。所以说我认为这样一个概念当中，这样提出来的目的，第一个就是要考虑到作为刑事辩护律师，当你接到一个委托，你的当事人一旦被采取强制措施，一旦被立案，你首先要考虑到他这样被采取措施是不是恰当的。也就是美国律师经常跟我们讲的，就是我的当事人有罪吗？这是一个律师应该问的第一个问题。尽管抓了个现场，那万一不是呢？这是一个刑事辩护律师必须具备的一种思维方式，首先要怀疑自己的当事人是不是真的有罪。实际上从程序辩护这个角度上来讲，我们首先是要怀疑这样一个措施对不对，这样一个刑事程序启动的对不对，这是刑事辩护律师必须具备的一种思考的方法。

（二）从程序辩护的方法来看

从程序辩护的方法上来讲，其实就是这么三种，第一就是反对，第二就是控告，第三就是申诉。我不知道反对这个词总结得对不对，比如我们在法庭上有些非常细微的活动，比如说请审判长给我的当事人去掉戒具，有的时候有一些老法官，当事人被带过来之后忘了这样的行为，我们多数律师都有这样的意识，就是请把手铐给他打开，都有这样一种提法。这样一种行为算什么？我们现在保障的还是我们当事人的一种程序诉讼权利。我们这样一种程序权利的行使是一种反对还是一种提醒？我不知道对不对，我大概的意思是，尤其是一些我们认为不当的情况，我们提出了不同的意见，典型的就是刚才我所说的，羁押必要性审查。不管是财产性强制措施还是人身性强制措施，采取的是否正当，我们提出不同的意见，我把它总结为是一种反对。这个对不对不好说，我也是拍着脑门想出来的，供大家批判。我希望能够总结出更好的内涵。

控告是我们律师常行使的权利，比如说《刑事诉讼法》第47条和第115条赋予我们的控告和申诉的权利，当律师的辩护职责、辩护行为受到阻碍，或者说当事人的财产权利和人身权利受到侵害的时候，我们依照《刑事诉讼法》第47条和第115条，行使我们的控告权。这种控告，依我的理解，一般来讲，就是我们所说的认为司法机关所采取的行为违反了程序法律，而这样一种行为可能会造成某种危害，这种情况我们采取控告。其实我们字面上来理解，《刑事诉讼法》里面规定了两个词，一个是控告，一个是申诉，但是什么是控告？什么是申诉？这两个词在我们的民事诉讼、刑事诉讼、行政诉讼里边都有，甚至我们宪法里边都有。但是申诉和控告的区别是什么？反正我还没有太搞清楚。我个人理解所谓的控告就是对这种违法行为应当受到惩罚所采取的一种行为，要求有关机关对这种违法行为进行处罚。

所谓申诉，是对一个已经作出的一种结论性的行为，我们要求予以改变。我们最容易理解的就是生效判决的申诉。这个生效判决已经形成了一个既定的结论，这个既定的结论已经发生法律效力，但是我们要求重新启动司法程序，对这个判决进行改变。所以说申诉和控告的不同之处在于，申诉是对已经作出的一个结论，这个结论哪怕是一种程序结论，但是它作出的过程是符合法律规定的，我们只是认为这样一个结论是不对的，要求予以改变。比如说刚才所提到的强制措施，我们辩方认为该取保的不取保，然后提出一种申诉的意见。包括以前经常发生的，检察机关借用各种理由，不让律师阅卷，说这个案件涉及国家秘密，不让阅卷，或者说这个案件属于特别重大贿赂案件，不允许会见，但是我们认为这种结论是错误的，因为是一个盗窃罪，所以说我们这个时候就提出申诉。这是我对《刑事诉讼法》第47条和第115条这两个概念的理解。

程序辩护的概念其实有很多的总结，我们只是从辩护实践的角度上讲，我是这样理解的。从大的概念上，程序辩护我认为总结得最好的就是萨达姆先生在被指控的时候说了一句话，他说违反程序的法庭所作出的裁判本身就是不合法的。当时美国把他捉拿之后交给法庭进行审判，他的律师和他本人都提出了这样一种质疑，说这样一个政府本身就是非法的，在这个基础上所成立的法庭，作出的任何判决和作出的任何司法行为都是错误的，他们不接受这样一种审判。实际上我认为这个就是对程序辩护最根本的一种总结，虽然这个人不是太正面，但是对我们理解程序辩护这个概念，我认为是非常有帮助的。

从程序辩护的定义，我刚才说了，我们程序辩护业态发生了变化，是因为2012年《刑事诉讼法》的修改，给我们带来了这样一种变化。其实程序辩护在很早之前就有了，我们在座的很多大律师，像于世俊这样的，在刑辩界都已经叱咤风云了，都知道了。1996年修改《刑事诉讼法》的时候，律师介入侦查阶段，当时叫作帮助，为犯罪嫌疑人提供帮助的律师不是辩护人。尽管如此，但是我们从审查起诉阶段就成为辩护人了，所以说程序辩护从1996年《刑事诉讼法》修改的时候就开始逐渐存在，只不过不够完善。2012年修改了之后，我们大踏步地走了出来，所以说在2012年左右，尤其是2010年到2012年这两年里，大家应该有非常深刻的印象，在律师界和司法界一度形成了强烈的对抗，让我们现在恐怕不再提的就是一个死磕，这种强烈的对抗就是这样一个过渡时期所带来的一种必然的现象。司法机关无法接受律师从程序上挑出这样一个问题，而律师就拿《刑事诉讼法》当了真，所以两种观念相对抗，司法机关没法下台，律师又采取了更为激烈的态度，于是死磕现象就形成了。现在稍好，因为大家都很理性。我们这次司法改革虽然没见什么具体有效的方案，但是2012年《刑事诉讼法》修改之后，尤其是以审判为中心的刑事诉讼改革和依法治国这样一个理念，已经让我们现在的法官、检察官和公安干警的执法和司法的理念有了明显的转变，大家应该有所体会。而律师也变得越来越理性了，方法上更容易接受。现在你发现没有，死磕这种现象相对较少，就是发生激烈碰撞的情况在刑事辩护的领域里变得越来越少了。这些东西我们不说好坏，但是都是有进步意义的。

1996年的《刑事诉讼法》和2012年的《刑事诉讼法》对程序辩护的这种修改，除了程序上有一个改造之外，从理念上对程序辩护也有了一个明确的确认。1996年《刑事诉讼法》第35条，2012年《刑事诉讼法》也是第35条，这一条款的顺序没有变，内容有一些微妙的变化。第35条里面辩护人的责任是根据事实和法律提出证明犯罪嫌疑人无罪、罪轻的材料和意见，而2012年的《刑事诉讼法》把"证明"两个字给去掉了。这是我们在新的修法过程当中，进一步强化疑罪从无和控方举证责任的一个根本的体现。实际上也就是说我们辩护人不需要去证明我的当事人无罪，我只提出相关的材料和意见，你看都没有用证据这样一个东西，我没有必要去证明他无罪。我们有些老法官现在还有这样一种观念：你说被告人无罪，你说这个事实，你有证据吗？你没证据，我没办法。那是一种民事的思维。实际上这就是一个疑罪从无和无罪推定的最明显的体现，这次去掉这两个字，给我们司法实践带来了明显的启示。这个不是程序辩护的内容，但是这个条文修改当中于我们程序辩护最为明显的一个改变就是最后的一句话"以维护犯罪嫌疑人、被告人的合法权益"，这是旧的《刑事诉讼法》的规定。而这次把它改为"犯罪嫌疑人、被告人的诉讼权利和其他合法权益"，我们从文字表达上来看，其他合法权益，就是合法权益其实包含了诉讼权利和其他合法权益，因为从后面看，诉讼权利和其他合法权益不都是合法权益嘛，1996年的《刑事诉讼法》，其实语言表达上更为精炼，一下就涵盖了所有的权利。只要是合法权益都要维护，但是有意识地要把合法权益当中的诉讼权利分割出来，强调一下，实际上从立法的层面上要有一个宣誓性的概念，就是被告人和犯罪嫌疑人的合法权益不仅包括他是否有罪和罪重、罪轻，是否应当免于处罚、减轻处罚这样的内容，不仅包括这些实体的权利，更多的还包括程序性权利，就是他的诉讼权利。他的程序性权利比原来所规定的那种实体性权利更为重要，所以把它突出出来。尤其在我们现在的司法实践里，程序性权利确实变得更为重要了，因为它更容易被忽视。我们重实体、轻程序的这种观念，怎么去改变，从立法上有这样一个提示,就是程序性权利可能更为重要,尤其在当前形势下。所以说程序辩护就变得更为重要,全面保障当事人的诉讼权利,包括他的程序权利。这是我个人关于程序辩护的定义的理解,我说的这些不是代表立法机关,而是作为一个刑事辩护律师,对《刑事诉讼法》的理解而已。

二、程序辩护的内容

程序辩护的内容非常多,主要是办案机关的违法程序问题。我说主要是,这个和刚才所说的概念有点区分,主要是它的违法程序的问题。但是我想随着我们的司法环境的逐渐转变,加上我们刑事辩护律师这个群体的进一步成熟,仅仅指控司法机关的违法行为这样一种程序性辩护活动,会变得越来越弱化。对于程序性决定和程序性意见提出不同的意见,必将成为程序辩护的主流。

程序辩护的内容非常多,我个人理解,要是认真总结起来,可能列举出几百个都是没有问题的。但是从给大家介绍这个角度上来看,我想总结起来大概有这么几个方面:第一就是与证据和取证相关的程序问题;第二就是针对被告人、犯罪嫌疑人人身权利的一些程序辩护;第三就是针对被告人、犯罪嫌疑人财产性权利的一些程序措施的辩护;第四就是司法机关的渎职行为;第五就是一些其他程序性瑕疵。由于时间问题,我不可能一项项地给大家介绍,我现在粗略地列了一下,这些具体的内容细化起来有三十多项,而每一项对我们在座的各位大律师来讲,都是需要深入去研究和操作的,而且每一项内容里边恐怕都有具体的操作方法。我只是这么分类给大家做一个相对概括的介绍。

（一）司法机关取证方面的程序问题

司法机关取证方面的程序问题非常多，我大概列了十一项，其实不止这些。

1. 司法机关刑讯逼供或以其他非法方法收集犯罪嫌疑人的供述

这里边非常概括，比如侦查机关采用刑讯逼供或者其他非法方法收集犯罪嫌疑人的供述，就光这一个内容，我们会列多少？从取证主体上来看，有侦查机关，审判阶段会不会有刑讯逼供？我记得有一个律师曾经说过，法庭简直就是在公开实行刑讯逼供。为什么？从早晨6点钟开始开庭，一直开到晚上6点钟，12个小时，中间只休息了5分钟，一定要把程序走完。律师认为这就是典型的刑讯逼供。我们说，好在法官同时也在那儿忍受着，12个小时谁都没动，不光被告人没喝水，辩护人没喝水，公诉人和审判人员也一动没动，这个怎么去界定？

审查起诉期间会不会有刑讯逼供？我们曾经也遇到过这种情况，比如说辽宁就有一个案件，有一个警察因为刑讯逼供在法庭上被指控。这个案子很有意思，被告人在审查起诉期间被审查起诉的公诉人收拾得很厉害，到法庭上，公诉人就问他："被告人你当时把被害人吊在那个笼子里，那个笼子是什么样子？"那个被告人说："那个笼子就是你当时吊我那个笼子，一模一样。"审查起诉，我们从主体上讲也可以这样。刑讯逼供的内容有哪些？包括以其他非法方法收集证据，这个光在我们公安部的程序规定、最高人民检察院的诉讼规则和最高人民法院的规定，包括防止冤假错案的那个司法解释里边也列举了很多，就是变相刑讯逼供的内容，要是列举的话非常多。

2. 暴力取证

第二个就是暴力取证。

3. 书证、物证和勘验笔录

对书证、物证和勘验笔录的取证，实际上就是我们所说的非法证据排除的范围，基本上就是这样。我们的《刑事诉讼法》从第54条到第58条这五个条款里，对非法证据的范围、对象、方法、程序都做了明确的规定。虽然就这么几个条文，但是已经非常概括地把非法证据的内容规定得非常完善了。

4. 非法证据排除程序

非法证据排除这样一个程序在我们辩护律师的眼里，是一项非常重要的程序辩护的内容，或者我称之为最典型的程序辩护内容。现在在司法实践当中，律师一听有非法取证的问题，眼睛就发光，法官和检察官一听律师要提非法证据排除，那就是一件大事，就要开始开庭前会议，各种协调。这个事情变得特别敏感，尤其是前两年的时候，说律师要提出非法证据排除了，大家就轰动了，哇，他要提非法证据排除了。

现在稍好，据我观察，近一两年来，尤其是2014年以后，律师提出非法证据排除，其实对法官和检察官的触动并不是那么大，但是仍然会引起高度的重视。这是为什么？就是一项制度制定下来之后，总是有一个过渡的阶段。以前非法证据排除这样一种辩护活动，一种手段，往往成为辩方与审判方形成强烈对抗的一个导火索。法官就不愿意干，律师说你不愿意干，我跟你没完，法官说你跟我没完，我就把你抬出去，律师说你把我抬出去，我就在外面静坐。很多案件都是因为这样一个原因引起的。

在我个人看来，这些年通过不断的实践摸索，控、辩、审三方对非法证据排除这个问题的处理，都变得相对理性和成熟了，但是仍然存在问题。我们不说公检法是怎么样,但是我个人观察,通过和很多律师在一起配合办案,或者共同开庭,或者在一起谈论,我觉得我们律师界对非法证据排除这样一个程序的操作还存在某种程度的误区。我想谈一下我个人对非法证据排除的范围、启动和过程的一些理解。在我的印象当中,我感觉我的案件,我没统计,大概有一半以上基本上都启动了非法证据排除或者说是提出了非法证据排除这样的程序,而且我个人认为效果还不错。既然效果不错,我就敢在各位大律师面前谈谈经验。

(1) 非法证据排除的范围。

我觉得首先要把非法证据的范围弄清楚。《刑事诉讼法》第54条规定的是采用刑讯逼供或其他非法方式收集证据。最高人民法院的司法解释和最高人民检察院的司法解释,把什么叫刑讯逼供和变相刑讯逼供做了一个非常好的概括,就是使犯罪嫌疑人、被告人产生肉体的剧烈疼痛和精神上的巨大痛苦,龙冬之教授把它称为痛苦条款,只要疼,就是非法证据取证的方法。后来又增加了冷、饿、烤、晒、疲劳审讯等这些内容,都明确了下来。最高人民检察院从2013年开始一直到现在,曾经想起草一个由两院三部共同签署的办理刑事案件排除非法证据的问题规定,但是到现在都还没有颁布。我参与了几次那个稿子的讨论和修改,进步非常巨大,对我们律师来讲,操作性非常强。那是一个立法问题,我们不讨论。但是我是说在修改这个规定的过程当中,我们曾经有人提出来说,对于非法证据取证的方法要更为细化。比如说冻,什么叫冻?多少度以下才算?饿,一天吃多少才算?曾经有人提出这么一个具体要求,后来遭到一致的反对,认为这样细化的话,在实践当中根本就不可能落实,也不可能涵盖,反而会出现漏洞。

实践当中大家可能都遇到过这样一种情况，比如说女的犯罪嫌疑人在整个诉讼过程当中，侦查人员没有打她，没有冻、饿、烤、晒、疲劳审讯这种情况，但是用了一个办法，侦查人员写完笔录之后，这个笔录完全不是她自己所供述的内容，但是这个犯罪嫌疑人的女儿正在高考，她和她女儿感情显然是好的，母女之情嘛，然后侦查人员拿着这个犯罪嫌疑人的手机，说："你看手机响了，你女儿来电话了，你签了字，就可以接你女儿的电话，你不签字，就不能接电话。"她女儿不断地打电话，不断地发短信，她就很着急，就想看短信，就想去接女儿的电话，因为她女儿正在高考期间。最后就为了接女儿的电话，她就签了，全部都是有罪供述，而且这些事实，据她后来辩解，根本就不存在，都是侦查人员编的。像这种情况我们说属于非法取证吗？当然不属于刑讯逼供，那是以其他非法方法收集证据吗？这个不好说。

还有一种情况就是我们办案当中常常遇到的，纪委在双规期间让犯罪嫌疑人吃了点苦头，据当事人反映是这样的，到了检察院期间，检察院对他特别好，当事人反映说检察院的人太好了，中秋节还给他送了个苹果。相比之下，检察人员简直就是天使。检察院就一句话"你如果说的和纪委不一样，你还得回纪委去"，所以说他就不敢翻供，因为移交到检察院的过程当中，纪委也跟他说"如果你给检察院所做的供述和给纪委做的供述有任何的出入，你就自己承担后果"。所以他到了检察院，检察院不用刑讯逼供，反而对他特别好，无微不至的关怀，非常和蔼地说："你就说吧，有什么就说什么，实事求是。"他就实事求是地把纪委说那一套全部都说出来了，表达流畅，思维敏捷，就被记下来了。进入审查起诉，他见了律师就开始哭，说那些都是假的，都是他自己编的或者纪委让他编的。律师这个时候就要问检察机关有没有对他进行刑讯逼供,没有,检察人员太好了,是纪委怎么怎么样。这个怎么办?像这种情况,我只试过一次,不是太成功。这个案子也是在南方一个省,就是我说的类似的这种情况。律师向法院提出了非法证据排除,认为被告人这些供述都是不实的,是被刑讯逼供的。法院就一句话,"那不是侦查人员干的,我只管刑事诉讼有规定的,纪委的事情你别跟我谈,那个《刑事诉讼法》里没有规定,他不是诉讼主体之一",这是一种拒绝方法。当然那个案子后来打得非常激烈,后来我想的办法是,在交接的过程当中,第一次讯问,检察人员是纪委干警在场的情况下去做的这个笔录,我们认为这个可能形成了重复自白或者有某种威胁存在,但这种理由大家想想,实际上我们自己都觉得有一点牵强。这是纪委这样一种情况,在实践当中仍然是一个困惑。

我为什么说如果最高人民法院现在起草这个东西,两院三部签订、颁布了就是一个巨大的进步呢?我们在会上对这个问题提出了强烈的反对,要对这个问题进行规范。里面有一条,其他办案机关在办案过程当中对犯罪嫌疑人、被告人采取变相刑讯逼供的方式的时候,对被告人以后的供述形成不良影响的,可能会令其不能自主供述的,可以作为非法证据排除。如果是这样的话,我们这个条款就可以利用。但是现在总也不颁布,颁布的时候这一条还有没有,谁也不敢保证,但是这个问题是一个很现实的问题,这是一个范围问题。有些问题我们能解决,至于范围就是刚才我举的这两种,一个就是明显不算刑讯逼供,但是方法显然不合理的,比如说以要不要接女儿电话为要挟的这种,算什么?我们说可以把它归为精神上的巨大痛苦,但是这个说起来好像是有点牵强。

纪委或者其他办案机关在司法机关介入之前进行威胁和暴力

侵害的，其实不仅仅是纪委，我们在实践当中也遇到过这种情况，老板之间的纠纷，控告人为了使这个被告人认罪，在送到检察机关之前，先把他收拾妥了，威胁他如果进去后不按照检察机关的说法，回来会灭他全家。被告人基本上就按照原先控告人所提供的那个编排的故事去说。这都是实践当中的故事，但这种情况其实就类似于我们纪委的证据，这种在实践当中根据具体的个案，还是要采取不同的方法。

从我们辩护律师来讲，法律所规定的或者现实所存在的这种非法证据，我们在提出非法证据排除的时候，它的范围，我指的范围是我们自己提出排除的范围，要有一个线。我见到过两个律师在法庭上被法官给问住的，律师说他要提出非法证据排除，法官问要求排除什么证据，他要求排除被告人的供述，法官问排除哪一份供述，他有18份供述，他要排除在侦查期间的供述，法官问排除哪一份，因为侦查期间有16份供述，他就说不上是哪一份了。你得说明是哪个时间段的哪一份证据，不能只说要非法证据排除。我是见过两次有律师这样提的，要非法证据排除，排除什么却不具体。

其实非法证据排除对于辩护律师提出的范围来讲，是指的针对某一个证据，认为司法机关是以非法方法取得的，要对这个具体的证据提出排除。我觉得正常表述应该是：辩护人申请对2016年8月23日上午10点到下午2点期间，侦查机关对犯罪嫌疑人所做的这份笔录提出要求进行排除，认为他是以非法方法取得的。这样才能具体，不能笼统地说，笼统地说，我们往往会被法院弄得很被动，被人家问十几个问题才问明白自己的诉求，这就显得不太专业。这是从非法证据排除的范围上来讲。

范围还有一个就是书证，《刑事诉讼法》规定的以非法方法取得的书证、物证，可能严重影响司法公正的才要排除。实际上法律对书证、物证是轻易不予排除的，严重影响司法公正是什么情况也不是太清楚。但是我个人理解，比如说伪造、调换证据这种情况，它重要的程度，足以对被告人的定罪和量刑产生重大影响，使判决的实体结果产生错误，就是对司法公正的重大影响。这是它的一个范围。

（2）非法证据排除程序的启动。

按照《刑事诉讼法》的规定，非法证据排除应当是在侦查、审查起诉和审判阶段。侦查阶段发现的以非法方法取得的证据，不应当作为移送审查起诉的定案根据。审查起诉期间发现的非法证据，不能够作为移送审查起诉，作出审查起诉决定的定案证据。审判意见不能作为定案根据。实际上也就意味着非法证据排除启动的时间贯穿了整个刑事诉讼的过程。在侦查期间发现了，就在侦查期间提出来，在审查起诉期间发现了，就在审查起诉期间提出来，在审判期间才发现的，就要在审判期间提出来。这是我一贯的观点，但是这个要因案而异，不同的案件，由于当事人不同的考虑，或者辩护人对这个案件总的诉讼策略考虑不同，可能会有所延迟或者有所提前。我觉得这要根据具体的案情，没有什么规律可循。但是大的方向上来讲，从时间段上，提得越早越好，在侦查和审查起诉之间提出来。按照《刑事诉讼法》规定，侦查期间发现的非法证据要向侦监部门提出来，但是我个人的观点，我们还是要尽可能地首先向侦查部门提出来。因为实际上在我们社会主义法律体系里，我们这样一个法律制度，我个人觉得它有一个特别大的弊端，就是外部的监督力量弱化。检察机关对公安机关，审查起诉机关和侦监部门对侦查机关这种监督，法律规定赋予了它那种权利，但是没有给它处理这种权利的强制措施,下面完全可以不理它。而且外部机构对于其他单位这种监督,程序相对比较烦琐,效率较低,往往不管、不受理,这是我们这样一个法律体系的弊端。

但是大家一定要考虑到,我们这个法律体系有一个特别大的优点,就是内部管控的高效。所以说你找检察院的侦监部门去控告一个侦查人员在侦查过程当中有刑讯逼供或其他的一些程序不当的行为,不如找局长或者找队长。一个普通的干警,基本上找到他的大队长、支队长,你认为他哪个事情做错了,分分钟就能给你解决掉。如果说你找到局长或者分管局长,这个比找检察院要好得多,这样一种辩护手段是正当的吗?当然是正当的。因为这个都是有法律依据的,我们的《警察法》,我们的《刑事诉讼法》对于内部监督这种体系的规定是非常严格的。

大家有兴趣的可以看一看我们公安部颁布的督察条例,那个督察条例里,警察是没有任何权力的。当时我们起草和修改这个条例的时候,觉得太过分了,不给警察任何的辩解措施,只要有投诉,马上停职。这种措施是非常有效的,我们解决一个问题,尤其是程序问题,不要把它仅仅局限在所谓的《刑事诉讼法》司法机关理想化的相互监督和相互制约这样一个层面上,要充分利用我们这个国家的法律体系当中有用的、有效的东西,这种内部的、强制的管控,效率极高,效果明显。当然这样一个管控容易出现问题,领导腐败了,可能就没办法了,很难办,但是领导腐败的情况少,多数领导都是依法办事的。一般来讲,侦查期间、审查起诉期间和公诉人进行沟通就可以了,而且据我所知,我和很多检察官聊过,他们特别重视这个问题,希望律师能把这个问题提出来,起诉的时候就不至于再出现一些偏差或者在法庭上出现更多的争议。一般来讲是这样,但是也有的检察官不愿意或者骨子里面就看不上律师，或者不愿意和律师打交道，这种人越来越少。大家都是在一个平台上，要理性地去沟通。

审查起诉和侦查这两个环节当中，实践当中提出非法证据排除的情形相对较少，多数是发生在审判阶段的。为什么呢？因为以刑讯逼供或其他非法方法收集证据这样一种行为多发于职务犯罪，多发于我们检察机关的资金案件里面，在其他的普通刑事案件中，除了黑社会案件之外，基本上比较少。我个人理解公安机关现在对执法的规范性办得越来越好。

正是因为这种行为，尤其是恶劣行为多发于资金案件，而这些案件律师在侦查期间的会见往往是不被允许的，所以没法去发现非法取证这样一些线索，也就无法启动，在这个过程当中，我们提出的就比较少。但是其他的案件，如果在侦查期间能够会见到，如果当事人提出来，这就是一种线索，那就要尽快地提出来。

在法院审判过程中提出非法证据排除，启动这个程序，我认为我们还是有些问题。就我了解的这两例，有两个律师来问我，他们是抱着那种对法院极其不满的态度，认为法院完全偏到控方这边去了，启动非法证据排除，法院不愿意，他们就准备死磕，问我有什么办法。我觉得这个非法证据排除的程序之所以没有成功地启动，有两个原因：一是法官对于非法证据排除这样一种程序理解上有所偏差；二是律师启动程序的手段不当，法官有足够的理由可以驳回。

为什么我办的案件大概有一半左右都能够启动非法证据排除，并且启动的效果都还不错？我认为就是方法问题，我给大家提供的经验就是在审判阶段非法证据排除提出之前，一定要和法官做一次沟通，和他讨论一下非法证据排除程序是什么。因为通过这样一个交流，我发现有很多法官对非法证据排除程序的理解和我的理解是不一样的。我认为他的理解是错误的，所以说要和他讨论非法证据排除程序应该怎么去做，达成共识，然后你再按照达成共识的这项程序去提，法官基本上都能接受。

非法证据排除启动程序所产生的这种矛盾在哪个地方呢？完全在于新的《刑事诉讼法》第54条、第84条这几个条款规定的内容当中，因为它包括了范围、程序、结论、整个的过程和处理结果，显得比较笼统。而相对更为准确的规定，更为细化的规定是2010年两院三部的《关于办理刑事案件排除非法证据若干问题的规定》和《关于办理死刑案件审查判断证据若干问题的规定》，这两个证据规定里面，排除非法证据规定相对比较细化。而从新的《刑事诉讼法》和那个证据规定来看，新的《刑事诉讼法》稍微往后退步了一下。这个是形成共识的。

但是有一点是很清楚的，虽然2012年新的《刑事诉讼法》把原来的司法解释内容做了一些调整，但是这个司法解释并没有废除。虽然两院三部没有发出正式的文件说这个证据规定仍然有效，但是没有任何机关发出声明说予以废止。大家看2007年的时候最高人民法院、最高人民检察院分别颁布了关于司法解释若干问题的规定，里边规定了最高人民法院的司法解释的效力，是要最高人民法院宣布废止，才无效。而这个规定到目前为止没有宣布废止，而且在几个非常正式的场合上，我也问过人大法工委、最高人民法院和最高人民检察院这两个规定有没有效，因为我们要拿它来说事，他们毫不犹豫地说，这个当然是有效的。这就是实践当中我们经常和法官发生矛盾的地方，他们的观点，你不能说是没道理的。新法优于旧法，尤其是《刑事诉讼法》，它是全国人大制定的，而那两个证据规定是司法解释，显然《刑事诉讼法》优于证据规定，又把证据规定给修改了，所以说后法为准，前法无效，那个司法解释无效。所以你要跟法官讲通这个道理，一定要说服法官，让这个证据规定有效，如果他认为无效的话，按照现在的《刑事诉讼法》和最高人民法院那个司法解释，解释得非常模糊，完全没有证据规定说的那么清晰。

如果仅仅按照现在的《刑事诉讼法》和最高人民法院的司法解释来研究非法证据排除程序，你就搞不懂，就容易混，必须要看那个证据规定。所以说启动的时候，没有争议的问题是，除了法官利用职权之外，检察官申请，然后就是律师作为辩方申请。辩方申请了，第一个要提供的就是有关刑讯逼供或者其他非法方法的材料或者线索。大家一定要注意，《刑事诉讼法》里面说的是材料和线索，并不是法官所说的证据。法官常常驳回律师的意见，说这个没有证据。律师无须提交证据，只要提交线索和材料，这是《刑事诉讼法》说的。

我们有的律师有这样一种困惑：现在录音录像找不到，侦查人员不能调查，看守所不能调查，我们找不到相关的证据来证明非法证据。其实我认为这是一个误解，律师不需要证明有刑讯逼供或其他非法方法存在，只需要提出相关的线索和材料，使得取证程序合法性产生疑问即可。我们学界把它称之为"引争事实"，民事诉讼里也有这个概念，比如你提出一个事实，这个事实引起争议来，就是"引争事实"。

其实不可能没有这样的材料和线索，只要是当事人提出有这种情况。比如我们提出的一般都是供述，为什么要提呢？因为显然是当事人说了在侦查期间他受到了刑讯逼供，你就要问他怎么刑讯逼供的，所以说什么是非法取证的材料和线索？非法取证的材料和线索就是我们最高人民法院司法解释里所规定的那个，要提供进行非法取证的人员、时间、地点、方式、过程这五个要素。而所有这些过程你都可以从当事人嘴里得到，他会告诉你在什么时间，由哪个侦查人员，用什么样的方法对他采取了刑讯逼供，这个过程是什么，时间、地点、人物、过程、手段，他都会给你介绍清楚。

这个时候我们要做的是什么？律师要做一个非常详细干净的笔录，这次会见对启动非法证据排除具有至关重要的作用。整个笔录里非常完整地包括了这五个要素，这些笔录就是所谓的材料和线索。针对这样一个材料和线索，我锁定在某年某月某日某一段时间内所取得的这个笔录，或者几份笔录，认为是有非法取证的可能，一定是可能，你不要认为这是非法取证，因为还没有经过审判，我们律师还是要严谨，有这种可能，所以我们要求启动非法证据排除的程序，予以审查。这个时候法官几乎是无法拒绝的，因为东西就摆在这个地方，有材料，有线索，而且某种程度上我们把话说回来，在《刑事诉讼法》证据一章里，第一类证据就是犯罪嫌疑人、被告人的供述。不仅仅是材料和线索，我们连证据都有了，被告人和犯罪嫌疑人的供述，证明当时有刑讯逼供行为，这是证据，已经超越了材料和线索这样一种界定了，只不过这个证据没有达到确实充分的程度而已，有一些疑问。所以启动的时候一定要有这样一个材料和线索，一定要提供具体信息，具体到哪个人，叫什么名字，比如我们很多的情况是，有些犯罪嫌疑人说有一个当事人姓韩，他打得最厉害，每次都怎么怎么样，叫什么名字不知道，因为没有人告诉他侦查人员叫什么。这个侦查人员姓什么，把体貌特征描述出来，这就是具体的人。这个东西在新的《刑事诉讼法》一颁布的时候，我们很多的律师，甚至在2010年，两个证据规定颁布的时候，我们律师界就有一片担忧的声音，说让我们找材料和线索，怎么去找？还有让警察出庭，警察怎么可能出庭证明他自己做了刑讯逼供？这个担忧现在来看，我觉得是多余的，因为完全是可以操作的。这是启动程序。

启动程序前和法官交流，对这个问题有一个共识之后，准备妥善的材料，再启动申请，而且这个申请如果不是万不得已，一定要在开庭前提交。因为你在庭上突然提，当然不违法，这也是法律赋予我们的权利，但是不太礼貌，为什么一定要给别人一个措手不及呢？你究竟是想找事还是想解决问题？我们要把这个思路理清楚，不到万不得已，一定要在庭前申请。在庭前提出这样一个申请之后，要给法官和公诉人以充分的准备时间。一般来讲，你提出来后，法官都会组织开一个庭前会议。一讨论，公诉人说："你给我举证，如果说今天你在庭前会议上不能说服我，你再调了什么证据到法庭上也不能说服我。那你就两条路，一是你把这些证据剔出来，法庭上不出示，不作为定案根据。二是法庭上见。但是我告诉你，这个问题你不可能再找什么证据了，事实就摆在这个地方。"

我们有一些学者进行调研，说经过非法证据排除，非法证据效果不好，其实没有把这个算进去。我们已经把这些证据剔除在案卷之外了，在法庭上公诉人已经承诺不再出示了，而且果然没有出示，法院就不能把这些证据作为定案根据了。也有个别检察官说，那不行，他们认为他们这个已经证明得很清楚了，是合法的。我说你可以这样认为，但是我认为还没有达到那个程度。《刑事诉讼法》规定的，要排除，要证明这个合法，也要达到确实充分这样一种程度。我说你做不到，没有人能做到，因为往往事情真的发生了。其实这就是解决问题的一种方法，这就是一种启动程序。

（3）非法证据排除程序的进行。

非法证据排除程序的进行，是在我们实践当中出现问题最多的环节。启动非法证据排除了，这个时候律师和法官之间最容易产生争议的是什么呢？

第一，究竟应该在什么时候启动非法证据排除？我们的律师坚决要求一定要在出示证据之前，法官认为随时都可以。如果法官不启动这个程序，要去法庭调查，去举证，律师就不愿意了，然后法官和律师就吵起来了，这是一个争议。

第二，非法证据排除程序结果到底怎样，到底排除没排除？控辩双方斗了三四天，最后法官说他听不明白了，现在继续法庭调查。律师说："那你必须得给我讲明白，你得给我一个说法，这个证据究竟排除没排除？不给我这个结论，这个庭你就别想开成。"法官说："你不想让我开成，我就让你好看。"然后就闹起来了。

这就是两个争议，也是我们《刑事诉讼法》修改过程当中所带来的问题。其实这个问题在两个证据规定里已经规定得非常明确了，但是就是在实践当中大家理解不一致，产生了争议。因为大家都坚持自己是对的，所以在庭前和法院的这种沟通特别重要，包括在非法证据排除启动之前，要和法官平等地进行交流，把这些争议在庭下解决。

我操作的非法证据排除的程序，一般来讲是这样的。你看咱们现在，第一个问题是关于究竟是举证之前进行还是举证之后进行，原来的两个证据规定里边规定的是要立即进行调查，要在法庭质证之前，但是《刑事诉讼法》规定的是审判人员在法庭调查过程当中适当的时候进行，他认为适当的时候就可以，所以说律师会着急，尤其是性格稍微刚烈一点的律师。其实这里面就有一个问题，既然《刑事诉讼法》和最高人民法院的司法解释都明确规定了，在法庭调查结束之前，可以随时进行，律师就不能去阻拦，法官没说不搞啊，你为什么要反对，为什么一定要让他先搞？这是律师不讲理了。但是这个时候，律师一定要提出这样一个条件，或者要提醒法庭，这个最好是庭前沟通的，可以在法庭快结束的时候，甚至法庭调查接近结尾的时候，全部质证质完了，你再启动非法证据排除程序都可以，但是前提是举证质证过程当中，绝对不允许公诉人把我要求排除的那些证据出示了。这是有法律依据的，两个证据规定里面规定得非常清楚，公诉机关没有证据能够证明证据合法性，或者不能排除有非法证据排除取证情形的证据，不得在法庭上出示。这是我理解的，它的原话实际上是，有确实、充分的证据证明不存在非法取证情形的，可以在法庭上出示。

从辩方的理解就是没有达到这样的确实充分地证明它是合法的证据，就不能在法庭上出示，这是前提。这也是《刑事诉讼法》吸收这样一个制度，吸收非法证据排除这样一个程序的一个重要目的，就是不要让那些已经被污染的证据到法庭上去，不能让法官看到。咱们实践当中全卷已经送了，就假装不让他看到。这个时候没有启动这个程序，法官没有作出决定，这个证据可以出示的时候就不能出示，这是一个底线。

这个底线有两种处理方法，第一种方法，我强调了庭前和法官的沟通。庭前和法官沟通程序到底怎么走，这些细节我们都会解决，但是这个问题要明确告诉法官，如果先让公诉人质证再搞的话，得提醒法官注意，不得让公诉人出示我们要求排除的这些证据，这是庭前沟通。

第二种方法，你确实没有时间和法官沟通了，在法庭上也没必要和法官产生冲突，法官决定了，就先质证，先举证，认真听，一旦公诉人说下面出示的证据是被告人在侦查过程当中的供述，这个时候你要知道这个东西是不行的，马上要提出反对，这份证据不能出示，因为我已经对这些证据提出了非法证据排除。这些证据的合法性还没有得到审查，按照两个证据规定，还没有达到在法庭上出示的条件，公诉人就不能出示。这个时候你和公诉人对着干没问题，轻易不要和法官对着干，我个人觉得不太合适。如果法官确实不讲理了，该对着干也得对着干，但是我觉得不讲理的法官少。

你和公诉人这样一种对抗，完全是一种工作上的对抗。如果说法官不支持你的观点，我的意见是，申请休庭，强烈要求申请休庭。目的是什么呢？不想让矛盾产生在法庭上。法官认为辩护人反对无效，公诉人可以继续出示这份证据，这时候他这个决定显然是错误的，但是你说不行，这个决定是错误的，在法庭上跟他吵，有什么意思呢？不如申请休庭，回头给法官看条文，跟他聊聊。这就是一个沟通。一般这种情况非常少，我记得有一次，当时我是在广东，广东高院的法官就非常好，也是我们在法庭上突然间发现了这里面存在着暴力取证的问题，就要求对侦查机关取得的非法证据进行排除，法官不同意。我就对证人进行发问，"他是怎么打你的？谁打的你？在什么时间？怎么打的你？他逼迫你什么？"这些要问清楚，实际上是在收集非法取证的材料和线索。结果法官说："辩护人不能再这样发问了，这个问题和本案无关。"我说："审判长我尊重你，我申请复议，我认为这几个证人证言的内容关系着本案的定罪量刑问题，而且他们这些证言是否合法取得，又关系到这些证据是否应当适用的问题，所以我希望合议庭重新考虑你们的决定。"审判长说不行,和本案无关,因为他无法接受。我说审判长我要求休庭,我身体不太舒服。那就休庭吧。休庭之后我马上就起草了一个书面的东西,我认为这个法律规定是什么样的,把这个道理说清楚,写了一页纸,写完交给法官,然后跟他说这是再次书面的复议。法官一开庭就特别智慧地做了一个处理,上来就说根据刚才的休庭,辩护人向证人发问的内容和方向上再次提出了申诉,申诉意见是什么?他把它全部念了一遍。经合议庭合议,认为暂时没有必要。但是法官说他现在对证人发问几个问题,再核实一下辩护人是否有继续发问的必要。然后他把我的那套也问了一遍,问完了,问辩护人还有什么意见吗?我说没意见了,我不需要再发问了,这不就妥了嘛。但是根据刚才审判长发问这个情况,休庭之后,我会向法庭提出这些证人在法庭上、在侦查期间所做的证言的合法性存疑,可能要提出非法证据排除的情况。休庭之后再提,这样就避免了发生冲突。

非法证据排除必须在什么时候进行?我们这个就是在质证过程中发现时提出来的。后来怎么进行的?有几个案件,比如说刘汉那个案件,刘汉那个案件那么多卷,我们提出了非法证据排除,庭前会议开了七八回,一开开好几天,其中一个问题就是非法证据排除问题,我是不让步的。问题就在这个地方,刘汉说打他了,公诉人说没打,那你就举出证据来证明没打,对你们来讲,公安部挂牌的案件还能不规范吗?我不相信刘汉,我相信你们,我相信你们很容易举出证据来。如果举不出来,庭审的时候,我们就提出非法证据排除,因为庭前解决不了非法证据排除问题。审判长就决定质证结束之后启动非法证据排除。整个质证持续了10多天,所有被告人的供述公诉人一个也没有向法庭出示。质证完了,审判长问:"庭前辩护人提出了非法证据排除的问题,我们现在对辩护人的非法证据排除问题进行审查。辩护人你对这个还有什么意见?"我说:"审判长,我想通过你,向公诉人了解一下,他的证据是已经全部出示完了吗?如果说已经全部出示完了,再没有证据了,因为我们提出的要求排除的那些证据不在他举证的范围内,也就不可能作为定案根据,我们就放弃了。"审判长就问了他一下,然后就结束了,就没有搞非法证据排除。这就是一种方式,就是在庭后,所以不一定非得坚持先开始,这是一个问题。

第二个问题,要不要给结论?我们唇枪舌剑好几天,最后法官一句话:"知道了,合议之后给出结论。"现在怎么办呢?继续法庭调查或者进行法庭辩论。这个争议实际也非常大。我有两个案件曾经和法官产生过激烈的争辩,当时在庭下争过两次,在法庭上也做过对抗。我的观点是两个证据规定明确了,你一定要给我一个结论,咱们新的《刑事诉讼法》的规定是,应当将证据合法性的调查情况告知控辩双方。什么时候告知?以什么样的方式告知?这个规定太差劲,直接就把排非规定里边那个特别先进的可操作性的东西模糊化了。因为那个证据规定里边是能够证明是合法的,才可以出示,也就是说你必须得给出一个结论,因为你不给出结论,这份证据就不能出示,尤其是非法证据排除在举证质证之前就启动的情况。

我记得有一个案件在律师界传得轰轰烈烈,是常州案还是小河案,因为这个案件也是纠缠了很久。辩护人要求法官给出一个结论,到底排除不排除,要不别想调查,别想出示证据,到了这种程度。像这种情况,我觉得除了前面的庭前沟通和反复的沟通之外,还有一个处理的办法,就是公诉人举证的时候要不要举,只要举，我就反对，不让他出示就是了，因为合议庭还没给出结论，只要是没给出结论，就不能出示，这是一个底线。但是实践当中，法官很少会给出结论来。只有一种情况，他会给出结论，就是经过控辩双方的辩论和质证，法庭认为公诉机关已经举出了确实充分的证据，证明原来的取证没有非法的手段，这些证据可以作为定案根据，不予排除。律师表示反对，反对没用，已经定了，除非你再按照《刑事诉讼法》第103条，到二审再说吧。

一般来讲，只要不下结论，实际上对于我们律师，就是留下了一个空间，看判决怎么说。所以很多法官有这样一种比较主流的认识，就是《刑事诉讼法》和最高人民法院司法解释里边所规定的，要将调查的结论告知控辩双方，他完全可以在判决和裁定里告知，他们有这样一种观点，但是后来把判决和裁定拿出来，也没那么写。这就是非法证据整个的一个过程，对我们来讲，我觉得有的算是一些经验和我个人的理解，仅供参考。因为非法证据排除是程序辩护当中一个最典型，也最容易引起直接对抗的环节，而且也是我们比较关注的问题，我就讲的多一点。

关于与取证程序有关的问题，其实后面这些大家一看就知道，我就不逐一介绍了，因为这实际上是证据的合法性问题。大家有这样一个印象，就是自2010年的非法证据排除规则制定以来，我们的律师在法庭上就非法证据、非法取证或者刑讯逼供类似这样的词用得多了，但是对证据的合法性，可能容易忽略。其实非法取证和刑讯逼供这种情况在实践当中很少见，虽然给我们的感觉有很多，但是放在这么多的刑事案件当中，是非常少的一部分。主要质证的程序问题，其实还是程序上的一些瑕疵。比如说询问证人的时间不合理，穿越证据，地点不合法，讯问人员单独一个人在讯问，鉴定人员的资质等等，还有像法庭上没有经过质证的程序，《刑事诉讼法》第53条规定的是，所有证据应当经过法定程序进行审查，在法庭上要经过控辩双方的质证。

我们在二审的判决当中经常发现被罗列出的、引用的证据，在一审的笔录里找不到出示的过程。这个是在办二审案件当中我们常用的、特别见效的一种方法，随着现在的司法行为越来越规范，这种情况虽然越来越少了，但是仍然能见到。我办二审案件尤其是案情比较复杂，事实比较多，证据比较多的案件，第一件事情就是把这个判决书和一审的笔录交给一个律师，让他对比着判决书上所引用的"证明以上事实有以下证据，一二三四五……"，然后再对着那个庭审笔录，看公诉人说"下面出示什么证据"，经常会发现在判决书里边列了50份证据，但是在庭审当中只出示了10份，另外40份证据没出示，也就是说没有经过法庭质证的证据已经被一审的判决给引用了。这种情况下，其实这个案子就特别简单了，二审法官也很高兴，你就写上大概四五百字的一个初步的律师辩护意见：经核对，判决书里判决的80%的证据没有在一审法庭上予以出示，经过双方质证，所以程序严重违法，建议发回重审。二审法官很高兴，不用看卷了，先发回去再说。这种办起来最爽，但是这种情况越来越少。

我至少有两个案件是这样发回的，印象特别深。重庆的一个案件，那个案件打了好多年，证据太多了，看卷都不知道从哪看起，先一统计，36%还是多少证据没有出示。没有出示好办，二审法官高兴得要命，说律师太给力了，这么多卷，正发愁呢，先不发，你们先忙你们的，过一段时间我给你发回去。第二个就是在济南中院发现的一个案件，济南中院也是弄了很久，拿过来一看，我说有两份证据在法庭上没出示，我们认为是严重违法的，这都是程序上的东西。未经法定程序的调查质证的证据类似这种，基本上都是证据合法性的问题。我要说一下，因为刚才大篇幅讲了非法证据的问题，所以我们一定要区分非法证据和证据合法性问题。

（4）证据的合法性。

证据的合法性实际上包含着非法证据，非法证据是一种比较极端的证据合法性存在的问题。通常我们说证据不合法，比如刚才有个律师问了，有一份证据是检察院退回补充侦查结束了，又回来在审判期间让侦查人员去调查的，这种情况算不算非法证据？这实际上就是证据合法性的问题。这种就违反了法律程序，因为在审判期间，这个案件是由人民法院来管辖，所有的调查、审查都由法院来进行，除非检察机关退回补充侦查，在这一个月期间你可以自行调查或者协调侦查人员调查，除此之外，你就再没有权限了。审判期间如果侦查人员又介入这个案件重新进行调查，这就是违反法定程序的。《刑事诉讼法》第54条规定，取得证据要严格依照法定程序。违反了法定程序，从公权力这个角度上讲，就是没有法律依据，没有法律依据的行为就是无效的。没有法律依据，我们就说这份证据因为是违反法律程序取得的，是侦查人员在没有法律授权的情况下取得的，不符合法定程序，证据不合法。那证据不合法，就不讨论证据的真实性和关联性问题了，这个就不应该作为定案根据了。这是另外一种排除，但是这不叫非法证据排除。

类似的情况非常多，刚才列的这些东西也存在。侦查人员没签名，被告人、犯罪嫌疑人没签名，比如职务犯罪案件的侦查，对犯罪嫌疑人、被告人、证人的询问没有录音录像，可能都属于违反法定程序。这是属于证据的合法性问题的审查，不是非法证据，要有一个区别。而与非法证据排除这样一个程序的运用相比,其实对于证据合法性的质疑,在实践当中用的更多一些。

(二)针对被告人、犯罪嫌疑人人身权利的程序问题

针对被告人和犯罪嫌疑人人身权利侵害的这种程序问题也比较多,一共七八项,这些都是一种概括的列举。

1. 非法拘禁他人或以其他方法剥夺他人人身自由

非法拘禁他人或以其他方法剥夺他人人身自由,我们在实践当中有这种情况,尤其是一两年前我们出现的反腐案件,有些官员突然间就不知道去哪儿了,没有任何的通知。当然如果说在纪委,那我们就不讨论了,因为那是党的问题,对党的问题我们不去讨论。但是有的时候司法机关也是这样,虽然少见,但是也会把当事人拘留了,还不给手续,人不知道在什么地方。

更多的就是在打黑期间,打黑期间有一些犯罪嫌疑人被一帮人一蒙头就抓走了,什么手续都没有,家属报警后,公安局说在他们那儿呢,人已经被抓了。更为恶劣的就是到公安局他们说没有,到哪儿报警也没人受理,一个月之后,突然当地上报纸了说本地公安机关一夜之间消灭了一个当地最大的黑社会,最大的黑势力,抓获多少多少人。家属一看,她家老公在上面呢,才知道被抓了。这实际上就是一种非法拘禁,像这种情况,律师一旦介入了,这个东西要不要提?提了有什么意义?我个人认为该提的还是要提,最坏的结果就是没用。你要给他指出来,这种情况是违法的。你可以到侦监部门去控告,也可以到他单位去申诉。第一个作用,至少会给他们一个提醒,就是可能这个案件程序上还要去补。第二个作用,他行为上会逐渐规范。第三个作用,让整个案件,包括犯罪嫌疑人和家属感受到律师对他们每一项权利的重视。最坏无非就是没用。刚才有一个律师跟我提了,说他们有一个问题向侦监部门反映了,没消息怎么办?没消息怨你吗?又

不是你不给消息。律师只负责点这个引线，它炸不炸是里面有没有炸药的问题，那个不要操心，也不要生气。

2. 指定居所监视居住

违反法律规定，采取强制措施，可能现在实践当中比较多的就是监视居住的问题，尤其是指定居所监视居住。指定居所监视居住尤其出现在打黑和职务犯罪过程当中，现在已经有些泛滥。大家还记不记得在2012年《刑事诉讼法》修改了第73条，我们说罪恶的第73条，规定了指定居所监视居住，当时引起了社会公众的强烈不满，导致这条后来进行了稍微的改动，但是仍然被保留了下来。当时立法机关最为担心的就是这条真的像各位律师们所说的那样被滥用，确实也有一些心里打鼓，但是公检两家强烈推进，因为太方便了，所以最后妥协的结果是形成这样一个条款。

但是现在这个法律实施了三年多，中央政法委和全国人大已经很清楚了，这个条文就是错的。指定居所监视居住其实就是一个变相羁押，现在我经手的案件到目前为止还没有发现哪一个，它的指定居所监视居住的手段是正当的。

还有一种最过分的做法，现在我手头还有一个案件，两年了，到现在我找不到当事人在哪里，只知道被检察院给弄走了，给了一个指定居所监视居住。一开始在河南，后来追到了浙江，从浙江跑到江苏，每次手续都不一样，到现在我都不知道我当事人在哪里。现在我说得比较集中的问题，就是指定居所监视居住，违反法定程序，采取强制措施，可能在实践当中还有更多的情况，每个人都是身经百战的律师，每个人都有方法应对这些程序。

3. 采取强制措施，法定期限届满，不予释放、解除或者变更强制措施

采取强制措施，法定期限届满，不予释放、解除或者变更的这种情况，大家还记得吗？我们旧的《刑事诉讼法》第75条规定的是，案件由于侦查审查起诉和审查期限届满没有办完，但是又必须办下去的，应当释放、解除强制措施或者变更强制措施为取保候审，监视居住，这个法条后来改成了《刑事诉讼法》第97条，就是严重超审限、超羁押期限、超审查起诉期限这种案件。我强烈要求各位律师在每个个案当中，只要家属和当事人不反对，这样的权利要行使。我们必须得让这个法条活起来，要不规定了那么多权利，那么多程序无效的东西，救济措施，如果我们不启动它，这个法条就死了。

比如刚才讨论的时候有几个律师也提出了这样的问题，可见在实践当中有不少这样的情况。就是一个案件审判期间两个月，然后变成三个月，然后重大复杂的，按第150条，又变成六个月，最后六个月还没结束，已经报最高人民法院了，报最高人民法院的文件在哪里？最高人民法院批了没有？没批就不能证明你的程序合法，就应该放人。书面的、口头的要求，我们还是运用《刑事诉讼法》第115条，按照最高检的诉讼规则第705条，拿过来就要用嘛。法院不放，我找检察院，最高人民法院这个规则里面规定的就是由公诉部门管理，直接投诉到公诉部门，要求一个结论，十天之内给我书面答复。不行，那我就再往上一级，就这么搞。其实还是那句话，最差的结果就是没用。所以你用一个法条，它突然就活了。一个程序法律如果从来不用，那实际上我们就帮助司法机关把这些法条全部冷冻住了，我们的权利就无从实现。你看第97条虽然在新的《刑事诉讼法》里一字没改，但

是这条是我们的《刑事诉讼法》里边唯一可见的程序性违法,应当有违法后果的一个条文。这是多么科学的一个条文,而这个条文本身就是一个救济措施。如果说我们不去启动它,不去呼吁它,光去埋怨司法机关,那是我们没有尽到责任。

第16条就是介入逮捕程序,这个将来就是我们常规化的刑事辩护活动。现在你看某个大律师又开始非法证据排除了,又开始死磕了,所有这些东西,机会其实越来越少。刑事辩护所面临的危机不是说我们将来环境会变得不好,而是说将来我们的法治会取得巨大的进步。当我们进步到这种对抗的机会越来越少的时候,你会发现你就是一个文员,你就像非诉一样做一个业务,那就是很幸福的感觉,而且那时候你又没有那种淡定而理性的心态,你如何去存活?所以将来常规的程序辩护必然是,比如现在《刑事诉讼法》所规定的逮捕程序,决定逮捕期间的,要听取律师的意见,只要是律师主动要求的。或者对于已经逮捕的人,可以进行羁押必要性审查的申请,虽然它规定的是一种职权的程序,但是作为犯罪嫌疑人的辩护人,当然可以启动,申请进行羁押必要性审查。将来这就是我们的一个常规。对于我的当事人是不是有必要继续侦查,是不是有必要继续羁押,要提出来。

所谓严格的审批程序,现在谁都不知道是什么。但是纪侦的这个审批程序是一个很神秘的程序,你很少看到他拿到法庭来当证据。这点你不用担心,只要他敢拿到法庭上,毫无疑问,你挑不出毛病来。为什么?因为你不知道那个严格审批程序是什么,谁也不敢告诉你严格审批程序是什么,将来这些都得改,我们的机会都能有。

(三)针对财产权利的程序问题

针对财产权利的程序问题往往是被我们刑事辩护律师所忽略

的，尤其是一个案件在审查起诉、一审以及以前的这样一个程序里边，当事人更多关注的是他自己实体上的权利，这种实体权利主要集中在定罪量刑、会不会有罪、罪重罪轻的问题上，所以重点还不在钱上。比如很多大老板犯了骗取贷款罪，这个罪本身不重，最高是七年，但是他被查封了十个亿的资产，他才不关心那十个亿的资产，他关心到底能判多少年，这个时候当然从为当事人服务这个角度上讲，律师要更关心当事人最关心的事情。而恰恰这个时候我们会忽略关于财产性的措施，这些强制措施其实在实践当中存在大量的不规范之处。看看《刑事诉讼法》，其实在整个刑事诉讼过程中，检察机关和公安机关是没有对银行账户进行扣划的权利的，民事案件的保全可以扣划，刑事诉讼当中是没有扣划这一项的，只有查封、冻结。

我们在实践当中常常发现公安机关或者检察机关直接把账户的钱从当事人账户、当事人家属账户划到了公检两家的账户，甚至是划到了某个个人的账户。怎么做到的呢？特别简单，直接把当事人从看守所里提出来，带到银行里，让当事人签字，把钱转过来，最后还说他是自愿的。还有一个办法，就是要求当事人的家属把哪个卡的钱转到哪儿去，不转的话就怎么怎么样，家属受不了，最后就转了。所以说当你发现当事人或者家属的银行存款一下从银行被划走了，你不信关注一下，永远不是公安机关或者司法机关出了手续直接扣划的，因为他们没权。这和民事诉讼是不一样的，民事诉讼的查封、冻押和扣划，它的目的一是执行，二是保全，而刑事诉讼的司法机关对财产采取的强制措施的唯一目的，就是取证。这些账户里边记载的东西是书证，扣押这辆车，因为它是物证，没有对财产进行处理和保证财产安全的目的，就是取证的作用，所以法律不赋予他对账户进行扣划的这种权利，包括股票、证券这些都不行。这是我们需要注意的一个细节。

另外还发现尤其是专案，专案当中容易出现大量的财产被扣押、冻结的情况。我们所说的大要案，就是掐断你的腿，干掉你的人，把能给你跑关系的人都抓了，把你能动关系的钱都扣了，这是办大案的基本思路。这个时候你就发现亲戚朋友邻居的钱都被扣了，而且这些跟案件没什么关系，跟被扣押这些财产的管理人和所有人是没有任何关系的。这个时候要不要提？当然这个东西要慎重，我们维权的时候，首先是要服务当事人，争取当事人的意见，争取家属的意见。律师无非就是提出来哪些权利可以行使，但是行使之后，诉讼有哪些风险，你必须拿出几个方案来，告知当事人这几个方案的利是什么，弊是什么，最坏的风险是什么，最好的结果是什么，然后由当事人和家属拿主意，这就是我们这种服务。

但是财产权利在有些案件当中是非常重要的。我就遇到过这样一个案件，当事人行贿50万，在侦查过程中，检察院查封了他的物品和现金两个多亿，同时还查封了价值六个多亿的股权，有必要吗？还有房产，这些房产分别在不同人的名下。行贿50万，放在哪个法院，就这么一个罪名的话，我什么都不吱声，爱怎么判怎么判，能判3年吗？不判缓刑，他内心都觉得不好意思。所以说像这种案件检察院为什么扣？就是利益驱动。所以事情一发生，律师马上就要提，这个和本案无关。提这个一个最大的作用是什么？就是让检察机关不敢乱来。所以以前经常会出现这种情况，案件办完了，再去找当时的办案机关要当年扣的东西，对不起，找不着了。

但是现在最高人民检察院那个诉讼规则规定得特别详细，与案件无关的财产或者案外人的财产,不得采取强制措施。采取强制措施,经查认为与案件无关的,三天之内要退回。这种你要咬住,要让检察机关,让公安机关知道这个律师是不依不饶的,就没有人敢动了。如果说你们不信,我再打一个比方,你们体会一下。比如说你们在所里搞了一个不规范的事,收了人家当事人一笔钱,这笔钱早就知道是不该收的,搁到律师事务所,先别提,这个钱不一定保住,因为还要看看和当事人之间的关系处理得怎么样,万一当事人投诉,就得退给他。是不是这样想的?你们肯定是这样想的。只有有一天你发现你和当事人的关系处理得很好,他绝对不可能投诉,这个钱你才可以拿走。所以说在这种情况下,如果司法机关不是为了取证,而是为了抢钱采取的这些措施,只要盯住他,就没人敢动。这就是程序辩护的作用。

财产权利往往是容易被我们忽略的一种权利。这里边就包括了查封、扣押、冻结,应当解除的不解除,三天之内,七天之内,一个月,这几个时间点。所以你看《刑事诉讼法》,必须要看检察规则,最高人民法院的司法解释都不重要。程序辩护依照的就是检察规则,《刑事诉讼法》只是给你提供了一个线索,然后依据这个条文看检察规则,检察规则里写得特别清楚,如果你还不知道,那就只能说你不敬业了。可能对我们来讲,检察规则确实是太厚了,七八百条,但是谁让我们做律师呢,就得看。

(四)控告渎职行为

控告渎职行为,可能在我们的刑事辩护的实践当中比较少,往往都集中在经济犯罪,就是以经济争议为根本点所产生的刑事犯罪,背景非常重要。比如说插手经济纠纷,公安机关插手经济纠纷这种情况现在少了,以前特别多。但是前一段时间我去讲课,大概有七八个律师都来问这个问题,好像每个律师手里都有这样一个案件。就是老板和老板打官司，打得不行，一个老板动用公安把另一个老板抓了，那个老板又动用当地公安把那边给抓了，这个时候两边都请律师，大家就开始搞。我现在手头也有这样一个案件。像这种情况，大家注意一下，应该是从1995年左右一直到现在这几年，几乎每一年公安部都要发布类似的文件，或者说做某种重要的讲话强调，严格禁止公安机关插手经济纠纷。但是最近给我感觉又有点多了，所以北京律协都搞了一个民刑交叉委员会，这说明生意好了嘛。

  在这种案件当中，我们所说的程序辩护，要想让当事人得到公正的审判，一个前提条件是，要使这个案件回归到司法程序上来。如果一切所谓的表面上的司法程序，拘留、逮捕等，仅仅都是一个经济纠纷的斗争手段，那所谓的程序辩护又有何用呢？所以说你官司不可能打赢，这个时候只能抄其后路。抄其后路，直接找到插手经济纠纷恶意追诉这样的证据或者线索，进行反击。这种反击不一定说一定要把谁谁谁抓起来，那个公安局长联合当地的老板，为了一个房地产项目，把另外一个县或者一个地区的老板给抓过来，逼他就范，还在看守所里谈合同，类似这样一种东西。那你找到这个东西，证据有啊，因为当事人会告诉你，控告，管用吗？还是那句话，只要做了就有用。为什么我们说会有刑讯逼供这种情况？为什么会有校园暴力这种恶行？就是因为那个环境太封闭，人的那种野性可以毫无顾忌地迸发，而这个时候你要透过一个墙告诉他，小心点儿，他就会收敛。所以说像这种，我个人认为基本上就是反击。因为所谓的和解、和谈那是个生意问题，律师无法介入。但反击要慎重，说是一种程序辩护吗？不好去说，但是用这样一种方法，实际上从我们辩护的角度上看，是属于另外一个案件了，那是一个控告案件。但是这样一个做法,你只有办这个案件,使案件进入司法程序,在司法的轨道上运作,才能有你的辩护,才可能起作用。你整天在看守所跟当事人说,你放心,我要和你共同奔向法治的彼岸,最后谈了半年,发现连船都没上去呢,这不就麻烦了嘛。所以首先要把他拉回到司法,法律起的作用越大,你辩护的效果就越大,只有辩护的效果越大,你的价值才越大。

(五)其他的违法瑕疵

其他的违法瑕疵比较多,这里列的也不是太细。回避问题,合议庭组成人员不合法问题,侦查审查审判活动管辖问题,这些都是正常程序下的问题,因为现在刑事案件还没有管辖权异议一说,民事诉讼已经有了,所以说在管辖上,刑事诉讼的辩护律师经常和司法机关产生冲突。这是可以理解的,因为我们明确感到这个案件在当地根本就不可能,虽然仅仅是一种想象,但是你让我的当事人处于一种不安全的被追诉的过程当中,那就是不行的。所以这是辩护律师的职责,要提出来。但是管辖这个问题怎么去做?我个人不赞成那种特别激烈的冲突解决方式,其实有很多问题是可以和平解决的。

我有两次是成功地改变了管辖的。一次是在新疆某个地方,抓了一个法官,我认为这个案件在这个地方应该是不合适的,就要提出来。这个提出的程序是什么呢?我不是说它没有管辖权,要全员回避之类的,这是把回避和管辖的问题混淆了。其实咱们《刑事诉讼法》关于管辖的问题是有规定的,只不过没有给辩护人一种申请管辖异议并且作出决定的程序而已。既然有这样一个职权,那么管辖是由上一级司法机关来决定的。上级人民法院可以审判下一级人民法院的案件,也可以将本级人民法院的案件交由下一级法院去管辖。下级人民法院认为自己不适宜管辖的,可以要求上一级指定管辖或者提审。这是咱们刑事诉讼的管辖，不是民事诉讼那种诉讼活动。所以说你现在跟正在办理那个案件的司法局长较劲就没意思了，这个时候应该和上一级司法机关进行沟通。第二次也是在新疆，原先在喀什，然后改到库尔勒，这种管辖的改变。但是在司法实践当中我们还有很多创新的东西，比如说我在湖南办过一个案件，提出管辖异议，认为犯罪发生地不是在这个地方，它不应当管辖，结果人家基层法院直接作出一个裁定来，认为本院是有管辖权的，因为犯罪结果是在这里发生的。我们拿这个裁定上诉，中院还给驳回了，按民事那个程序走了一遍。我觉得这个还是比较有意思的，将来修法可能会进行修改。

三、程序辩护的操作原则

程序辩护的操作原则本来应该叫程序辩护的操作方法，刚才实际上从某种程度上都讲了一些方法，但是因为程序辩护的内容特别庞杂，每个案件不同，每个当事人也不同，每个律师的风格又不同，甚至同一个律师在不同案件当中都有不同的风格，所以说方法就不能一概而论。我只能说在这些方法当中有一些基本上我认为我们可以达成共识的原则。

（一）及时原则

第一个原则就是及时，这种及时就是我刚才所说的，发现程序上的问题，要第一时间提出来。发现得越早，提得越早，问题解决的可能性就越大。为什么呢？因为所谓的程序问题，或者大部分程序性问题，错误一旦发生了，就不可逆转。比如说侦查期间的羁押期限超期了，你这个时候不提，在那儿憋着，或者到法庭上说这个程序错误，有用吗？侦查期间是超期了，超期了俩月，你不提，到法庭上你说侦查期间怎么样，回去再按期限重新关一遍，这就是很无厘头的要求，就叫挑事，你就不是想解决问题，解决问题肯定是发现了问题，马上就要提出来。我们尚权律师事务所的律师办案子这是一个规矩，盯住期限，每个期限该干什么，一定要去做。你不能让人家犯一个不可改正的错误，所以要及时。审查起诉是这样，审判也是这样。我的习惯就是所有的只要是程序上的问题，我必然会和他尽早地提出来，并且在正式给他发书面的文书之前，一般要有一个电话。不要动不动就是对抗，他可能只是无意识的，很忙而已。

我们有的律师接了一个案子，又忙着接其他案子，把人家诉讼时效都耽误了，难道那个律师也是司法腐败吗？那不就是失误吗，所以说不能把别人想得太坏，有的时候就是工作忙，或者没想到，要善意的去理解别人，然后及时提出问题，这就是一个及时性问题。越及时，越能解决问题，所有的程序问题都是这样。

(二) 坚定原则

第二个原则就是坚定，坚定包括两个方面，一个是律师的坚定，另一个是当事人的坚定。程序辩护最大的特点，就是对抗，对抗性特别强烈。为什么叫反攻式辩护？咱们一直都是在防守，这是反攻式辩护，所以我曾经跟一个公诉人说，这个事情我要提出非法证据排除。他说："你提啊，无非就是原先我在你的阵地上打，现在你跑我的阵地上打了，我们打一场试试。"他还挺高兴。这种对抗性特别强，在我们的司法实践当中，我甚至可以告诉大家，不仅仅是在中国的司法实践，在世界任何国家，这种反攻式的辩护和斗争都是要经过慎重考虑的。因为每一个司法官员都是活生生的人，他都可能形成心理上的一种变化，让他变得可能不公正。这个时候你要考虑到风险，可能会有哪些问题，经过各种预判之后，再去做。不要犹豫，就像武术一样，你出拳的时候都犹豫了，必然打得不重，要果断定下来，一拳打过去，要么就打死，要么就不打，必然是这样的。所以投诉检察官，投诉公安干警，我都是写好投诉的东西，直接找到他本人说："你看看，我跟你交往这么多次了，实在受不了了，我准备投诉你。你看一看我写的属实吧，不属实，我再改一改。"你知道效果是什么？"张律师咱们又不是第一次打交道，这何苦呢，什么话不好说呢，明天就办。"就这么简单，人总有忍无可忍的时候嘛，发狠要打人比打人的效果好多了，就是这个概念，这个是屡试不爽的。

当事人的坚定，就是你所有的权利都来源于当事人，他不授权的话，所有这些东西都没有，所以我们所强调的独立辩护是不可能独立于当事人之外的。你维护人权，维护公正，当事人不给你钱，你怎么去维护？委托书都不给你，那不是骗人的嘛。所以当事人必须得坚定，因为经过这样一个控告之后，由于司法环境的复杂，未来的程序上甚至实体判决结果上有可能会导向一种不利于当事人的方向，最后这种责任完全由当事人来承担。所以说这个时候是最难抉择的，律师有一个义务，这项权利我们要行使，法律规定是可以行使的，如何去行使，准备怎么做，如果这样做的话可能会带来很多不同的结果，这些结果好的是什么，坏的是什么，最坏的是什么，最好的是什么，最大的可能性是什么，都分析好了，看当事人干不干，双方要达成共识。所以说从来没有勇敢的律师，只有勇敢的当事人。你一切的信心和力量都来自于当事人的坚定。

我们所说的当事人，在刑事诉讼当中，尤其在辩护律师的嘴里，可不仅仅是当事人本人啊。和民事诉讼不一样，近亲属、朋友、家属这些都要坚定，要形成一致，如果说你感觉到他们不够坚定，你一定要留后路。所以说你一定要想好，对当事人的坚定要有一个判断。

（三）依法原则

第三个原则就是依法。依法这个我不详说了，大家都能够理解，但是我所说的依法，我要强调一下，就是所有这些东西必然是引用法条，依法可不是我们律师所说的依照相关法律规定认为应该怎么样，不是那样的。你在程序辩护当中所行使的任何一项权利，必须要有法条依据，嘴里要念出来，依照《刑事诉讼法》第多少多少条，依照诉讼规则第多少多少条第几款，不能只说依照相关法律规定，这样是错的。

大家必须承认一个事实，当你说依照相关法律规定的时候，你必然不知道是哪个法律，至少你说不上那个法条来。是不是这样？因为你只要知道这个具体法条，你必然会说出来。依照《刑事诉讼法》的规定，或者依照《刑事诉讼法》的有关规定，我认为怎么怎么样，这就说明你不知道具体是哪一条，尤其是像我们这种老律师最容易犯的错误，依照《刑事诉讼法》的相关规定就说出去了，遇上一个认真的，拿过来一翻，找不到，为什么？我们张口就来的那些原则，大部分在《刑事诉讼法》里没写。我们只是习以为常了，听课多了，念叨多了，然后张口就来，疑罪从无，你给我找找疑罪从无在哪里写着？你给我找找无罪推定在哪里写着？你找不出来，所以不要用这些对而且没用的词，这叫依法。因为你所面对的是一个法律工匠，甚至说技术还不如你的法律工匠，你就一定要和他讨论。技术是什么？最细微的技术、最细节的技术就是这个东西不讨论了，法律就在那儿写着呢，第几条，第几款，还讨论什么呀。就是必须得这样，这就叫依法。这是一个总结，回头大家给我出出主意，看这个对不对，总结为依法，实际上应该是精准地运用法律条文，而不是忽悠。

（四）理性原则

第四个原则就是理性。理性可能大家特别容易理解，因为基于前面这样一个论述，就是我们律师在刑事辩护当中尤其是程序辩护过程当中，容易激起内心那种激情和狂热，会迷失方向。在实践当中刑事辩护律师我个人认为容易迷失方向的一般有两种情况，第一种，辩着辩着把律师给辩没了，只剩下当事人和他的家属朋友了。律师要么成了当事人，要么成了他的家属了，就是感情好得不得了，哪有律师啊？没有律师，因为你说话，你做事都不像律师了，对当事人是同情的。有的律师就说："张律师你去给我当事人辩护一下吧，他好冤枉啊。"我说："为什么冤枉啊？"他把案情给我讲讲，我说："没问题啊，一审判得挺正确的呀。"他说："你这样一说，好像挺有道理，但是这个人可好了，这个人太好了，怎么怎么冤枉。"这是一个真实的例子，一个女律师在办一个诈骗案件当中，从侦查办到一审结束，到了后期就是几乎天天到看守所去，在看守所里两个人，一个人拿条毛巾擦眼泪。她当事人诈骗50万，最后被判了10年，她无法接受，来找我，让我去给他辩护，认为他很冤枉。一讨论就是这样一个结果，然后她说："张律师你说得有道理，我完全失去理智了，要不你去见他一下，告诉他判得没问题，我无法面对他。"我说："你必须自己去，你要找回律师这个角色来。"因为这个案子当事人亏了，当事人本来想请一个律师，结果请来了一个大姐，为什么呀？这就是一种角色的迷失，理性就是不要迷失自己的方向，要始终提醒自己我是一个律师，我是一个专业人士，我是一个局外人，我要超理性地去判断这个问题。和当事人之间的关系相处是一方面，取得的信任和信赖是另一方面，依靠的是你的专业技能、准确的判断和强有力的辩护，而不是你的感情投入。这是第一种情况，常有，而且很难把握，尤其是女律师或者年轻的女律师。

第二种情况，尤其是在程序辩护的过程当中，基于司法机关对犯罪嫌疑人和被告人的权利公然的破坏，或者说是这个案件当中司法机关这种明显的犯罪行为，律师有一种伸张正义、为民除害的冲动，一定要纠正这种行为，当事人都不想干了，他还想继续去弄，也有这样的案件。申诉案件也有这种案件，某律师说："张律师你能帮我一块儿办案吗？"我说："可以，得见见当事人啊。"当事人来了跟我一说，我说："这个案子是挺冤的，但是这么多年了，估计不太好弄。我建议你可以申诉，但是也不要影响生活。"当事人说："张律师你能不能劝劝李律师，别给我弄了行不行？"我说："为什么啊？"他说："我们家里真不想弄了，但是那个李律师一分钱不要，这十几年来天天给我跑，我们都感动了，我们觉得不弄不好意思，觉得自己没良心，没正义。"我说："那好办，我给你劝劝李律师。"

再有一种，你发现我们的律师就开始上大词了，为了法治，为了民主，为了正义，为了促进法治进程，我一定把这个案子办好，纠正这个错误。这就跑题了嘛，有哪个厨师说为了人类的健康，我做一个宫保鸡丁啊！你做菜就说做菜的事，人类的发展关你什么事啊！客户满意就行了嘛。你这个权利的行使，能做到就做到，做不到你尽了最大的努力就行了，它和法治何干！我们律师只要这个职业存在，只要把每个案件办好，本身就是通过维护当事人的合法权益，实现了维护法律正确实施和社会公平正义这样一个长远的目标。各司其职才是正义，从律师这样一个专业人士上来讲，你一定得考虑到，铁匠要把这个铁钉打好，就不能在打铁的时候,发现煤炭有问题,把锤子一扔,找黑心煤老板算账去,那就跑题了嘛。如果说失去了这两种,一种迷失,一个刑事辩护律师变成了当事人的兄弟姐妹,另一种迷失,一个辩护律师变成了一个民主斗士,甚至一个政治活动家,那都是违背理性原则的。

我绝对不是反对我们的律师参与政治,关心国家命运,我们宪法都规定了,每一个公民都有参政、议政的权利,关心国家政治的权利,那是我们基本的权利。但是绝对不是因为你是律师,而是因为你是一个公民。在办案当中,你收了当事人的钱,当事人以为你给他办案,而你去实现自己的政治抱负,这叫丧失职业道德。当事人个人的利益和律师的价值追求发生冲突的时候,你放弃了当事人的利益,何来职业道德?所以说要理性,要让自己别迷失。

从方法的操作上来讲,我就给大家提供两个条文,我今天讲课的时候一直在念,这两个都是传家宝,一般不告诉别人的。《刑事诉讼法》第47条和第115条,所有的控告权利都来源于它们,只要是侵害律师权益的和侵害犯罪嫌疑人、被告人的财产权利、人身权利的,都在这里边。这就是我们的救济措施,虽然这个救济措施不好,但是好歹有了。2012年《刑事诉讼法》修改,我认为就这两条还算是亮点,原来《刑事诉讼法》没有。现在至少律师权利受侵害以后,我们有地方可以告状了,原来告状都无门,这就是一个巨大的进步。这两个条文,第44条是保障律师职业权利的,第115条是保障犯罪嫌疑人、被告人人身权利和财产权利的,而与之相对应的就是最高人民检察院诉讼规则对这两条的各种解释,尤其是检察院的诉讼规则解释的上百条,极其详细,里边的内容非常丰富。

四、程序辩护的价值

自 2010 年两个证据规定颁布之后，律师界就出现了死磕。到 2012 年初新的《刑事诉讼法》修改实施之后，死磕现象逐渐减少，律师和法检之间的冲突逐渐减少，到现在为止基本上在往成熟过渡。尽管如此，在现在司法实践当中律师在辩护的过程中对程序问题那种洁癖式的纠缠，仍然是让司法机关感到反感和讨厌的，所以他们排斥。这个东西你都不要去考虑，你这是在对抗，如果说你这个律师辩得让他很满意，你是怎么辩的？因为你在程序辩护当中必然让司法机关感觉到不满意，又不好意思说出来，这才是成功的辩护，这就说明你有作用了。所以说我们在实践当中对于程序辩护，律师对程序上这种权利的主张，公检法几个机关还是普遍存在着不主张、比较排斥的这样一种心理。

但是大家要放心的是，这样一个过程只不过是一个短暂的过程，很快就会过去。你发现没有，咱们现在改革还没开始呢，只是发了几个文，下了一个依法治国的决定，喊了一年的以审判为中心，检察官和法官与律师谈话都开始面带笑容了，效果明显得很。所以这种理念上，不管外界怎么去评价，说你死磕律师、较真律师，说你不懂事，但是他内心当中会佩服你，这才叫敬业。

我有两个案件都是和检察官对着干，检察官把他亲戚推荐给我的。侦查期间，他说："张律师你好厉害，好卖命，为了当事人的事情这样，我太佩服你了，我亲戚那个案子你也给我办一下。"就是这样，他们内心当中佩服那种敬业和专业的人，大家都是搞法律的人，谁不理解？当然每个人不一样，因为我们律师表达的时候太过于激烈，或者没有从别人的角度去考虑，会让他感觉到不爽，甚至有些激怒，但是只要你注意方式，他会理解，顶多内心当中有点不高兴，但是也无所谓，问题解决了就好。我们不管这样一个评价，但是程序辩护对于中国的刑事诉讼和中国的刑事辩护的事业发展来讲，具有重大的价值，基本上有这么几个方面。

程序辩护首先体现的是对当事人权利全面的保护。刚才我说了，新的《刑事诉讼法》第35条对诉讼权利和其他合法权益这样一个别有用心的修改，目的并不是保护一个判决正确与否，而是整个追诉过程是否正当，是否尊重了人权，这就是它的价值所在。一个人的任何一种权利，在被追诉的时候，都不应当被侵害，这就是我们现在司法的理念，我们要跟上趟儿。其次就是它对刑事辩护这个业态的影响，以及我们刑事辩护律师内心对刑事辩护这个职业的价值，要进行重新评判。长期以来在重实体、轻程序的辩护过程当中，已经形成了一个不要让案子办错，要让有罪的人受到恰当的刑罚，让无罪的人不受追究的观念。在这样一种观念下，我们要保证实体上正确，所以说导致我们的刑事辩护出现了一个什么状况？在座的是不是有这样一个经历，实际情况是侦查期间，律师被解聘的可能性最大，其次是审查起诉，到了审判阶段，一般来讲律师不会被解聘。你们知道这是为什么吗？就是因为我们多数律师还停留在刑事辩护就是办案，让案件保证正确这样一种思维模式上。办案子谁不会啊？我们一个刑事案件办过来，有公安，有检察，有审判人员，他们那么多年专门就办理刑事案件，能比你不专业？能把案子办错的概率有多大？杀进来一个程咬金，案子就正确了？你看卷看得过法官吗？你的证据审查严格过公诉人吗？我觉得我们律师不能吹这个牛。你刚刚给人家搞完离婚案子，回来就说我认为他无罪，凭什么呀？我们的专业化程度，这种专业的细分化，律师界至少还没有达到公检法机关的水平。

咱们的检察院搞公诉的就专门搞公诉，还只搞某一类案件，律师干得了吗？我们的律师还没专业到这种程度。所以说这个时候我们按照《刑事诉讼法》，狭隘地理解为辩护人的责任就是提出被告人、犯罪嫌疑人无罪、罪轻、免予刑事处罚或者减轻处罚的材料和意见就完了，全是实体上的。

办案实际上我们律师不是长项，律师刑事辩护，我们要重新理解它，它是一种服务，它要让每个被追诉的人在整个追诉的过程当中，减少或免于恐惧，让他内心觉得安宁，让他们的家属，就是当事人在面临刑事追诉的时候，有一种力量，这种力量让他感觉到信任和安全，这种安全尽可能让他和他家人免于恐惧和不安，这就是律师。而这些东西全面存在于律师程序辩护和无微不至的刑事服务上，这就是我个人对刑事辩护价值的一种重新的评判。所以说这样理解的话，你就知道律师并不是多么伟大和神圣的职业了。别听那些人忽悠你，你就是一个律师，一个法律工匠，你就是一个服务人员，来了案子，把它办好得了。别人一给你戴高帽，你就有点想翘辫子。曾经有一个当事人跟我聊了半天，然后问这个案子能不能接，我说："这个案子可以啊，没问题，能接，这个案子确实有问题，你去找我们所的行政去，和他们讨论收费的问题吧。"然后当事人说："张律师还要收费啊？"我说："对啊。""哎哟，他们都说你是一个很正义的律师。"我说"你少听他们说，我一点儿正义都没有，我就是赚钱的。不收费不干，那些都是撒谎。"所以说给你戴一个高帽子有什么意义吗？实际是服务，你让被追诉的人通过你的辩护，这种辩护包括会见，对家属的安慰，对他们的心理安抚，包括你对程序上每个权利的较真和认真对待，让他感觉到有这么一个强大的律师在支撑着他,那将来不管什么样的结果,他都会满意的。所以说这种重新的评判,我们要重新来解读一下《律师法》第2条所规定的内容,《律师法》第2条规定,律师应当维护当事人的合法权益,维护法律的正确实施,维护社会公平正义。

这是一个刺激的过程。你不能说是为了维护社会正义而办案,也不是为了维护法律正确实施办案,你肯定是为了维护当事人的合法权益办案。因为你是为了维护当事人的合法权益来办案,认真地去办这个案件,所以说你就促进了,至少在这个案件过程当中促进了法律的正确实施。类似的案件越来越多,社会公平正义自然显现,就是这个概念。你拿着那套东西来说这套东西是不对的,这就是我们律师刑事辩护的价值所在,就是要办案,做一个法律工匠,做一个庸俗的律师,这个问题非常重要。感谢大家!

朱明勇 浙江张氏叔侄案辩护律师，中国案例法学研究会常务理事，中国政法大学刑事辩护研究中心主任，中国政法大学刑事法律援助研究中心研究员，中国政法大学刑辩研究会首席顾问。清华大学出版社出版的其著作《无罪辩护》获评"2015年度最畅销法律作品奖"。朱明勇律师还办理了河南马廷新灭门血案（无罪释放）、贵阳小河黎崇刚组织领导黑社会性质组织案（无罪释放）、安徽张虎故意杀人案（无罪释放）、福建司法局长黄政耀贪污案（无罪释放）等一系列具有重大影响的经典刑事辩护案件。

06 朱明勇
职务犯罪案件辩护的问题与突破

为什么今天我们要讲这个主题呢？是因为职务犯罪这两三年在全国各地出来的比较多，难度也比较大，涉案官员的级别也很高。原来我们刚开始做律师的时候，如果一年能碰到一起副处级以上干部的职务犯罪案件，就觉得是一个不得了的案件。现在的状况是我们好像已经不把处级干部放在眼里了，就觉得处级干部有什么好辩护的，案子又不大，级别又不高，影响也不深远，往往在法庭上认个错，悔个罪，不行眼泪流多一点，基本就过去了，不需要什么辩护。很多律师同行实际上是有这个感触的，觉得职务犯罪案件没有什么可以辩的。

一、职务犯罪案件的概念

作为专业的刑事辩护律师，从业务范围的划分来看，职务犯罪案件的辩护应该是一个相当重要的组成部分。这个相当重要的组成部分至少有两方面的概念：一方面，它是国家大的形势，国家要反腐，抓的干部多，这些干部首先是一个人，是人就有受我们国家法律保护的基本权利，《刑事诉讼法》第1条就说打击犯罪，保障人权。怎么样去保护？谁去保护？首先应该想到的就是律师，刑辩律师。另一方面，如果这些人得不到有效的辩护，他们的影响往往比我们常见的农民工打架，或者盗窃案件对整个社会的影响深远得多。一个职务犯罪案件，比如这个人是一个县长或县委书记，全县人民都会关注；如果案件涉及当地的一些工程项目，大家也会关注；涉及官员的口碑和社会评价，也会关注。同时这些官员由于自身的地位和长期的工作形成的这种社会人脉资源关系，使得他的家庭、家族乃至朋友圈都会受到关注。所以这类案件处理得公正还是不公正，实际上影响力更大，范围更广。从国家层面来看，如果说一个案件处理得公正，它的影响力自然是良性的，如果不公正，它的影响力则是破坏性的，而且这种破坏性会很大。所以我们不是从级别和人性的歧视来看农民工和职务犯罪，而是从客观上的影响力和人脉资源以及辐射的范围来看的，职务犯罪的影响力的确要更大。

作为一个法律人，我们站在历史的背景下来看目前这两三年，我觉得这是值得我们关注的一个阶段。年龄大一点的同行可能还知道"83严打""96严打",像呼格吉勒图案、聂树斌案、赵作海案、佘祥林案基本上都是发生在二次严打期间。现在我们反观这些案件,发现当时没有证据意识,没有人权保障意识,导致冤假错案非常之多。这是已经曝光出来的,已经受到媒体广泛关注的,得以平反的或者即将可能会平反的一些案件,实际上还有大量的冤假错案没有办法平反。

大概在上个月,我去山西太原,那里发生了一个案件,可能有的朋友会在网上看到,就是山西"枪下留人"的那个冤案。1997年的案子,被告人被抓进去以后,一审判死刑,然后上诉,二审维持原判,二审维持原判时既没有律师,也没有开庭。我们应该注意这是在1997年,也就是我们上一个版本的《刑事诉讼法》实施以后出现的情况。即便是1979《刑事诉讼法》也规定,判处死刑的案件被告人如果没有律师的,应当为其指定,但是山西省高院居然就不给这个一审已经被判了死刑的被告人指定辩护律师,结果二审维持了原判,并且维持的裁定同时进行了死刑核准。2007年死刑核准权才全部收回到最高人民法院。

那一天要枪毙12个人,我这个当事人是第一个,因为他是典型的故意杀人,跟聂树斌案类似。现在他没有死有很多的偶然因素,为什么说是偶然因素呢?聂树斌为什么死了呢?呼格吉勒图为什么死了呢?我发现他们的年龄都比较轻,19岁、20岁,性格胆小,没有社会阅历,体力也不行。我这个当事人就是身体好,他是一个木匠,常年在外面干活,30岁了,所以他在拼命地喊冤。明天早上要枪毙,前一天晚上,依中国的传统,会给他吃一顿好的。枪毙的时候,把他作为12个人里面的第一个,脖子上插一个标杆,当地的说法叫"扛大旗",就是扛大旗的第一名要被枪毙的。拉到刑场,跪下,他在那里喊"冤枉、冤枉",武警把他按到地上，脖子上勒了一根绳子，不让他喊。然后执行命令，上膛，开枪，十一枪，他这一枪没打响，院长就说这个家伙可能有点冤，拉回去，拉回去后三天没起来。因为执行死刑之前要打一针封闭针，封闭针的作用就是打了之后止疼，比如押解过程当中，或者勒脖子时，被执行人会感受不到疼痛。

过了几年，2001年高院给他改判死缓，之后，他就跟原来我办那个张氏叔侄案一模一样，在监狱里面不服从管教，也不要求减刑。坚持了多长时间呢？坚持到今天为止，所以他实际上在监狱里边已经待了19年半，快20年了。他现在的刑期你们猜猜还是多少？还是无期，他减刑就减了一次，从死缓减到无期。后来他不要求减刑了，也不愿意减，天天申诉，申诉材料写了一麻袋。检察官给我看他写的那个申诉材料名单，寄到哪些单位的那个表就好几张。像这样的案件，你说他冤不冤呢？我跟他聊了一上午，发现这案子简直是奇冤，死的人是谁他都不知道，哪个地方是凶杀现场他也不知道，警察也没有带他去指认现场。凶杀案有一个最基本的，任何一个案件都必备的，就是指认现场。其实我并不知道警察没有带他去指认，我只是根据我的判断，问了几个应该关心的问题。我说："当时指认现场是什么情况？"他说："什么指认现场？"我说："警察有没有把你拉到说你杀人那个地方？"他说："没有啊，从来没有去过。"他说他没有指认现场，警察也说不是他杀的，我说："警察怎么说不是你杀的呢？"他说："当时过年那一天警察把我放到地下室里边刑讯逼供，然后有一个女警察端了一碗饺子来说，今天过年了，给我吃一碗饺子，好好交代。我问交代什么，她说杀人，我说我没杀人，几个警察也没法做笔录。这时候局长来了，问今天有进展吗，警察说我不承认，怎么都不招，也没有细节。局长就跟那几个警察说了一句话,说那不是我干的,就是他们干的。那警察就没办法了,只好说是我干的。最后稀里糊涂我就承认是我干的,细节都没有。"这个案子一直拖到现在。

后来省检察院发现问题,给省高院提出再审建议。结果省高院不理。这个人在监狱里面待了 10 年,才能够生活自理。他是三天以后醒过来的,之后 10 年实际上是站不起来的,经过 10 年的顽强坚持,10 年以后站起来了。我去会见他的时间是上个月,夏至的那一天,他穿着棉袄,拄着一根拐杖。由于这个案子好多年以前有两个申诉代理律师,没有解除委托,所以我也就没有获得委托权限,这个案子也就搁置了。

但是我们回观职务犯罪案件会发现,职务犯罪案件现在的问题,将来会更加严重。它不像这种案件将来有可能真凶出现,有可能亡者归来,像赵作海、佘祥林都是典型的亡者归来的案件。还有更多的是真凶出现的,像杜培武案。像这种职务犯罪案件将来怎么办呢?

这里面出现的问题是这些人到底需不需要辩护?谁去给他们辩护?怎样给他们辩护?特别是在当下这种背景条件下,怎样进行有效的辩护?经过不停的思索与研究,我们发现还是有工作可以做的。

二、职务犯罪案件的背景

现在第一个大的背景是中央高压反腐。反腐,必然是通过法律的程序和司法的手段来进行的。十八届三中全会明确提出了依法治国,最近一次习主席在第 25 次深改组会议上也强调以审判为中心。7 月 29 日,中央政法委又开会提出来,继续强化以审判为中心的司法改革。这是一种高压反腐的背景,我们必须要找到一条能够在现在这种背景之下,又在法治框架之内的有效辩护途径,这就是比较困难的。

当下反腐的基本模式是什么?说到这里,我们引进一个刑事诉讼法当中的概念,叫立案。刑事诉讼法当中所讲的侦查立案,是刑事诉讼的第一个环节。立案必须具备两个条件,第一个条件是有犯罪事实发生,第二个条件是有需要被追究刑事责任的人。

但是反腐案件,职务犯罪案件,在一些地方往往不是因为发生了一起刑事案件,也不是因为发现了这起刑事案件有需要被追究刑事责任的某一个人而启动的刑事侦查。它可能是因为地方的某一个领导说,这个人有点不顺眼,上次不听他的话,先双规,抓起来。因为什么抓起来呢?因为涉嫌违纪。什么叫违纪呢?如果稍微宽泛一点来讲,上班迟到就叫违纪,早退也叫违纪,在办公室里面说的话跟党中央不一致也叫违纪,更不用说贪腐行为、作风问题,还有家属子女经商,个人问题没有申报,该上缴的护照没有上缴,这都是违纪问题,但是这些问题看起来跟犯罪还是有一定距离的。你说我迟到就是犯罪吗?但是他可以说你是违纪,违纪就需要调查,调查就可以启用双规,双规就可以把你长时间限制在一个规定的地点,双规的全称叫作在规定的时间和规定的地点,交代问题。

三、双规的界定

双规到底是什么?很多人觉得双规就是一种模糊的概念,觉得纪委对你进行双规,不需要进入司法考察的程序。我们很多律师在刑事辩护的时候也会在法庭上说,我们要启动非法证据排除,法院就说你排除的证据和线索是什么呢?他在双规期间不让睡觉,长时间限制体位,还有威胁恐吓等等。法院往往会说一句话，这些问题就不要提了啊；公诉人也会说，我们向法院提交的证据都是我们检察机关在侦查后面介入案件调查以后所取得的证据，提交给法院的就没有你说的那些东西。所以这又出现一个问题，没有办法去求解。

双规跟刑事侦查手段之间到底是什么样的关系？有学者从《刑事诉讼法》第54条、第55条这些规定当中延伸出来一个概念，认为双规是纪委实施的一项调查措施，纪委跟监察机关是合署办公，监察机关又属于政府的行政部门，行政部门适用的是《行政监察法》。行政监察机关的工作人员同时又是纪委的工作人员，他在依照《行政监察法》执行公务并进行调查的时候，所取得的那些证据，所使用的那些手段，也应该纳入刑事审查的范畴。因为《刑事诉讼法》规定，行政执法部门在执法过程当中所取得的那些证据也可以当成刑事案件的证据来使用。但是这个理解我认为并不符合刑诉法立法的本意。它的本意应该指的是什么呢？指的是像工商局、税务局这些行政执法部门在行政执法过程当中，比如说调查取证所取得的那些材料，移送给刑事犯罪部门以后，刑事侦查部门把那些材料当成相应的一些证据来使用。

但是这样并不解决问题，最后还会归结到一点，法官说你说是纪委也好，是检察院还是行政监察部门也好，但是我们没有见到案卷里面有他们的证据，你不是要排除他们搞的证据吗，这里没有。因此我们可以考虑有没有一种更科学的方法来阐述他们之间的内在联系。

我在给南昌大学校长周文斌辩护的时候就涉及这样一个问题。针对检察院提交给法院的被告人的庭前有罪供述，检察院说是侦查部门依法讯问所取得的，那么提交给法庭的这一堆讯问笔录都是打印出来的，也即是他们的工作人员在讯问过程当中做的记录，再打印出来的，这个逻辑没错吧？如果是他们工作人员在讯问过程当中所做的记录，那电脑里一定有电子版，接下来就出现第一个问题，电脑里的电子版和今天提交给法院的这个打印版是一样的吗？多半公诉人会说是一样的。第二个问题，电子版是如实讯问的记录吗？他肯定说是。那如果电子版是如实讯问的记录，根据最高检的规定，对职务犯罪的犯罪嫌疑人进行讯问的时候，不是要有同步的录音录像吗？能不能把同步录音录像拿出来核对一下？讯问的时间和做的笔录是一致的吗？我们往往会发现有几处不一致，就是问的问题和他记的问题不一样，被讯问人答的问题和他记的答案也不一样，所以我有一个当事人就讲了"两个少于"，就是记的明显少于答的，记的也明显少于问的。

我们通常的做法，是申请调取、查阅讯问的同步录音录像，再去比对所做的笔录。我们比较下功夫的做法是让速记员把同步录音录像记录下来，把他问的每一句话打印出来，把我们这个打印出来的讯问笔录和检察院提交给法院的笔录比对，这时往往会有关键的内容不一样。被告人否认的，他没有记；被告人提出程序上对方有违法的，他没有记；被告人作出合理辩解的，他没有记；被告人提出能够证明自己无罪、罪轻的线索或证据的，他没有记。记下来的基本上都是被告人交代自己有罪的内容，而且有些被告人交代自己有罪时，马上就进行了很详细的辩解，详细的辩解这一部分也没有记，所以我们作出这样一个比对，就可以在另外一个版本中提炼出来，检察机关提交给人民法院的讯问笔录和真实讯问的内容差异在哪里，把主要的找出来。

被告人曾经做了无罪的辩解，是什么内容没记，被告人曾经提出了还有什么证据和线索可以证明他是无罪、罪轻的，也没有记，还有被告人说受到刑讯逼供、威胁恐吓、引诱，也没有记，那不就是程序上、实体上的问题都出来了嘛，但是也不一定能够解决问题。还有一些公诉人说根据最高人民检察院的规定，讯问的同步录音录像是对他们工作的要求，录像并不是证据，而他们提交给法院的证据就是他们认为需要提交给法院的证据，录像他们不提交。很多地方也出现了这种情况，你说录像有问题，他就不提交。不提交你有办法解决吗？没办法，你只能去跟法院要求。

当笔录和录像出现这种问题的时候，南昌大学校长周文斌也给我们提供了一个比较好的辩护思路。周文斌是学工科的，工科的博士，还是博士生导师，是俄罗斯工程院的院士。他在法庭上的质证有理有力有节，娓娓道来，用一副学者搞学术研究的方式来为自己辩解。他对这个笔录是这样解释的，他说你不是有电子版吗，电子版才可以打印出来纸质版，但是我要提出质疑的是，这个打印版本并不是我说的，也不是来源于你们现场打印的那个电子版，那是来源于什么呢？来源于纪委当时给我做的笔录，而纪委对我进行了长时间的刑讯逼供，形成的笔录应该是非法证据吧？是，但是你说案卷里面没有。我现在要提出的线索是，检察院这个电子版的记录就是纪委电子版记录拷贝过来的。如果不相信，我们请求法院把检察院提交给法院的那个笔录原始的电子版拿到法庭上来，我可以通过技术手段找到这一份电子版本第一次形成的时间。尽管上面写的是 2012 年 1 月 1 日，但其实它是 2011 年 10 月 1 日，是两个月以前在纪委双规期间形成的。任何电子文件第一次生成的时候都有一个内部的 DNA 信息，出生密码，表明了它第一次形成的时间，然后有第一次修改的时间，第二次修改的时间，第三次修改的时间，最后一次修改的时间，我们就可以证明所谓我在检察机关讯问的时候作出的诚实的有罪的供述是真实的这个说法是假的。

后来我们又跟法官解释，这一条足以证明这个笔录是真实的讯问笔录还是假的笔录，技术手段可以做到。

当然基层很多办案人员不去琢磨这个问题，他们不是电脑高手，也不会去请教电子证据的专家。难的是在我们提出这种非常合理的质疑之后，没有人理你，法院不管。这是一种办法，那另外还有什么情形呢？还有一种情形也是来源于我这个当事人周文斌。我们沟通的时候，他说这个笔录全是假的，检察院基本上没有讯问他，他们是直接拷贝过来的。我说："你确定是拷贝过来的吗？还是说他们仅仅参考了原来的笔录？"他说："我可以肯定地说，就是完全拷贝过来的，我都看到他们拿优盘拷到电脑里，然后现场就改了，把那个讯问人、时间、地点改改，就变成他们的笔录了。"最后他跟我交流的时候，我们突然又想到一个问题，因为周文斌是大学校长，我原来也当过好多年大学老师。他说他们大学给学生做论文答辩的时候，有一个前置程序叫查重，就是要检查一下毕业生写的论文是不是抄的。怎么鉴定是抄的呢？有一个软件，把学生写的论文输入到电脑里，软件一查，就发现这篇文章可能是抄的。

这里面就出现一个新的问题，同样的一个事实，两个人在不同的时间、不同的地点对一个人进行讯问，问话的时间、地点、顺序、回答的方式以及记录的内容，不可能是一模一样的。即便内容是一模一样的，观点是一模一样的，按照我们查重的说法，至少也不能超过30%一样，否则就是抄袭嘛。

周文斌讲："审判长，公诉人如果说他们这个证据不是抄纪委的那些讯问笔录，我们就把纪委的笔录拿来，检察院的笔录拿来，输入到电脑里面去比对查重，20%、30%就是不合格，视为是抄袭的。"审判长也听不懂什么叫查重，我们跟他慢慢解释，说抄的一样的，电脑可以查出来，大概是这么一个意思。结果审判长也不搭理我们。但是我们分析这样一种方法其实是有道理的。测谎，你觉得有点玄乎，跟人的主观性联系比较大，查重是电脑根据排版的顺序、记录的语法、标点符号的使用，它是由技术指标得出来的。当然这也启发了我们一种思路，就是假的毕竟是假的。刑事侦查学里面有一句经典的话叫任何犯罪都会留下蛛丝马迹，可能是当时的侦查条件、技术手段和办案人员的智商不够，没有查到，如果说真的实施了犯罪，一定有蛛丝马迹是可以查得出来的。

但是他不启动非法证据排除这种调查，你也很难有办法去解决这样的问题。接下来的问题是什么呢？为什么你在双规的时候承认自己有罪呢？你双规的时候不承认不行吗？或者你觉得你是冤枉的，你作出合理的辩解或解释不行吗？这又涉及接下来第三个问题，就是非法证据到底是从什么时候形成的？什么叫非法证据？目前职务犯罪非法证据的特点是什么？

为什么在双规的时候他会交代呢？我们遇到的职务犯罪的当事人几乎每个人都会讲一点，双规的时候没办法。什么叫没办法？说具体一点，就是不让睡觉，不打你，也不骂你。连续不睡觉，往往会导致人的精神崩溃，那是很难想象的那种难受，年龄大的人可能会有感受，传统中医里有一个说法叫"一夜不睡，三宿难补"。根据我接触的案件，基本上3~7天的时间不睡觉，一般的官员都会老老实实交代了，有得交代，没有也得交代。

南昌大学周文斌这个案件也出现了这样的问题，先抓三个包工头，给他们定的任务是每人两百万。有一个香港老板是香港居民身份，既不是中共党员，又不是国家工作人员，纪委把他也双规了。每个人两百万,说给周文斌送礼,没送,没送不可能,为什么不可能?哪有包工头不给老板、给领导送礼的,你搞工程,不送礼,工程会给你搞?这老板就说:"领导啊,你们不懂,这可不是我到他这里来包工程,是江西省政府到香港去招商引资,周文斌那个嘴太会说了,把我给骗来的。可不是我主动找他来,是他把我骗来的。"为什么呢?南昌大学要建新校区,投资几十个亿,他只有三千万,那周文斌能力确实强,三千万能够撬动三十个亿的资金,把南昌大学建成当时全国新校区建设的典范,本部四千多亩。

周文斌也在辩解说:"他怎么可能给我行贿呢?他自己花钱自己建,建完了之后他自己经营,又不是说需要我给钱。"但是我估计办案人也没有经验,因为办案不是说你有法律知识就行了,其实很多办案人员没有法律知识,他抽调的很多是基层的工作人员,更不要说有这种经济学的知识,财务学的知识,建筑学的知识,什么都不懂。

口供有了还不行,行贿一百万,还得有证据,你怎么行贿一百万的?自己找证据。不是检察院的人去调查证据,也不是纪委的人去调查,让当事人自己去找,这不叫自证其罪嘛,因为行贿也是犯罪。他就去想了一个很好的办法,取钱得有支票,送钱,开支掉,这个钱在公司账上得有记录,那就去银行买支票,2014年的时候,他跑到香港汇丰银行去买了两本空白支票。香港银行的支票跟内地银行的现金支票不一样,内地银行的现金支票谁买都可以拿来用,你在银行里边留有你法定代表人的印件和公司的印件,开出来就可以用。香港的现金支票是谁申请的,那个支票就是给谁专制的,支票上有你这个公司或者个人申请的名字。所以他申请买两本支票,香港汇丰银行就说可以,我们给你制作两本现金支票。两本支票的封面上英文写的是2014年7月28日制作，他没办法，只好在里面撕掉一张存根，上面填写2003年67万港币，兑换大概50万人民币，然后又填了一张2007年，说港币的汇率也变化了，又算了一下，大概是五十几万港币，对应的是相当于人民币50万，又搞了一张存根。

他把支票拿来交给检察院，说是他们公司的支票存根，2003年一张，50万人民币，给周文斌了。2007年这一张也是兑换成50万人民币给周文斌了，这就凑齐了100万。检察院说这个不错，但这个仅仅是证人取钱的记录，并不能证明送给周文斌了，最好还得有什么公司里边的证明。结果他说那还得找公司相关的证据，他又跑回香港，在香港街上那个文具店里边买了一本记账凭证。香港的记账凭证跟内地的记账凭证也不一样，内地记账凭证往往前面就叫记账凭证，后面会贴上各种发票报销的，一般这个东西在财务上叫传票，一本传票，就跟法院的"传票"两个字是一样的。

他也必须得制造出来一本公司财务账上确实支出了这笔钱给周文斌行贿的记录，所以他就必须去买那个记账凭证。因为这个人本身也不是会计出身，更不懂香港的会计到底怎么运作，就到文具店说要买几张记账凭证，人家文具店看他也不是一个会计，就随便给了他一本。他买了，撕了两张，拿回江西南昌，找他在南昌当地聘请的一个小会计，让他在这两张凭证上填上支取了50万各一次，一共100万。然后在凭证上面又特别注明，此款用于行贿周文斌。搞出这样的证据提交给检察院，检察院交给法院，开庭的时候就把这当成证据了。

我们调查发现这个问题之后，就跑去香港查到汇丰银行卖他的支票是2014年卖的，他填到里边一个2003年，一个2007年。

第一个搞笑的事情是什么呢？就是记账凭证，他的记账凭证我一看全是英文的，那个英文叫 Transfer voucher, 就是转账凭证。转账凭证是什么意思呢？香港的凭证跟内地的凭证不同，内地的一般都叫记账凭证，香港的凭证把转账叫转账凭证，支取叫支取凭证，收入叫收入凭证，有三种不同的凭证，而且都是英文记载的。这个凭证当中，用转账凭证记载的是现金支取的内容。第二个笑话，上面所有英文单词对应下边填写的内容，只要是英文对应的，全是错的，连时间都填错了，英文的时间下面写的是那个科目，英文的科目下面写的是一个明细，明细的下面记载的是一组数字，下面的会计复核，制单全是错的。这说明什么问题呢？填这个表的人不认识英文，不是一般的不认识英文，至少来说，对财务上相关的这些词汇是完全不懂的。再有就是，后边写的是支取港币，但是他前面用的是人民币的符号。港币是什么呢？港币是一个美元的符号。人民币前面写什么呢？少一横那个羊字。香港人记账怎么可能把港币记成一个羊的符号呢？这说明是内地的会计记的。还有另外一个问题，这是一个英文的记账凭证，香港的会计都是用英文记账的，即便用中文记账，香港也是用繁体字，那上边所有的汉字全是简体字。最后还有一个更有意思的问题，那个现金支票的存根不是港币 67 万吗，说兑换成人民币是 50 万，但是这上面又直接变成了是人民币。记账必须是港币对应港币才能账上吻合。依据香港金融管理局的规定，香港居民要想用港币兑换人民币，它是有额度的。额度是多少呢？额度一天是两万块钱，要连续换 50 天才可以换出 100 万的人民币，怎么实现的呢？而且这个证人在检察院还有一份证据，检察院也发现了，港币怎么又送成人民币了？他说香港的银行是这样的，他取的是港币，但是取的时候他说他要人民币，银行就给了他人民币。那这岂不就是说香港的银行对这个外汇监管已经没有了吗？他又强调是他自己一个人去拿的，他跟银行说他要人民币，银行就给了他人民币。接下来还有问题，他在香港银行取出来的是人民币，人民币怎么带进大陆呢？人民币带进大陆，限额是不得超过一万元。过海关时带的外币超过了一万元，那是一种犯罪行为。

开庭的时候，我们把这些一一揭示给法庭看。所以后来出现了一个故事，南昌中院的审判长，又是他们法院主管刑事的副院长，同时也是审判委员会的委员，叫谭乔木，他是南昌中级人民法院唯一的一名刑法学博士，是赵秉志老师的博士生。我说："审判长，你看看这上面的英文单词，这是转账凭证啊，怎么记载的是支取凭证，而且还拿来指控呢？"审判长看看公诉人，公诉人头一低，不说话。这是典型的伪证，已经有客观证据证明它是一个伪证。但是公诉人同样是诉讼参与人，你向法庭提供这样的伪证，而且是要证明一个大学校长犯罪，100万，《刑法修正案（九）》之前，还是可以判10年以上到死刑的。你们检察机关把这样的伪证交给法院来指控犯罪，是伪证罪还是诬告陷害还是徇私枉法呢？最后，鉴于本案控辩双方争议较大，相关证据无法当庭核实，法院将在休庭以后，合议庭进行评议，一并判断证据是否采信。最后判决结果，把这个100万去掉50万，认定50万，这是南昌市中级人民法院的一审判决。

现在这个案子在江西省高级人民法院二审，我上次去找他们那个二审的庭长，像刚才这样给他讲了一个故事。他一听，也傻眼了，他都不知道。所以有时候你不要以为司法官员都有一颗天然的同情心和正义感。那个案子在当地影响那么大，印象中周文斌这个人太能狡辩了，水平很高，辩护水平也很高，听说他在法庭上用英语去羞辱公诉人，说公诉人证据都是垃圾，他说就像他们科学研究当中有一句话叫作"rubbish in rubbish out",就是"垃圾进去,垃圾出来",你用垃圾证据输入一个模型,最后出来的结论就是垃圾,也就是你的原始数据是不准确的,最后出来的结论一定是错误的。周文斌把这个演化成,你的证据是非法的,放到刑事诉讼过程当中来,最终形成的裁判结果一定是错误的。

其实这个已经不是有没有道理的问题了,而是我们已经查到了铁证,证明就是假的。所以刑事辩护在职务犯罪当中,质证异常地艰难,我们只能够做到这种程度。

再说另外一个问题,就是证人出庭作证。大家一定还有印象,几个月之前,四川阆中农民工大会,这是今年第一起案件。接着我这里一个案件出庭的五个证人全被抓,紧接着四川的两名律师调查了九名证人,做了笔录,两名律师被抓,再接着,四川一个县法院的法官在一个案件已经作出判决结果的情况下,领导要求他暂时不要宣判,等请示有关部门之后再说,这个法官没有听领导的这个招呼,该宣判就宣判了,结果这个法官被调至行政机构。

中央在去年到今年至少有两次明确的要求,包括最高检、最高法内部也发了文件要求,对领导干部干预司法个案,打招呼、瞎指挥,打听情况,要全程留痕,记录在案,不记录的也有问题。在这样一种背景下,泸州市委书记居然敢在一个市委全会上说证人作伪证,法院还没有审查完毕的案件,你是参与侦查起诉了还是审判了?旁听席上也没有你,你怎么就知道他作伪证呢?他作伪证,法院也得有一个审查判断的过程啊。他要求公安局抓人,公安局也不知道是伪证就去抓,所以这样的情况是极端恶劣的反法治事件。

我们综合的这四个案件同时发生在四川,仅仅半年时间,我们应该感觉到依法治国在很多地区阻力很大。有一些地方官员特别是一把手往往根本没有把法治，甚至都不把中央的精神放在心上。这是一件很可怕的事情。所以我们对这样一种行为必须进行彻底的揭露和批判。

当然这是涉及一起职务犯罪案件，也许他觉得这是反腐案件，反腐案件不也是一个案件吗？不也是要走刑事审判这个途径吗？刑事审判不还是要按照《刑事诉讼法》的规定来进行吗？既然纳入法治轨道，不就要求必须依法进行吗？怎么样依法进行呢？职务犯罪案件里面最典型的问题就是大家对双规是模糊的，不知道什么叫双规，双规的边界在哪里。我之前就在纪委上班，我也双规过好多人。

我印象比较深的就是我在上研究生之前进行的一次双规，双规的是我们当时一个林业局的执法大队队长，说他滥收费，敲诈勒索什么的。那时候领导觉得我年轻，就让我去看着他。那个时候，第一，双规是由办案人直接看着，不是请外边的人，请非纪委的工作人员，或者甚至都不是国家工作人员来看着。第二，我们陪同他，陪吃陪睡，在宾馆里，他睡一张床，我睡一张床，就是防止他跑掉，他也不跑，因为双规是针对违纪进行的调查，违纪就意味着他是违反纪律，违反党纪政纪的。严格来讲，违反党纪政纪，还没有到犯罪的那个界限，根据相关的法律和政策规定，达到犯罪的标准的时候，就要及时移送司法机关。没有移送，只是双规，就表明只是违纪，违纪可能不会判刑，至少就说可能工作是能保得住的，因为最严重的就是开除嘛，中间有警告、记过、记大过、撤职、降职、开除党籍、开除公职，一级一级的。所以仅仅是违纪调查，一般不会说有很严重的后果。

那么双规到底应该怎么界定呢？我在纪委上班的时候，其实也在思考这个问题，就是从法律的角度看，双规到底是个什么措施？当事人是违纪，没有违法犯罪，至少是没有到犯罪那个程度，对他采取的措施一定比对犯罪采取的措施要轻一点，对犯罪的强制措施有五种，拘传、取保候审、监视居住、拘留、逮捕，这五种强制措施我印象中非常清楚，我讲课往往会画一个阶梯，就是强制程度从低到高，一级比一级高。拘传是最低的，逮捕是最高的，所以拘留可以把人关在看守所里，逮捕可以关在看守所里，也就是到后边两个强制措施的时候，才可以把人放在羁押场所，剥夺人身自由。五种强制措施分为两部分，前面三种叫限制人身自由，拘传，限制12个小时；取保候审，在辖区县市范围之内自由活动，不受干扰，只是不准去作伪证，串供，妨害证人作证等；监视居住，理论上要求不得离开所监视居住的那个房子，这叫一定范围的限制人身自由。后面两种拘留和逮捕，就是剥夺了人身自由，关至看守所。

我们说这是刑事诉讼的强制措施，那没有达到刑事诉讼，没有达到涉嫌犯罪的，理论上应该要轻于，至少说要轻于刑事拘留。所以在这种情况下，就有一个双规，还有一种说法叫双指，其实是一个概念。双指指的是行政监察机关根据《行政监察法》的规定，对涉嫌违纪的行政工作人员，要求他在指定时间和指定地点交代问题，接受调查的一种措施。双指跟双规就是两个字不同，一个是规定时间、规定地点，一个是指定时间、指定地点；一个是对行政机关的工作人员，一个是对党员及党的领导干部。有相当一大部分人身份是重合的，既是党员，又是行政机关工作人员，如果你不是党员，是国家工作人员，给你双指，如果你既是党员，又是国家工作人员，一般就给你搞一个双规。

这样一种情况下，我们就要考量双规的强制措施不应该强于刑事拘留。不应该强于刑事拘留有一个标准的判断，就是地点是在羁押场所还是羁押场所以外的其他场所。双规肯定是在羁押场所以外的其他场所，那其他场所能不能长时间限制人身自由？那就引申到一个概念，什么叫长时间？我们结合拘传是12个小时，不得连续拘传的形式，基本上认为长时间是12个小时。还有一种司法解释是说拘传12个小时，如果可能需要拘留逮捕的，可以延长至24个小时。那我们也再放大一倍，一般不超过24个小时，因为超过24个小时就是拘传当中比较严重的一种情形了。所以这样分析完之后，我们得到的结论应该是双规不应该超过24个小时，而且地点不应该是羁押地点。

那你说不超过24个小时，不能够达到我们办案需要调查清楚的时间，也没问题啊，你不是要求在规定时间和规定地点嘛，今天搞不完，明天继续。所以我们就在研究什么叫规定时间和规定地点。我当时提出了一个概念：规定时间应当理解为是工作时间，规定地点应当理解为是工作地点。那这样分析下来，得到的结论应该是什么呢？就是说对你进行双规，就是我要求你在规定时间、规定地点接受调查，明天上午8：30上班，你到纪委办公室调查室来，我们就谈话，了解情况，12点下班，回家吃饭，下午2：30上班，再来，下午5：30下班，回去，明天早上再来。我觉得这样可能比较符合我们从字面意义上理解双规，以及结合刑诉法和纪律条例衔接起来的一种分析得出的结果。

但现在的实际情况不是这样的，双规之后，短则几天，长则几个月，甚至更长，自由是被剥夺的，被限制在一个地区。这个地区是不是羁押场所呢？那我们又要研究什么叫羁押场所。羁押场所一般认为是由警察武装力量看守的场所，但是这个双规地点你要认为是羁押场所，那里没有警察，也没有看守所的人。就像原来重庆打黑,王立军搞了一个创新,他抓了人,看守所里关不下了,就在外边搞一个农家乐,关到那里边。关到那里边按说也是违法的,要么关在看守所,要么到公安机关的办公场所去讯问,要么就取保候审。结果王立军在这个农家乐门口挂了个牌子,看守所的第二监区、第三监区,就变成看守所了,里边既没有看守所的警察,也没有检察院驻看守所的检察官,只有武警,所以这个肯定不是一种合法的做法,后来实践证明那种做法也酿成了很多问题。

现在因为涉及职务犯罪调查,可能很多人没有仔细去研究中纪委对双规到底有什么样的一些规范性文件。我们发现其实中纪委对纪检机关在办理违纪案件的时候是有很严格的要求的,并不是像有些地区天高皇帝远,为所欲为。中纪委有一系列的关于纪检机关办案的规范性要求,甚至包括中央办公厅也有类似的规定,而且规定里边,事实上不停地或者逐渐地体现出来一种强化法治化的轨道。

这里边我简单给大家介绍一下,涉及中纪委办案的有这样几个规定,比较早期的,从 1998 年中纪委就有查处纪律案件的一个规范,而且还有一个详细的细则。那个里边第 28 条就提到了,可以要求被调查人员在规定的时间和规定的地点接受调查,但这是一个比较模糊的说法。接下来《行政监察法》颁布实施了,双指等于在法律上就固定化了。双指在法律上有了,双规在中纪委的文件上就有了。后来还有一个,比如说 2001 年 9 月 28 日,中纪委又颁发了一个《关于进一步规范使用"两规"措施的通知》,专门针对怎样进行两规,比较典型的在这里面就提到了一个细节,必须是对党员才可以实施,像刚才我说的香港老板,那些农民工的包工头,没有一个是党员身份,也没有一个是国家工作人员身份，但是都被双规了，最低的是三十几天，最多的是六十多天。原来湖南郴州有一个纪委书记叫曾景春，他就是喜欢用双规措施来打击报复一些干部，经常把农民工双规，后来这个人被判死刑了。

这个措施，我们这时候再给它放大，我们不管这个措施是否科学，是否过于不规范，首先它的对象是明确的，党员才可以。农民工、港澳台身份或者外籍人员被双规，肯定是不合适的。另外还有一些技术规范，比如说要求必须在平房，或者是楼房里边的一楼，而不允许在二楼以上的地方，防止跳楼，这样的规定是经过研究和考虑的。

2005年，中央纪委办公厅和中共中央办公厅又联合发了一个文件，叫《关于完善查办案件协调机制，进一步改进和规范"两规"措施的意见》。这个文件里边强调了保障人身权，人身权也是人权的一个重要的部分。第一，要从严使用双规措施。第二，对于怀孕的妇女是不允许使用双规措施的。这个就跟我们《刑事诉讼法》当中对怀孕的妇女不得使用拘留、逮捕这样的强制措施一样，双规也不允许。泸州这个案子当中就出现了给一个怀孕两个月的妇女双规了60天，相当恶劣，现在还抓了人，所以开庭的时候我就跟审判长讲到这么一个情节。

开庭辩论的时候，审判长把我叫去先进行了一番教育，说："辩护人，今天就进入辩论了啊，我提醒你一个事情，关于纪委的领导人，这个是不允许在法庭上再提的，如果再提，那我们就要依据规定，甚至有关部门的司法建议处理。"我们两个律师觉得很奇怪，因为开庭开了三次，这是第三次，之前质证那么激烈，也没有出现这样的情况，感觉不对，可能是质证的时候领导发现律师还挺强硬的，让法官教育教育我们，他以为全国的律师都归泸州市中级人民法院管。开庭之后开始辩护，我们必然会讲到证据的合法性问题，合法性问题必然讲到被告人曾经被刑讯逼供，他讲的是在双规期间，自然就涉及纪委。他又提到纪委某一个领导人对他之前因为没有按照领导意图去办一件违法干预司法的案件的一种报复行为，他在法庭上揭露了一天半就说这个事情，所以自然就涉及当地某一个具体的领导个人。而公诉人开庭发表公诉词的时候，说不准对我们党的机关和个人进行评价。我说公诉人刚才说不准对党的机关及其个人进行评价，法庭开庭前又给我们强调说不准提纪委刑讯逼供，我们现在法庭解决的问题是我的当事人有没有受到刑讯逼供，如果受到刑讯逼供，就是一种违法行为，那么任何人违法犯罪都要一视同仁，不管他是什么身份。

最后谈到具体几个情节的时候，比如说他们把农民工双规五十多天、六十多天，把怀孕的妇女双规两个多月，我说这是相当极端的一个恶性事件，作为律师，我们可能不会在不适当的场合去宣传这件事情，但是这毕竟是公开审理的案件，组织人旁听跟全国所有法院组织人旁听不一样，很多法院会组织人员旁听，人大代表、政协委员或者是公检法的人，发旁听证，就是有一定限制的旁听，泸州中院搞的这个旁听更有创新，给了你旁听证，你的身份证和旁听证要对上编号，不仅如此，你的名字在哪个座位上，你就得坐到那个地方旁听，不能跑到其他地方去旁听。当然这还不足为怪，更具有创新精神的是，你来旁听就必须来。不来会怎么样呢？有一个法警，比如说两点半开庭，张三没到，李四空位，他要做记录。全国法院我都没有看到说不来旁听还要做记录的，那你必然要想做记录是干什么用？我不知道他们要干什么。

那么开庭的时候我们就强调，这个地方你以为天高皇帝远，就可以对抗中央，可以违背法治？你敢违背中央的精神，把怀孕的妇女双规？我告诉你，这不是《刑事诉讼法》说不准对怀孕的妇女进行人身自由的这种强制羁押，中央纪委《关于完善查办案件协调机制，进一步改进和规范"两规"措施的意见》第3条规定，对怀孕的妇女是不允许使用双规措施的。

我再把他的后路给堵死，他可能会辩解说他们不是双规，是指定场所监视居住。指定场所监视居住，你得给被监视居住的人发通知，或者给他的家属发通知，或者你至少在案卷当中做一份，不管真的假的，或者移送法院之前补一份，曾经对某人实施过监视居住的决定书吧，没有，没有任何司法文书显示这个人曾经被监视居住过。那么带她的人说是纪委的，地点是在纪委的办案点，60多天不让她出来，你们跟她明确说是双规，她是一个农民，又是怀孕的妇女，你怎么样解释这段时间的合法性呢？还有，在此期间不仅仅纪委的人参与了，检察院的工作人员自始至终也有参与。

然后我接着讲，2012年中纪委又专门发了一个《中央纪委关于使用"两规"措施的规定》，又有严格的要求，不得在羁押场所进行，不得用司法人员，并且不得对非党员，包括怀孕的妇女进行双规。讲到这些之后，就跟他上纲上线，1999年双规措施在纪律检查委员会这个办案程序当中还没有，从《行政监察条例》开始到《行政监察法》，到2001年、2005年、2012年、2015年，所有的中纪委的规定，中共中央的规定，中央政策，《刑事诉讼法》，包括司法解释，他们都违反了，难道说这样还不叫违法办案？还不叫非法取证？这还不应该启动非法证据排除程序吗？最后我说有两点你们需要注意，公诉人还强调说不允许对纪律检查机关进行评价,特别是对纪律检查机关的某些人进行评价,这些人都已经涉嫌违法犯罪了,难道还不允许对他进行一个评价吗?这是一个问题。

所以我们看到问题不要怕,要理性地去分析它。不要总觉得职务犯罪案件是政治案件,政治案件我们有一个标准,涉及国家的大政方针才叫政治。一个村委会做一件事情也叫政治吗?一个乡政府的副乡长把一个农民工打个半死也叫政治吗?一个城管把小商小贩殴打致死也叫政治吗?如果说一定要叫,那只能叫你们那个地区的政治,你们那个地区的政治要符合中央的政治,必须要有这样一个大的原则。基层服从上级,全党服从中央,中央要求你依法治国,中央要求你按照纪律条例、各种规范来办案,你们违反了不就是不行吗!不行,党员有监督的义务,人民群众也有监督的义务,所以没有问题,这是可以提出来的。像四川那两个被抓的律师其实也不是敏感案件,只是一个农村的农民买农机具,好像是涉嫌套取国家的补贴款,案子一点也不敏感。

四、律师权益保障

我们这个刑事辩护研究中心的介绍里边最后有一个,就是刑事辩护律师的权益保障,这也是我们研究的范围。大概在2012年吧,四川就有一个律师被抓,那个律师是我给他辩护的。当时被抓之后,整个四川的律师都觉得这个律师糟了。他做的有没有违法的地方?他的权益是否能得到合法保障?他出事以后有没有得到有效的法律帮助、支持和辩护?似乎并没有更多人关心,包括四川省律师协会都懒得搭理这个事情。我一个外地律师仅仅是因为认识这个律师,就要去帮他。我就去求四川省司法厅、四川律师协会,你们要维权,为你的律师,你的律师是被冤枉的。他不会想律师是被冤枉的，不会想办法维权，他们有维权委，叫什么权益保护委员会，该做事情的时候，他不做事情。"这个律师我们还要谨慎啊，不要出问题啊。"我说："没问题，他是被冤枉的。""你敢保证吗？""我敢保证。"

我了解这个案件是怎么发生的。这个律师接了一个贩毒案件，与其中一个当事人会见，公安局说不允许会见，贩毒案件凭什么不允许会见？然后他多次去要求会见，都不让会见。后期警察就开始捉弄他，说他那个案子可以会见了。他从成都开车跑到眉山，人又被羁押到仁寿和眉山那些公安局看守所里边。去了以后说可以会见了吗？明天吧。好，两百公里再回去。这样来来回回折腾了大概有11次。

我记得有一次在湖南一个县，我去会见当事人，涉嫌行贿的犯罪，不让见。我说为什么不让见呢？他说省检察院有规定说不让见。省检察院的规定怎么可能不让见呢？他说省检察院给他们发了一个文件。我说我感觉不可能，省检察院怎么会发文件说这个人不允许会见呢？即使不允许会见，他也不会给你发一个文。他说真有，我让他给我看看，他给我一看，看了一眼还没看清楚就拿走了。我好像大致看到一个什么依法管理，跟他交涉了一下午，不让我见。

第二天又去交涉半天，还不让我见，我几乎到了求情的地步，因为我是从外地大老远跑到郴州，还是郴州下面的一个县，我急着见完走，因为我知道见第一次也解决不了任何问题，就是不让见。回来我跟我们那个同行就商量，说人家还请一个比较有名气的律师，连人都见不到，有什么用呢？我说今天必须要见到，他说不让见你怎么见到？我说我们要动个脑子。动什么脑子呢？我说这样，明天我负责去钓鱼执法，你就负责给我全程偷拍,录音录像。好,我去了,我说我要会见,他说:"你怎么又来了,昨天不是跟你说了不行嘛。"我说:"你不行这样吧,你不是说有什么规定吗?""是啊,有规定。"我说:"你们这个地方是归哪个市?"他说:"归郴州。"我说:"郴州是湖南吧?"他说:"是湖南。"我说:"湖南是归中华人民共和国管吧?"他一看,没反应过来,"你什么意思?"我说:"你们这个县是不是归中华人民共和国管辖?"他说:"是啊,什么意思?"我说:"是归中华人民共和国管辖,你们就应该遵守《中华人民共和国刑事诉讼法》,我凭律师证、委托书、会见函,你就必须安排我会见。"他说:"我还必须安排你会见?说的比唱的还好听,我今天就不让你见。"

我说:"你不让见,你要理解作为律师,这是我的工作,法律规定你应该配合我们工作,你为什么不配合呢?你这不叫滥用职权吗?""你还给我扣个帽子?滥用职权,我今天还就滥用这个职权。我告诉你,这是省检察院安排不准会见的。"我说:"省检察院有文件嘛,你就把文件给我看一眼,如果省检察院真有文件,我马上就走,不找你了。案件都从检察院到了审查起诉,我都跟起诉科的工作人员进行过交流,他们要求我尽快来会见,你看守所不让会见,又不是侦查阶段。""好,你不服气,我再给你看一遍。"他把柜子打开,果然有一份文件,我仔细一看,那个文件上面写的是什么呢?是湖南省检察院反贪局的一个便函,盖的有反贪局的章,上面写"某某某因涉嫌8·15大案,因此案系中纪委主办,所以对相关办案人员的管理,请按照相关法律规定,严格管理,依法羁押"。"你怎么把它理解成不允许会见呢?特别是到了审查起诉阶段还不允许会见呢?"他说:"这个文件,检察院的人送来的时候,口头就跟我们说了,就是给你们的一个文件，但是这个文件的意思就是不准会见。"也可能是真的，我说："这个文件里边让你们依法管理，依法管理就包括依法让律师来会见。"之后由于种种原因还是让我会见了。

成都这个律师也出现了这种情况，因为会见不到，他走的时候，发牢骚说了一句话："老子这个案子不干了，我看你们还刁难我。"他不干了，走了。刚走，他的电话响了："冯律师，你刚才走的时候说了一句什么？""我说老子不干了！"他以为他不干了就没事了。让他回去，他不回去，不干了，还回去干吗？第二天早上一起来，六名警察在他小区把他抓了，拉回去，给他定了一个罪名，奇葩的罪名，什么罪名呢？案子还没介入，人也没见到，什么都没干，手续都没交上去，定了一个掩饰、隐瞒犯罪所得罪。理由是什么呢？说他去会见开的那辆车是犯罪嫌疑人妹妹名下的一辆车。他妹妹又不是犯罪嫌疑人，他妹妹名下的车也不是涉案赃物，那个车就在他妹妹的名下，也没有被查封、冻结、扣押，他开他妹妹的车去会见，开到公安局11次，怎么叫掩饰、隐瞒呢？就以这个罪名把他抓了。

后来说这个罪名只能判3年，说这个家伙不给他判10年不解气，判10年总得找个罪名啊，掩饰、隐瞒犯罪所得罪判不了10年，搞个诈骗罪，诈骗多少呢？律师费20万，收了20万，理由是什么呢？找到一个理由了，他们觉得这是致命法宝，这个律师是甲所的律师，他准备换到乙所，其实他是准备把乙所收购了，乙所的房租、办公设备都是他买的，房子也是他租的，人员也是他招的，他正在办理调动过程当中，就以乙所的名义签了合同，律师费也收到乙所。公安就联想开了，诈骗罪不就是虚构事实，隐瞒真相吗？你是甲所的律师，你说你是乙所的，这不就是虚构事实吗？你是甲所的，你说你是乙所的，这不就是隐瞒真相吗？

然后你收钱不就是诈骗吗？他的逻辑听起来似乎还有点道理。这是诈骗吗？他正在司法厅办从甲所到乙所的过程当中，而且律师费收完之后，他还亲自委托他们所的主任，让他主任去申请会见，去申请办理取保候审。理论上讲，主任水平肯定比一般律师的水平要高一点，我收这么多的钱，我们主任亲自去，怎么叫诈骗呢？

说他诈骗20万，当时就说可以判10年，公检法一开会，说判13年，定了。后来我一看这种情况还得了，就到处找全国律协、司法部、四川省律协，又组织一帮律师，我说我们大家集体维权。我当时找了十家律师事务所的主任，我说我们联合给他维权。经过8个月的抗争，最后省检察院才下定决心，作出无罪不起诉的决定，下了一个不起诉决定书，这个律师现在继续在执业。当然值得欣慰的是我们这个律师毕竟是律师嘛，被羁押8个月期间，虽然人身自由受到了剥夺，但是他为他们所里搞了大量的案源。

我刚才说这个律师，四川律师很软弱，这次又出现了，你的律师又被抓了，四川的律师不吭声，四川的律协也不吭声。我们从公开报道来看，这两名律师其实也没做什么，他们就是找了九个证人调查取证，然后做了一个笔录，把笔录交给法院。法院为什么就认为这是涉嫌犯罪呢？所以很多律师同行，很多人从不同的角度就开始点评，有的就开始说这个律师有违规的地方，这个调查不专业，应该怎么怎么搞。其实我觉得在这种情况下，特别是在一些公开场合，我们还没有掌握到一些最准确的案情，只是根据公开报道的信息来看，他干的这个事情第一没有违规，第二不违法，第三不涉嫌犯罪，所以同行之间在这个时候应当关注的是律师权益的保障，而不是借此机会来贬低别人，抬高自己，说这个律师调查取证有问题，要是我们取证应该怎么怎么搞。你怎么搞，李庄什么都没搞，也没调查，也没取证，就给他定了妨害作证罪、伪证罪两个罪名，不就判了嘛，两年半改成一年半，到现在还没平反。不是你做得规范不规范，有没有瑕疵，问题是规范在哪里？哪里有规范啊？全国律协搞的刑事案件办理规程是规范吗？那是一个行业协会搞的一个参考的东西，充其量是一个行业的指引，连规范都算不上。更没有国家的标准，没有规范。其实不是说没有规范，是不需要规范。有了规范，反而容易出问题，没有规范，律师就是法无禁止即可为，法律没有禁止的，就可以干。

有的律师喜欢提出很多问题，我们在对对方质疑的时候可以给他提出问题，提出质疑，不要老给自己提质疑。你的做法本来没有问题，你提出三个问题：我今天这样说对吗？我今天这样取证对吗？我笔录这么记行吗？你问这些干吗？只要你没有违反法律法规、司法解释，就是合法的。

比如说会见时候的录音录像问题，很多人在纠结，认为这个违法，会见的时候录音录像违什么法？哪个法里说律师会见不准录音录像了？我们说录音录像是什么意思呢？是调查取证的一种方式，公安局调查取证、检察院调查取证、法院调查取证，他们不仅录音录像，而且还要求他们录音录像。最高人民检察院不是要求办理职务犯罪案件同步录音录像吗？现在的《刑事诉讼法》不也要求办理可能判处无期徒刑以上的刑事案件要全程对讯问同步录音录像吗？律师对涉嫌犯罪的被告人、犯罪嫌疑人的会见，本身是调查的一种形式啊。因为会见做的笔录可能会作为一种证据提交，那这是一种证据取证的方式，同步录音录像一方面可以证明取证合法性，另一方面也可以从视频资料进一步固定证据，为什么你要去质疑自己录音录像是否合法、是否有规定？

那我们再放大一点考虑，就算有法律规定说律师会见犯罪嫌疑人、被告人的时候可以录音录像，但是也没有法律规定说律师会见犯罪嫌疑人的时候可以用钢笔做笔录，那你会不会再问一个，我做笔录是用钢笔还是用圆珠笔还是用铅笔？如果我今天带的是个钢笔，但是没有法律规定说要用钢笔做，我这个合法不合法呢？所以按照这个思路去分析，你就会发现自己的逻辑有问题了，或者你的思维有问题了。

你要把握基本的原则，就是法律没有禁止的，都是可以做的，只是你要注意做得比较完整一点。大家还记得北海案四个律师被抓，他们取证的方式是什么？把证人叫到宾馆里面来，两个律师全程同步录音录像，而且证人上法庭也说了，全程的录音录像也有了，不还是被抓了吗？不仅被抓了，北海市公安局还开了两次新闻发布会，说一定要把这个案子办成铁案。最终因为出现了北海律师团，大家抱团取暖，四个律师才全部被无罪释放了。

所以我们在阅读法条的时候，一定要多问几个为什么，法条的本意是什么？他可能会做出的一种字面解释是什么？对方可能会给他作出歪理邪说式的解释，能解释到什么程度？你都要想到，在这样一种背景下，考虑怎么样去操作，也许才不会出问题。

但是根据我的经验，律师出问题往往不是经验不行，也不是技术不行，而是运气不好。我在河南濮阳办一个案件，我刚会见完了一走，当地的律师就被抓了。我找不到我的当事人了，也找不到我当事人的委托人了，后来发现委托人就是我当事人的老婆也被抓了，两个人都被抓了，我找不到他们了。后来我找到他们家弟弟一个电话，一打电话，他声音发抖，说："朱律师你不要找我，我什么都不知道。"我说："我又不是警察要抓你，你们家你哥哥被抓进去了，你嫂子被抓进去了，律师也被抓进去了，我不跟你联系，我找谁联系啊？"他说他真不知道，我说："我不需要你知道，我现在问我再去，谁接待我？我去看守所，谁开车送我去啊？"这个问题，他让我自己想办法，他不管了。

当事人、委托人、律师同行都进去了，那我们首先要把律师救出来。后来发现是什么呢？这个同行干了一点点违规的事情，但是并不构成犯罪。刑事拘留，是以妨害作证罪，因为我当事人的老婆就是委托人，她写了一个纸条，让这个当地的律师去会见的时候跟她老公说一下。

纪委就要求检察院慎重，一方面案件要慎重，另外看看有什么违法的问题没有。怎么判断违法呢？看会见，把录像调出来一看，发现会见倒没什么问题，但第二次那个律师会见，给他递了一个纸条。检察院想这里面一定有问题啊，就马上去说给他换押，搜查。他果然把那个纸条还揣在怀里，检察院把纸条一搜，发现这个纸条是律师递进来的，有录像为证。纸条在他身上搜出来了，律师不就串通作伪证嘛，涉嫌犯罪，抓。但是后来我们说这个纸条的内容是什么？内容还挺搞笑的，第一条，没什么大不了的，伟人邓小平、张学良都曾经坐过牢；第二条，家里一切都挺好，不要担心家里；第三条，是你的你就承认，不是你的你就不要承认；第四条可能有一点问题，听说纪委把财务账本又抱走了，有一点问题，但是是什么问题？案子已经在法院审理期间，他老婆说纪委把财务凭证又抱走了，叫妨害作证吗？案子在审理阶段，这个是纪委，纪委调查完了到侦查，侦查起诉，起诉到法院，已经在法院这个环节当中，她没有去接触证人作伪证，又没有去威胁证人不准作证，那她说纪委把财务账本又抱走了，到底是什么意思？是说纪委还要继续调查？继续调查谁呢？是调查他吗？他都已经在审判了，调查别人吗？这句话跟本案无关，你没有办法界定这句话到底有什么违法甚至犯罪的地方，你只能是感觉不妥，或者这家伙可能是想干点什么，告诉他纪委还在查，要小心。第三条我们综合起来分析，是你的就承认，不是你的不要承认。是不是纪委还要查，可能有一些你不要承认？这只是一种猜测和一种估计，人家也许就是要求他按照党的要求实事求是呢，所以我们认为这不是犯罪。

最后，经多方协调，律师被放出来了，我的委托人，那个当事人的老婆也被放出来了，关了14天，刑事拘留。压力大，那个律师14天出来，头发白了一半。

我们说律师职业当中风险的确很大，所以有时候我真的是不想接案子了，我今年几乎一个案子都没接，全推了。为什么呢？都是职务犯罪案件。因为这两年抓的人太多了，熟人介绍的也有，有的级别挺高的，厅级领导，甚至中纪委的领导介绍的都有。中纪委搞不定，你让我搞，人不是你们抓的吗？抓归抓，依法辩护，合法权益要保障，也要请好律师。这个怎么说呢？你去辩护的时候，地方的压力又大，不准提刑讯逼供，不准说纪委刑讯逼供，更不准证人出庭作证。所以泸州为什么抓证人呢？你们搜之前的新闻，是因为法院之前作出了一个决定，说是不允许证人出庭作证，不启动非法证据排除，是有这个前因的。你指控人家受贿四千多万，要在原来，砍头都砍几次了。人家不认，全不认，证人还愿意出庭作证，证人天天跑到检察院、法院去闹，要出庭作证，说是被刑讯逼供的，我还没见过这样的证人。结果纪委跟他说，他不是被他们刑讯逼供的，他们从来没有关过他。他找检察院，检察院说他们没有拘留他，也没有逮捕他，也没有监视居住他,两边都不承认曾经对他羁押 50 多天。

然后他自杀了,头上两道七八厘米长的伤口,现在还在。其实这个人挺聪明的,纪委把他放回来的当天,他就让他儿子给他拍了几张照片,头上拍了一张,面部拍了一张,他把照片给我了,我在法庭上也出示了,我说这就是当事人讲他是怎么样被逼供逼成这个样子的。而且他还给我演示了一段,我还给他拍了一段录像,法庭上我也放了这段录像。所以原来检察院、法院就明确决定,不允许证人出庭作证,新闻当时对这个事情做了一个报道之后,法院才迫于舆论监督的压力休庭了。开了五次庭前会协商,我们只要求一点,启动非法证据排除程序,证人必须出庭作证。

这个案子的特点在哪里呢?跟其他案子不一样,其他案子是法院通知,证人可能不来,或者是被威胁不来,或者他自己也不想来。我们这个案子的几个证人都愿意来,而且还有一个天天要来。这个消息后来不知道怎么被他们当地公检法的领导知道了,开庭前一天,其他证人都来了,这个证人却失踪了,强烈要求来的证人失踪了,找不到,打电话,空号。我问法院他们通知了吗,他们说通知了,联系不上。

最后还有一个证人,就是怀孕期间被羁押两个月的那个女证人,法院说通知了,她不来,我问怎么通知的,法院说他们打电话通知的,她不来。我说我这里有一份证据,这个证人给我又写了一份证明,是说检察院的人昨天把她叫到检察院里,明确要求她不准出庭作证,这才叫真正的妨害作证。我说我这里签字的原文都在。最后法院没办法才说那休庭吧,休庭之后他又觉得不合适,说:"干脆这样,朱律师你来,公诉人你也来,书记员把你的手机打开,你们就开始拍,我现在开始跟那个证人联系。"我不知道他当时怎么想的，他就当着控辩审三方，现场给那个证人通知，她不来或者通知不到，就不是法庭的责任了，他可能是想达到这样一个效果。

他就拨了那个证人的电话，一拨居然拨通了，证人还接了，法官说："我们通知你到法庭来作证，你怎么不来？"证人说："检察院的人说不准我来。""那你现在来不来啊？""现在你们要我来吗？""你能来吗？"他就不直接说"你赶紧来，我们马上需要你出庭作证"，证人说她可以来，他还怕她真来了我估计，他说："你来需要很长时间吧？"她说："我不需要好长时间，20分钟就可以来。"他没办法，让她来了。休庭20分钟，证人果然来了，一上庭，说她没有拿钱，是被刑讯逼供的，当时她怀孕两个月，被羁押60天，她自杀过，手上还有痕迹，又被关两个月，四个月出来的。然后说医生都准备好了，随时让她流产，她说她没办法，只好用内衣扣子里边一个金属，划了一刀，结果被他们发现了，就把她制止了。

其实这个案子真的假的，真的比一个人死亡更重要吗？一个证人，她出庭作证了，现在这个人也被抓了，伪证罪、妨害作证罪，抓了五六个，就剩我和当地的那个律师没有被抓了，所以很多律师同行都在看笑话，说就等着我被抓就好了。似乎我被抓，影响就大了，才会引起高层的关注或者社会舆论的广泛关注。

五、调查取证需要注意的事项

第一，最核心的，你不要真心去想作伪证。因为在我们中国这种办案条件下，如果你真的干了那件事情，证人一定会把你咬出来。你没有干，他也可能会把你咬出来。但是你可以做一个防范。我一般跟证人第一次见面的时候，从第一次见面的第一秒钟就有全程的录音录像，至少有两套。

比如说我打电话找到这个证人，我想跟他做一个调查取证，当然他不愿意做你也没办法，也不能强迫他，强迫他也解决不了问题。如果他愿意来，我约个什么地方，最好是到我们的主场，从他来的那一刻，我的录音就开始记录了。

还记得马晓军作证指控李庄涉嫌让龚刚模翻供吗？所以我有一个观点，不是说取证非要两个人或者三个人、四个人更多更合适，一个人比两个人更好，一个人大不了你就形成一对一嘛。证人说我诱使他翻供，我说我没有啊，我要求他实事求是啊，如果仅仅是这样两个版本的说法，你凭什么定我诱使他呢？其他又没有人看到，又没有人听到。如果公检法说他们就相信我是诱供了，人家咬我了，更倾向于先把我关一段，那我还有一个录音录像，你看看我是怎么诱导他的？我要求他实事求是地作证，一句假话都不要说，说假话是要负法律责任的。录像上都有，录像可能是剪辑的或者录了其中一个片段，或者像他们一样，先把他打一顿再去录像。那我再告诉你，从他进门那一刻，他几点几分进门，酒店有监控吧，我的时间有显示吧，门响的那一刻就开始录，录到我送他走，关上门，显示他出酒店的时间都有录像。你还能说我是诱使他、威胁他吗？而且我只见过他这一面。我想我们只能做到这样，其他的还能做什么呢？

有人说有笔录，四川那两个律师为什么我认为他们是无罪的呢？因为他们是跟九个证人分别取证的，两个律师对一个证人，证人说，他们记。理论上讲，还可能证人说的跟他们记的不一样，但是最后往往都得请证人阅读，签字，捺手印，确认以上笔录他看过，跟他讲的一样。

第二，不要相信任何人。证人给你作证，他说的可能是真的,也可能是假的,我们没有办法判断他说的是真的还是假的,唯一可以保证的就是我在调查取证的时候,要求他说真的,他也承认他说的是真的,并且有证据证明他是这么说的,我也是这么要求的,就可以了。有的律师喜欢分析这种案子怎么可以去调查取证呢?这种案子怎么可能去翻供呢?这种案子可以推翻吗?完全不可能。你去分析这些干吗?律师是干吗的?律师不就是要去跟控方对抗吗?人家搞了一套证据体系来指控被告人有罪,你就在那里巧舌如簧,有的人说他就是靠自己在法庭上的这种证据当中找漏洞,那只是小儿科、初级阶段,只是刑事辩护的一种方式。

我们是高级研修班,要想把一个案件做得好,有效果,应该来讲,调查取证是至关重要的。那你说怕风险,比律师赚钱多的行业多的是,你干吗要干这个呢?之所以从事刑辩这样的工作,是因为我喜欢这份工作,层次高一点来看,那就是维护人类的生命、自由、公平、正义,有这样的价值体现在里面。我看到再好的事情,也总是喜欢挑毛病,这就是职业形成的一种职业病,这种职业病让我只能继续在这个行业里面做下去。你觉得你历经风险,你获得成功,人生就是几十年,你都四五十岁了,还整天在全国各地冲杀在一线,还在法庭上慷慨陈词,大的层面上讲,你是为了民主、法治,小的层面上讲,你是为了职业的荣耀,我觉得也可以,只要是你喜欢的一个职业,你用心去做,又能做好,还要用赚多少钱来衡量吗?不是这样的。有的人钱多得很,但他们不快乐,我们客户当中经常有。

我的客户有的在澳门赌博一输都上亿,你见到他快乐吗?他不快乐,一不小心被判个死刑,为了保一条命,还得求律师,当他看到命能保下来的时候,又说能不能搞成无罪。所以我们说这个职业有它职业的特点，既有艰辛，也有荣耀，所以我还是喜欢这个职业的。其实大家可能也注意到这两年在全国律师这个群体当中，热爱刑事辩护的越来越多了，那么多的培训班、训练班总是有那么多学员来积极参与，还是很令人欣慰的一件事情。

感谢大家对我们这个活动的支持，因为第一期就一百人，包括还有很多律师推荐，组团来支持我们这个活动，我们表示非常感谢。

刘广三 最高人民法院刑事审判第三庭副庭长，北京师范大学刑事法律科学研究院证据法研究所所长，刑事法律科学研究院暨法学院教授、博士生导师。兼任中国犯罪学研究会常务理事，中国刑事诉讼法学研究会理事，中共中央纪律检查委员会、监察部培训中心客座教授，国际刑法学协会会员暨中国分会会员。

07 刘广三
死刑案件的证据审查

大家好，非常荣幸有这样一个机会，与来自全国各地这么多的律师界的精英一起来交流一下我学习证据法的体会。

前不久大成律师事务所刑事部成立十周年，我去参加了他们的纪念活动，讨论的主题是有效辩护，嘉宾包括公安部法制局、最高检的领导，还有北大的陈瑞华教授，我们一起对有效辩护进行了探讨。我觉得那是国内关于有效辩护一次较为深入的讨论。后来《人民日报》还把我们讨论的情况进行了报道。现如今辩护在律师业务当中虽呈增长趋势，但就全国的总体情况来看，刑事辩护率仍然不高。

在刚刚发布的、由中央深改组通过的《关于推进以审判为中心的刑事诉讼制度改革的意见》中，反复提到了法律援助制度。因此，刑事辩护中要强调援助律师的作用。当然目前学术界也在探讨，对刑事辩护要不要另外设一道门槛，实行资格准入制度。就我个人而言，我主张律师业务的专门化。未来律师业务的发展，专门化是一个方向。像过去那样什么业务都能做的律师，可能逐渐就会被淘汰。律师这一点和医生类似，全科的医生只能在农村。农村的赤脚医生，小到感冒，大到癌症，都可以看。医生和律师的专业化趋势会越来越明显。因此我认为，专门举办刑事辩护律师的培训意义非常重大。这也许是律师专业化发展进程当中的一个很好的注解，我们应当主力一部分律师专门来做刑事辩护业务。

我是1992年拿到律师证的，也是个20多年的老律师。在我20多年的职业生涯当中，接触到的90%以上都是刑事案件。最早做实习律师的时候我代理过几个婚姻案件，双方离婚，由于财产方面没有处理完善，双方当事人对我很不满意。后来我觉得我做那方面不擅长，我还是喜欢见被告人，找证据，在法庭上跟公诉人唇枪舌剑。这当然跟个人的性格、发展特点及个人的选择有关系，所以我逐渐地只做刑事案件。以前，我是一个兼职律师，压力没有很大，如果是职业律师，专门做刑案，可能有生存方面的压力，但是只要坚持就能够做好。北京几个著名的律所，像尚权律师事务所做得就不错，还有大成刑事部的律师接触到案子以后只是把刑事案件留下，其他的案子介绍给相关的律师去做。我认为上述做法，在专门化的发展道路上都是可圈可点的。

从律师业务中刑事辩护的角度而言，我曾经在国内的学术圈主张过资格准入制度，另外要考察刑辩业务。现在还有一个考虑，比如在死刑案件当中，对死刑案件的律师要不要再做一个限制？这个目前也在讨论之中。但是因为当前刑事辩护率不高，也许越这么做就越适得其反，因此这也是正在探讨的问题。

我目前在最高人民法院挂职，承办过案件，也审批案件，经常见到包括一审、二审的辩护词。我见过一个死刑案件当中最短的、援助律师写的辩护词才280个字。看完以后，我的确心里有点凉。对死刑案件的辩护，无论结果如何，这种态度就足以令人寒心。不管有没有办法救犯罪嫌疑人、被告人一命，实际上处在我这样一个位置，我每天思考的问题都是如何救人，杀人与我无关。每天拿到案卷，我第一个想法就是能不能留当事人一条命。因为到最高人民法院的案件，都已经经历了一审的死立执，二审的死立执，所以我们唯一要做的事情，是思考能不能留当事人一条命。但看到上述那份辩护词的时候，我实在是觉得这种辩护没有作用。我也看到过一些写的不错的辩护词，把证据分析得很透彻，带给我很多启发，但是这样的很少。还有一些不得要领的辩护词。辩护词是我必看的，所有的死刑案件的辩护词我都必看，而且至少要看两遍。那些不得要领的辩护词虽然写的洋洋洒洒好几千字，但即使从头到尾读完两遍，也没有发现该案件的要害，甚至都没有引起我想进一步复查的欲望。这种辩护词往往运用一些很玄的逻辑分析，加上一些很绝妙的推理，试图揭示案件当中存在的一些极为罕见的情况。这就是把我们所说的合理怀疑变成了怀疑，律师在怀疑这个案子的证据问题，但这种怀疑是不合理的。比如DNA鉴定，我们都知道DNA鉴定也有错误，我曾经发现过有错误的DNA鉴定结论，但是有的律师对DNA鉴定意见提出来的怀疑是让人无法接受的。比如说16个点位符合了，鉴定意见会作出小数点后面有四个9的DNA鉴定一致，律师认为还不够,小数点后面四个9的数据不足以得出同一认定结论,还在那儿用数学公式分析还有多少其他的可能性,甚至还写一千多字关于DNA的鉴定,说犯罪现场发现的血迹和被告人的血型之间重合率只有99.999999,不够,并且提出中国有13亿人,甚至说地球上一共有70多亿人,至少地球上还有十几个人的DNA可能跟他一样。这个的确是怀疑,是对DNA鉴定的科学性产生了怀疑,但不是合理的怀疑。而且案子中也不是仅仅只有这一个证据,如果单就DNA发表那么长的意见,我认为没有什么意义,没有说到案件的要害,那个案件最重要的地方不在此处。

关于证据,刑事案件当中的证据,尤其是死刑案件当中的证据问题是十分重要的。不得不说现如今我国的案件,尤其是死刑案件的处理水平比以前有很大幅度的提高。但是,当前死刑案件的质量并不像我们想象的那么高。最近在我主管的最高人民法院合议庭,我安排法官把10年来没有核准死刑的案件当中的证据问题找出来,分析问题的原因是什么,这些问题有什么表现。这个工作刚刚完成。不完全的一个统计,我们有200多个没有核准的案子,其中由于证据问题不核准的占到70%,只有30%左右的案子不核准是出于政策考量。所谓证据就是事实,没有证据,事实就不存在,证据出了问题,法律上的事实就无法站住脚,所以不核准。从目前的情况来看,在刑事辩护当中,如果一个案件的确没有发现证据上的问题,余下的工作也许只是政策考量。如果发现了一个死刑案件当中证据上的问题,又不是像刚才提到的DNA鉴定的那类怀疑,我认为证据的问题可能会成为案件突破口。因为证据出现问题的概率大,不核准的情况中有70%的案件是因为证据问题不核准的。

现在最重要的死刑案件是杀人案件和毒品案件,个别省毒品案件判处死刑的数量超过了杀人案件。从现在控制和减少死刑的角度而言，不仅是像我这样的学者，甚至是最高人民法院内部的一些领导也意识到了毒品犯罪核准死刑的太多。我们在严格控制和减少死刑的目标这一点上进展缓慢，主要的原因在于近几年毒品犯罪判处死刑的数量增加。

毒品犯罪案件对证据的要求和杀人案件对证据的要求是不一样的。客观地说，我自己对这个问题很有看法，但无能为力。毒品案件当中广泛采用技术侦查，卧底的，用线人的，钓鱼的，有的地方那个缉毒的部门采用了线人，可是在卷宗里面无论如何都不想说他是线人。我们今年有一个案子，把那个线人判了无期，但是我们实际办案的这个人，大家都知道他是线人。后来警察说他不是线人，但是我们这个案子的证据也没办法证明他就是线人，他直接参与贩毒。所以我们说关于证据问题的讨论，尤其是死刑案件当中证据问题的讨论，未来要持续很长一段时间。在我们的死刑案件数字目前这样一个规模上，未来毒品死刑案件当中的证据问题，可能是一个研究的领域。

其他很多类型案件中，我们都知道死刑案件很少了，比如经济犯罪类，职务犯罪类的，基本不判死刑了。所以命案和毒品案件，这两类案件当中的证据问题是值得重点分析的。我们也在发布关于毒品案件中的证据应用规则，这个规则虽不完善，但我们也没有办法来解决这个问题。这和我们整个国家对禁毒的高压态势有很大的关系，对毒品犯罪持续高压打击，但成效的确很小。如此严厉的打击，并不一定能解决毒品犯罪问题。我挂职一年多以来最大的体会就是对毒品犯罪的打击很重，但就是成效不大。对犯罪不是只有打击这一种办法，甚至靠判死刑来解决都不是唯一的办法。解决毒品犯罪问题是一个系统工程。

我讲这一段主要是因为针对毒品犯罪案件当中的证据问题，我们在某些方面有可能是降低了标准。我在审判长会议上多次对毒品案件发表不合理的意见，就是因为证据不足，但是很难被采纳。大家往往形成多数意见，否决我的意见。我个人研究证据法，知道法律上对证据有哪些要求，可是大家对证据法一些基本问题上的争议也非常大。

一、刑事证据给谁看

（一）刑事证据是给法官看的

证据给谁看，也就是审查证据的主体是谁？前两天我参加一个学术研讨会，讨论了死刑案件的证据问题。有很多比较奇怪的命题，比如有一位检察学院的教授，他提出死刑案件的证明标准和普通案件的证明标准有没有不同？侦查的证明标准、审查起诉的证明标准和审判的证明标准，这三个标准之间是什么关系？法律上用的词都是案件事实清楚，证据确实充分。他的观点非常好，就是要执行不同层次的证明标准，递进式的证明标准。侦查阶段的证明标准较低，到审查起诉的时候提高一些，审判的证明标准最高。证明标准的层次，听起来很有道理，甚至我们一部分学者也被这个观点说服了，认为这个很好。

我个人认为很奇怪。为什么？因为审查证据的主体究竟是谁？不明确。就我个人的学术观点，证明这个活动只发生在审判环节。在审判环节之前，审查起诉案件的活动和侦查的活动不能称之为证明。既然连证明都没有，如何产生证明标准呢？所以按照他的说法，侦查终结有一个证明标准，审查起诉有一个证明标准，在我看起来都非常奇怪。因为侦查终结是不需要证明标准的。侦查任务中没有提到证明，侦查的任务是揭露犯罪事实、查获犯罪嫌疑人、收集证据。侦查的任务是把证据找到,其本身不是证明活动。所以我想说的是,证明阶段只有一个,那就是审判阶段,在法官定案的时候。法官用证据证明案件事实,运用一定标准排除合理怀疑。《刑事诉讼法》当中所规定的证明标准的三个方面,完全排除了侦查阶段的证明活动。每一个案件事实都有证据证明,每一个证据均经法定程序查证属实,在哪查呢?法庭。没有经过法庭查明的证据,都不能称之为查证属实的证据。证明标准的最后才是结合全案证据,排除合理怀疑。每一个证据均经法定程序查证属实,法定程序是什么?法定程序就是在法庭上经控辩双方询问质证,这就是法庭证据。法庭证据讲得很清楚,一个证据不在法庭上经控辩双方询问质证,那就不能说叫查证属实了。所以基于证明标准可以得知,证明标准跟侦查和审查起诉没有关系,该学者提出的所谓的多层次、递进式的证明标准理论是没有根基的。

这就跟我刚才提出那个命题有关系,证据是给谁看的?他回答不了。证据是给谁看的这个问题的答案是非常清楚的,是给法官看的。如果不在这个问题上达成共识,如果不强调证明标准只是在审判阶段才有,就会执行不同的证明标准。所以有的话虽然在逻辑上经不起推敲,但是再经过反复琢磨,会发现是有道理的。比如我们说"防止案件带病进入审判程序",这句话听起来没有什么道理。为什么呢?公诉机关认为案件事实清楚,证据确实充分就提起公诉。可是公诉机关如果坚持证明标准的多层次理论,认为已经达到公诉机关的证明标准,就可以起诉。案件到了法院,法院也有自己的证明标准,在所谓"多层次,递进式"的模式之下,法院证明标准会高于公诉机关。法院如果作出无罪判决,公诉机关会认为这是自己的标准和法院标准不同产生的结果，公诉机关能够找到解释。其实不是这样，证明标准只有一个，案件在到达法院之前的活动都不叫证明活动，只是收集证据、运用证据的过程。

我常说，证据不是用来自娱自乐的，是用来说服法官的。侦查人员和检察人员用证据说服自己，是推动诉讼进程的动力，如果连自我都不能说服，他们就会不立案、不起诉，就会撤销案件，会终止诉讼进程。自我说服是推动诉讼进程的动力，但是它也只是起到一个推动作用，把诉讼从这一阶段推进到下一阶段。从根本上而言，证据都要用于说服法官，如果不能说服法官，当然只会获得败诉的结果。

大家在对证据问题的认识逐步深化的过程当中，还会产生很多不同的争议，但应该首先明确的是，证据是给法官看的，法官是审查判断证据的唯一主体。你说检察官也审查判断证据，的确，侦查人员也审查判断证据，但侦查人员和检察官审查判断证据，按照我们诉讼进程而言，都要依照法官的眼光来进行。所以有的地方就会出现检察官不服法官的判决。其实在我们国家，人民检察院和人民法院的关系，从来不能用"不服"两个字来形容。《刑事诉讼法》规定，人民检察院认为一审判决有错误的，可以提出抗诉。是"认为确有错误"，从来没有说检察官不服一审法院判决。不服是谁？是被告人，被告人可以不服，检察官没有不服。但是在实践当中，我们经常看见个体的检察官跟个体法官之间产生了不服的现象，法院执行法院的，检察院执行刑事诉讼规则，这是一个最大的误解。检察院的检察官怎么能不看法院的解释呢？法官可以不看检察院那个规则，但检察绝不可以不看法院的解释，法院的解释是最终的。还有的一直抗诉，把官司打到最高检和最高法。诉讼的基本规律都不知道，诉讼基本的三角关系都没有,那叫诉讼吗?诉讼就是有原告和被告加居间裁判,这样的三角关系才叫诉讼。法官是居间裁判的机关,检察院说到底,就是一个原告,怎么能拿原告的规则来约束裁判者呢?所以我们必须明确,运动员就是运动员,不能把运动员的规则带到裁判规则里。

司法实践当中,检、法两家的关系非常微妙。我现在到全国各地去调研,很多法官都说不敢作无罪判决,尽量跟检察官商量,让其撤回起诉。我最近在起草一个叫《人民法院关于推进以审判为中心诉讼制度改革的实施办法》,当中有一条,凡是人民法院开庭以后,检察官不允许撤回起诉。法院要下无罪判决,检察官不能先诉一下试试,没得到理想的判决结果又找法官提撤诉。刑事诉讼不是赌钱,押一把看看,如果可以就往前走,否则就撤回来。我准备把这一条写在里面。法院还没开庭的时候检察院可以撤回,一旦开庭了,控辩双方举证质证也基本进行完毕了,检察官如果突然觉得可能得不到有罪判决想撤回,法官不能准许。我为什么站在最高人民法院的角度写这么一条呢?是为了减轻法官的压力。现在法官不敢作无罪判决,最大的原因是检察院有检察监督权。其实现在的刑事案件的裁量空间是非常小的。

侦查机关、公诉机关收集证据,他们也审查犯罪证据,目标是什么呢?目标是给法官看,去说服法官,这是一个诉讼进程,最终走向审判。未经人民法院依法判决,对任何人都不能确立有罪。证据是给法官看的,要把这个问题明确下来。

证明标准也是审判阶段才有的,我们要努力使侦查和审查起诉阶段达到审判阶段的证明标准。是不是都能做到?不可能,诉讼有一个进程,如果侦查、审查起诉全部达到了审判阶段的证明标准,那就没有无罪判决了。很显然,侦查和检察人员只是努力达到审判阶段的证明标准。而且有的案件的确受条件所限，时过境迁，没有办法达到证明标准，这样的案子就是疑罪从无了。我们现在有很多疑罪从无的典型案例，像福建的念斌案，海南的陈满案，再早一点，河南的李怀亮案，都是疑罪从无。当初怀疑是这几个人，现在证据不足，这几个人全被放了，那真凶是谁呢？不知道。所以有很多案件是由于侦查的失误，导致的疑罪从无。侦查的失误，可能就要让被害人付出代价，被害方的正义无法伸张。

其实我们做刑事辩护主要是给被告人辩护，站在全社会的立场上，被害方的正义无法伸张的情况越来越多，原因就在于侦查机关。辛普森案中辛普森被无罪释放，辛普森的前妻是被谁杀的呢？一开始怀疑是辛普森，后来把辛普森无罪释放了，找不出第二个被怀疑是杀辛普森前妻的人了，所以辛普森前妻的正义谁来伸张？没办法伸张。为什么？因为辛普森被无罪释放了。这也是美国司法制度上一个痛点，当时叫世纪审判，美国人也津津乐道。现在你跟美国人讨论辛普森案的时候，美国著名教授大多都叹气摇头不想谈，他们觉得是耻辱。美国民众觉得是司法的胜利，那么多的证据指向辛普森，可他就是被无罪释放了。美国这样的例子很多，1984 年刺杀美国前总统里根的那个人，说他存在精神障碍，由法官判定其是否有精神病，结果是辩护成功，他有精神病，然后他被送进精神病院治疗，起码要在精神病院治疗 20 年。前一段时间他申请出院，法官一看那个治疗经过所有的目录、材料以后，说他还没有完全好，要继续治疗。这是美国人在找一种平衡。

现在中国也出现了这种情况，有精神疾病辩护成功的。被告人也被强制医疗，没有病的人，吃那个精神病药物是非常痛苦的。后来被告人从精神病院跑出来了，申请坐牢，因为他没病，不停给他药物治疗让他很痛苦。这个已经超出了我们证据法的范畴。我们还是应当坚持疑罪从无，由于侦查人员侦查的失误，或者由于侦查能力的限制，导致被害方的正义没有办法实现。而且我们不能假定谁是真正的被告人，谁是真正的罪犯，谁是真正的杀人者，我们不能做这样的假定。证据要给法官看，那大家就必然产生一个问题，法官是单个的、具体的，不是抽象的，不是说全国只有一个法官。法官形形色色，队伍非常庞杂，水平有高有低，不同的法官对同一案件可能产生不同的认识，这该如何解决？

（二）如何解决法官看待证据的差异化问题

一个国家没有证据法，法官就会恣意胡判，不同的法官就会产生乱象，证据法是规制法官的。一份材料能不能够作为刑事诉讼中的证据使用，在有没有证据资格这个问题上，尽量减少法官的裁量。但实践当中总是要裁判的，那不是对证据本身的认识，而是对证据之外的认识。比如说刑讯逼供获取被告人的供述，那么法官所要做的工作，就是要认定它是刑讯逼供，如果法官不能认定是刑讯逼供，就能用，如果法官认定了是刑讯逼供，资格就自动丧失了，就不会再有法官来裁量到底有没有证据资格。可是刑讯逼供这个问题又非常复杂，按照我们《刑事诉讼法》的规定，严禁刑讯逼供和以威胁、引诱、欺骗等方法收集证据。威胁、引诱、欺骗这三个词所收集的证据是不是一律都自动丧失证据资格呢？无论是法律还是司法实践，都没有绝对的答案，因为威胁、引诱和欺骗都有程度上的区分。我们把刑讯逼供做了一种拓展的解释，比如说冻、饿、晒、烤、疲劳审讯，把这些列进刑讯逼供的范围，法官要判断是不是刑讯逼供，是不是属于冻、饿、晒、烤、疲劳审讯，如果判断是的话，被告人供述就没有证据资格了。

现在还有一个大的问题就是重复的供述，侦查阶段是这么供述的，检察官再问一遍，也是这么供述的。侦查阶段刑讯逼供把侦查阶段这个供述排除了，检察官再问，这个供述还继续再用，那这个侦查供述排除还有什么意义？你只要证明了侦查供述是刑讯逼供，以后他的供述全部都不得作为证据使用，这才起到了证据资格问题上法官的判断作用。

我们说证据是给法官看的，在证据资格问题上要减少法官的裁量，让全国的法官在证据资格问题上的判断大体相同，让证据法大有可为。证据法是通过不停地制定各类证据的证据资格，来告诉法官哪些最后裁判的时候，作为定案根据的时候，不能用。所以还有一句话叫作不得作为定案根据。但是在证明力问题上，是允许法官裁量的。关于证明标准的判断，有没有达到证明标准，这个问题上允许法官自由裁量，但是允许自由裁量，就会产生不同的认识。言词证据证明资格不需要法官裁量，但是实物证据呢，证据资格问题上仍然需要法官裁量。这个跟美国不一样，美国不管言词证据还是实物证据，只要以非法方法取得，一律排除，并且美国有一个"毒树之果"理论，砍倒毒树，禁食其果。

被告人那个刀扔在哪里了？被告人坚决不说，一顿暴打后被告人说刀扔在井里了，然后发现果然在井里。在中国这把刀能用吗？能用，因为它是实物证据，需要法官裁量，一般法官裁量不排除。要是在美国呢，这把刀就不能作为证据用了。但是美国真的是这样的吗？不是。现在的美国非法证据排除规则和辛普森时代完全不同，最早美国的非法证据排除规则只有两个例外，所谓的例外就是不再排除，一个叫最终必然发现的例外，一个叫善意取得的例外，就这两个例外。

现在美国联邦的非法证据排除规则有八个例外，可以说现在的美国对实物证据的排除基本上是交由法官自由裁量了。原来我们都知道实物证据排除，在大陆法系是法官裁量排除的，德国这样的国家，实物证据的排除是法官裁量排除的，在英美法系，实物证据只要具有非法性，排除是没有问题的。但现在美国人也在大步后撤，也不再把实物证据全部都排除掉。这个就是辛普森案子的教训，辛普森案把大量的实物证据都排除掉了，导致认定辛普森犯罪已经没什么证据了。被告人有沉默权，又不供述，也没有什么实物证据，怎么能证明是他作出的犯罪行为呢？

证明力问题的判断上，还是由法官自由裁量。在证明力问题上，如何统一法官的标准呢？一个是靠经验法则，证明力判断问题上的经验法则是永远要提出来的。最近咱们看杭州还是哪个法院，就是用经验法则判案子。其实人类在审理刑事案件这样一个过程当中，无法排除经验的使用。未必全是法律规定的证据问题，经验法则在证据法领域当中是经常被使用的。经验法则就是大多数普通人的普通认识，所以要求法官具有一定的社会生活阅历和经验。因为刑事案件大多数是已经发生过的事实，我们现在要再现，所有的裁判者都不可能是亲历者，必然要运用经验，经验法则是用在证明力判断上。现在我们要做的是，如何把这些经验法则上升为证据规则。英美法系当中我们看到了很多所谓的证明力问题上的规则，比如说最佳证据规则。最佳证据规则是一个典型的证明力规则。书证的复印件证明力低于原件，这个在民事诉讼当中最先被采用，后来死刑案件证据规定完全接受了民事诉讼当中的这个规定，就是物证的复制品的证明力低于物证本身，物证的照片、书证的复印件的证明力低于物证、书证本身，照片就得原件，这就是把经验上升为规则了。

还有一个著名的规则叫口供补强规则，我们国家《刑事诉讼法》也明确规定了，一个案件当中只有被告人供述，没有其他证据的，不能认定被告人有罪并处以刑罚。按说被告人供述是最可信的，一个人是不愿意供述自己做过什么坏事的，而他居然都供了。被告人对自己不利的供述，在西方一般都会采信，特别是在沉默权的国家，因为没有一个人愿意供述自己干了什么坏事，既然他都供述了，他供述的可信度是最高的，是自认或者叫自白规则。但是不行，光有被告人的供述，没有其他证据来补强，不能认定他有罪和处以刑罚。这是一个证明力规则，根据经验上升为证据规则。关于证据规定是有法律依据的，但这个理论依据是什么？没有理论依据，就是经验法则上升为了证据规则。

我们还在做这样的工作，比如刑事推定的运用，现在我们国家关于推定的运用这一块规定太少了，要把这些推定形成规则。英国有一个推定现在还在用，"任何嫌疑人在他的身边或者住处发现赃物的，可以推定为他是盗窃行为人"。比如一部手机，发现你在用，结果这是一个赃物，那么就推定你就是偷手机的人，你必须用相反的证据来推翻。这时候证明责任全部转嫁给被告人，本来被告人是没有证明责任的，一旦规定了推定规则，被告人就要承担证明责任。贪污贿赂罪的证据非常差，最近最高人民检察院在推动制定推定规则，我支持。为什么？因为取证难。贪污罪还有账本，受贿类案件取证太难，要允许用推定规则，但现在法律没有明确规定。上升为推定规则，运用推定，控方的证明责任就要小很多，让被告人来证明，这是解决这个问题的办法。辩护人会觉得工作难做了，一用推定规则，哪里还有辩护的必要。这时候要想，能不能推翻推定，其实这样一来工作空间更大。但是他们想这样做，我个人认为也有必要这样做。这样的案件真的很难，甚至在毒品犯罪当中，关于明知的问题才用推定。最近关于毒品犯罪的《武汉会议纪要》，关于明知的有五项，满足这五项当中的一个内容就算明知，其实这就是一种推定。

现在只要犯罪嫌疑人、被告人说不明知，就很难证明。开车从这儿送到那儿，车上有毒品吗？回答一般都是不知道，都是别人叫他开车。其实他们往往早就知道车里有毒品。如果符合刚才提到的五项之一，就推定是明知车里有毒品，还帮人运输。现在在毒品案件和受贿案件中都极力推动推定规则的建立，这也是想把经验问题上升为规则，来统一全国的法官。

还有一条叫逻辑法则，法官要讲逻辑。逻辑是什么？是理，证据说理非常难。关于证据的说理问题，最近学术界有一场大的讨论，就是中国在刑事案件当中普遍采用的印证模式。这个印证模式最近受到了一批年轻学者的抨击。龙宗智教授现在在四川大学做教授，他专门发表了一篇有分量的论文叫《印证与自由心证——我国刑事诉讼证明模式》，这篇文章写得本来是不错的，现在一批中青年认为龙教授这篇文章把中国的刑事诉讼证明往错误的道路上带领，就刑事辩护而言，印证模式害人不浅。但是作为一种逻辑，印证也是一种逻辑。被告人不进行陈述，找一个证人发表证言，证人说的跟被告人一样，关于这个被告人在现场做了什么，证人这么说的，被告人自己也说这么做的，看起来是一样的，这就印证了事实。但是这种方法极有可能出现冤假错案，印证了，未必是真实的。印证在证明力这点上还不够，它是一种逻辑，但这个逻辑在证明力问题上，跟证明标准之间是有距离的。现在关于印证问题还在讨论，但是在《关于办理死刑案件审查判断证据若干问题的规定》中，印证这个词反复出现。特别是关于被告人庭前供述的，庭审翻供的，如果他的庭前供述和其他证据相印证，可以不采信他的当庭供述，如果他的庭前供述跟其他证据无法印证，那就采信他当庭的供述，这就是一个印证。印证这个词有问题，有问题怎么办呢？现在有人又提出了一种新的方式，要建立印证规则。证人证言跟供述相印证不叫印证，怎么才叫印证呢？比如说所有的供述必须要与实物证据相印证，这个证明力就大了很多。如果想印证供述是真的，那只有用实物证据来印证，言词证据不能印证供述，排斥言词证据印证。以后写判决书的时候，被告人供述如下，然后印证被告人供述的有下列证据，但下列证据不能列证人证言，只能列实物证据，比如鉴定意见，把这些东西列在上面，印证他的供述。这样一来证明力问题就很清楚了，标准也就随之提高了。

再比如说最小公约数印证规则。比如一个被告人单方向的供述有九次。被告人的供述可能有两个方向，一个方向是否认自己犯罪，一个方向是承认自己犯罪。单方向承认自己犯罪的有九份供述，否认自己犯罪的有三份供述，这三份供述暂且不要管，我们先来看他承认自己犯罪的这九份供述，我们来找最小公约数。这九次当中，时间、地点、人物、方法，说的一模一样，能确定下来的就确定，确定不下来的，印证，最小公约数印证规则。总之，我们在印证上要设立很多的规则，现在太粗糙。我现在见到最多的是法官关于证据的审查报告。有的法官说这大体印证了被告人的供述，这就不可靠了。在我看来，那个证明标准就低了。所以印证要有规则，现在我们的关键问题是印证无规则。

下一步，在统一全国法官认识的时候，就要设立印证规则，设立推定规则。怎么能把这些经验规则和逻辑规则上升为明确的法律规则？这是我们统一法官认识的途径。不同的法官总会产生不同的认识，每个人的阅历、性格和知识水平都有差距。这是我想说的第一个问题，关于证据是给谁看的，以及我们如何来统一法官的认识。当然这里边还有一个问题，就是培训。跟律师一样，法官的培训比律师还多。法官的业务水平不高，就得学习培训。现在法官学院每年接受很多的在职法官的培训，统一认识，学习证据规则，学习证据规定，让大家形成大体相同的认识。

二、刑事证据的多重视角——刑事证据的分类

首先要把证据进行一下新的分类，教科书上看到的证据的理论分类不够，需要再次强调。

（一）定罪证据和量刑证据

第一种分类，要把证据分为定罪证据和量刑证据。有人质疑这种分类，说其实证据不好区分是定罪证据还是量刑证据，因为大多数证据都既可以用作定罪，也可以用作量刑。这没有问题，但我们也无法否认，总有一些证据只具有定罪的属性或者只具有量刑的属性，这个分类还是必要的。比如现在在未成年人案件当中经常出现的叫社会调查报告，这个社会调查报告是关于未成年人的家庭教育、性格特点、一贯表现，这种社会调查报告是非常典型的量刑证据，不是定罪证据。

区分这两类证据，有两个很重要的意义。

第一个重要的意义是，在定罪阶段严禁出示量刑证据，这是英美证据法当中的铁律。比如自首，自首是一个典型的量刑证据，在定罪阶段不能出示。还有前科事实，也是典型的量刑证据，跟定罪没有关系。

第二个重要的意义是，量刑证据不受证据法的制约，不受证据法的规制。你看社会调查报告，如果按照严格的证据法而言，对它进行证据归类都很难。但是由于它是量刑证据，它不再受证

据种类的制约。其实在死刑案件当中有很多的证据，特别是在是否量死刑这个问题上的证据，很难判断其受什么证据法的制约。比如说被害人死亡，现在要了解被害方对本案的态度，找被害人的父亲、母亲或者子女来出一份材料，有的叫谅解书。这个谅解书是什么证据种类？书证不是书证，物证不是物证，就是一份材料，但是要知道这份材料对量刑影响重大。我们说的是量刑证据不受证据规则的制约，这样的一份材料附在这儿，法官看见了，就会对量刑产生影响。但是你要说它是什么证据形式，也不知道，被害人陈述也不是被害人陈述（因为被害人已经死亡），书证也不是书证，它只是一个量刑材料而已。

中国的审判，有一个做法特别不好，就是在开庭的时候先查明被告人的前科事实。这个在英美法系是绝对禁止的。有的法官问的更仔细，上一次是因为什么被判的呀？上次因为抢劫被判了4年，在那之前呢，因为强奸被判了3年，在那之前呢，因为盗窃被判了2年。本起案件还没开始审理，先问一遍前科。如果有陪审团，听见这个人不是什么好东西，抢劫、盗窃还强奸，就会影响对证据的判断。所以我现在阅卷的时候，会把前面那段全部翻过去，直接从被告人供述开始看，看完供述再看证言。甚至有的案子我直接先翻开现场勘验笔录，不看被告人的前科。因为知道这个被告人的前科，就会影响你的判断。被告人有吸毒史，又盗窃过，又抢劫过，把这些全看了以后，你心里对这个人多少会有些贬低，然后就倾向于认定他有罪，这是会有影响的。所以影响量刑的这些东西跟本起案件事实没有关系的，放到最后看。先判断本案的行为是不是他干的，这最重要。

量刑证据本身不受证据规则的制约，什么材料都可以拿来影响量刑。所以我现在极力地推动中国的死刑案件分为两个阶段，定罪阶段和量刑阶段。定罪阶段就谈定罪的事，把罪定下来以后，我们再开展量刑，这样对辩护人是有最大好处的，否则辩护人万一做了无罪辩护，就没法发表量刑意见。当然现在死刑案件还比较多，等将来死刑案件越来越少的时候，可以把定罪和量刑部分分开。这个还要老百姓配合，老百姓觉得杀人偿命，那就麻烦了，只要杀个人，大家关心的就只有判不判死刑。其实杀人的原因有很多，不是说杀人就一定要偿命。没办法，现在老百姓还是这个观念。怎么去引导民众？杀人也可以不偿命，特别是在有理由的情况下。比如说婚恋纠纷导致的杀人，其实被告人对社会危害不大，家庭成员之间发生的，我们原则上能不杀就不杀，能不核准就不核准。把这两个阶段分开，量刑证据在量刑阶段出示，他的前科事实，他的一贯表现，他的品格等都在量刑阶段进行解决。定罪阶段就从案件事实开始，把本案的事实弄清楚，被告人搞清楚就可以了，至于他以前干过什么，先不要说，到量刑阶段再来说这个事。所以，要区分定罪证据和量刑证据。

（二）有罪证据和无罪证据

第二种分类，叫作证明有罪的证据和证明无罪的证据。这个证据的区分在这次新的《刑事诉讼法》修改当中有了非常明显的体现，把三类无罪证据专门提炼了出来。未达到刑事责任年龄、没有刑事责任能力和不在犯罪现场，这三类无罪证据直接证明了无罪。掌握这些证据的，应当及时跟侦查机关和公诉机关沟通。这种区分也有道理，我们通常认为无罪证据不受证据法制约，证明无罪的证据和证明有罪的证据证明方向完全不同。尤其是这三类证据，不够刑事责任年龄，那直接就无罪，但是有的时候不够那个年龄，会涉及判不判死刑，比如不满18周岁。

我处理了一个10年的积案，被告人当年杀人的时候到底有没有满 18 周岁，现在关了 10 年了，核实不下来。他到底有没有 18 周岁呢？户口本、身份证记载满 18 周岁，没有任何问题，但是有两个重要的证据，至少在我内心形成了巨大的怀疑。第一个是他妈妈，在案发以后第一次询问他妈妈的时候，他妈妈都不知道他是嫌疑人，在这个时间点询问他妈妈，他妈妈说他 17 周岁。这是个非常重要的证言，因为他妈妈都不知道他是嫌疑人的时候，就说他 17 周岁。我觉得一个人的年龄，母亲是非常清楚的，而他母亲也是一个农村妇女，不知道 18 周岁要判死刑，对刑事责任年龄未必搞得很清楚。另外一个证据是接生婆，那个接生婆说这个孩子是冬天出生的，不是夏天，而身份证记载是夏天出生的。这个接生婆的证言有一点是麻烦的，因为如果是头一年冬天出生的，不仅够 18，还多半岁呢，如果是第二年冬天出生的，那个案子是夏天发生的，离 18 周岁还差半年呢。然后有一个类比，那年冬天这个接生婆说她一共接生了三个孩子，另外两个孩子的确是 17 周岁，这是一个证据。接生婆的记忆很模糊，毕竟是十几年以前的事。问村干部，村干部也不知道他多大，报户口的时候是他母亲来报的，而且当地的确有这样一个习惯，就是把孩子年龄虚报，好让他早上学。经查，当地很普遍，很多家里都有这个做法，把孩子年龄报大，这样就可以早上学。12 月份出生的，报 6 月份出生，正好 9 月份开学时候年龄已满，可以上学了，如果报的是 12 月份，当年就上不了学。当地存在这个习惯。

当问及村干部当时怎么出的证明的时候，村干部说都是孩子母亲自己报的，她报孩子多大，就给她按照这个年龄报户口，所以户口本、身份证全都显示已满 18 周岁。如果我们认真仔细地去考察这个问题，没有他妈妈的说法和接生婆的说法的话，这个案子是可以核准的，18 周岁抢劫杀人，情节也十分恶劣。情节恶劣如要表达清楚也不容易，审判长的表达是说抢劫的时候，犯罪嫌疑人抢劫被害人并连捅被害人七刀，这个情节十分恶劣。我说这样的表达有问题，因为连捅七刀，六刀都没致命，是第七刀才致命，这样的表达分不清楚到底是不是第七刀致命的。后来他们表达的时候，我说被告人对被害人猛刺一刀，直接毙命，情节十分恶劣，到底是这个一刀毙命情节恶劣还是七刀恶劣？就看你表达了。所以我就说法官有的时候表达不够确切，我们措辞有时候就很痛苦，特别是像不核准的时候怎么来措辞。我们不想说情节恶劣的不得了，已经到了不杀不行这样一个程度了，不能那样表达，那样表达的话是不对的。

  核准死刑也包括伦理考量。一个弟弟把哥哥嫂子杀了，两条人命，到底核还是不核？最后他78岁的老母亲请人代书一封信附在卷里面，她就两个儿子，小儿子把大儿子和大儿子媳妇杀了，两条命，核准也没什么问题，但是老母亲说自己已经78岁了，也活不了多久了，如果最高人民法院核准了小儿子死刑，第二天她也会寻死，因为没有任何的精神支柱了。这类陈述不是什么证据，就是一个材料，表达了一种愿望，不想让被告人被核准。后来我说提交审判长委员会讨论，因为两条命，手段还很残忍，现场惨不忍睹。家庭纠纷引起的两条命，大家争议很大。有的说那依律呢？这个是伦理考量，跟证据没有关系，中国人的一种伦理考量。虽然没有核准，他也是死缓，也出不来，但是老太太毕竟可以过一段时间去看他一下，有个精神支柱。我们反复做他哥哥嫂子孩子的工作，最后也是没有核准。他没有其他社会问题，对别人都还算友善，只是与家人存在矛盾。

  除了关于刑事责任年龄的证据，辩护方如果有不在现场的证据，也应提出，像陈满案，他就有不在现场的证据，没有受到重视。现在如果有不在现场的证据，那是非常重要的。我认为证明无罪的证据，不受严格的证据法的制约。无罪证据相反是不需要什么严格的证据形式的。举一个极端的例子，三名被告人打死了被害人，其中有一个证人看到第三被告人没打，只是站在边上。而其他两个被告人都供述，第三被告人也参与了殴打，当时三人打一个，把被害人打死的。第三被告人自己一会儿说打了，一会儿说没打。有一个证人在现场，他甚至还跟别人说过，他看见了第三被告人的确是没打，站在边上，可是现在让他去作证，他不去。这个律师是第三被告人的辩护人，这个律师人高马大，找到这个证人，问证人看没看见第三被告人是站在边上的，证人一直否认。律师又问证人现在能不能到法院去作证，证人也不愿去。于是律师非常恼火，把这个证人绑到树上，连踢带踹，一定要给证人做一份证言记录。证人也没办法了，做了一份证言并签了字，交到了法庭。

这事就查出来了，法庭说这个证人看见了第三被告人没打，涉及第三被告人的刑事责任问题，证人说被律师打了，证人证言不能用，违法取证。律师承认自己打了证人，但是请求法院传该证人到庭作证，看看他庭上怎么说。法官就通知他来出庭，并对证人说要如实回答，还要签保证书。他本就是目击证人，于是就在法庭上说了和律师所说的内容一致的话。当然我们这个案子最终采信的是证人在法庭上的陈述证言。但就这个案件而言，那个律师所获得的这份材料，作为一种无罪证据而言，能不能用呢？这种完全没问题。有很多人说那就不能用了，因为属于违法取证。我的看法相反。其实律师所取得的那份证言如果跟其他证据相印证，内容是真实的话，可以作为证据使用，因为是无罪证据，无罪证据不受严格的证据法的制约。我有一次去开庭之前，也是找了一个证人做证言。我找到这个证人，并且我是自问自记。记完了以后，我还做得比较完备，证人捺了手印，也签字了，下面也写了一句话，"以上记录我都看过，都对"。这样做了一份证言笔录，询问人是我，记录人是我，拿到法庭上去了。法官说这不行，怎么能自问自记呢？询问证人应当二人以上。我说不对，询问证人应当二人以上，是规定在侦查过程中，侦查就是控方所谓侦查机关，因此侦查人员询问证人应当二人以上。法律从来没有规定辩护律师询问证人要二人以上。法律规定了一个被告人只允许聘请一名辩护人作为他的辩护人，就我一个人，没办法两个人询问，只能自问自记。

  证言笔录是不受证据合法性的制约的。无罪证据把它看成是合理疑点就可以了。难道还要合法的合理疑点吗？合理疑点受法律制约吗？所以把无罪证据看成是合理疑点更好，不能排除这份材料，如果要做无罪判决，把这份材料排除了才是可以接受的。所以我认为证明无罪的证据，其实不受严格的证据规则的制约，它跟量刑证据一样，量刑证据和无罪证据都是自由证据，都适用自由证明规则。只有指控有罪的，定罪的和有关的证据，才受严格的证据法制约，无罪证据可以看作合理疑点。

  现在由于存在着合理疑点，而不得不做无罪判决的案件，举一个也许大家比较熟悉的案件。我曾参加北京三中院一个杀人案件的专家咨询，老婆把老公杀了，两个人准备离婚还没有离。从电梯监控里面看，老公回家坐电梯到九层，从此再没下过电梯。老婆那两天反复上下电梯，两天之内一共上下电梯七次。她拖一个拉杆箱，还有白色塑料袋。后来在小河边垃圾堆旁边捡到了她丈夫尸体的残块，经 DNA 鉴定，是她丈夫的胳膊、手，没有头。最厉害的是这些残块有蒸过的，有煮过的，有烤过的，甚至冰箱里边发现了她老公的 DNA 血迹，家里打扫的非常干净。这个命案，庭审中女被告人自始至终不供述自己杀人，已经讨论了好几次，证据也都收集完毕提交到了法院。

我们有一个重大的疑点，本案一个人能不能完成？有很多辅助性的证据都很恐怖，打开她老公的电脑，经鉴定的死亡时间以后，这个电脑多次被使用，浏览如何碎尸。碎尸创口的断面很不规则，生手干的。这些都符合她的特点，但是这些不是直接杀人证据。她在两天之内要完成这个动作，要碎尸，要煮、烤、蒸，然后抛尸，这些工作都要完成，而且还放在冰箱里边，这个得有强大的心理素质。这个案子最后被告人被无罪释放了，她始终没有承认，也没有其他的证据。电梯监控里面看见她上下电梯，还有一个拉杆箱，然后就是装尸块的白色塑料袋，扔在垃圾堆旁边的也是一个白色塑料袋，那个白色塑料袋没有这个女的的指纹。

这个案件始终有一个疑点：如果是她一个人完成的话，能不能排除其他可能性？我们没有把握。所以我当时主张，这个案子恐怕不能定。最后还有人写了一篇文章，题目大概是《北京的一个无头的杀人碎尸案，被宣告无罪》。其实也没有宣告无罪，是检察院撤回起诉。所以有的时候要把无罪证据都看作一个疑点，能不能把它排除掉，或者有其他的可能性，在死刑案件当中尤其要这样做。

（三）动态证据和静态证据

第三种分类，可以把证据分为动态证据和静态证据。国内做这个划分的很少。静态证据是指同一证据种类当中不再发生变化的证据；动态证据就是同一证据种类的内容不停地发生变化。证据的动态可以分成两类，一类叫单一证据的动态性，另一类叫全案证据的动态性。单一的证据，同一证据种类是动态的，比如犯罪嫌疑人、被告人的供述，第一次、第二次不说，从第三次开始一直到第九次都供述，从第十次开始翻供，是动态的。在这样一个单一证据的动态性过程当中，我们如何认定证据的内容？我刚才讲的，一个是印证，一个是最小公约数，通过这两个办法来确定它的内容。

但是印证要构建印证规则，不能用证人证言来印证供述，用言词证据来印证言词证据是一件不靠谱的事。所以我说实际上印证可以用，我不像其他的青年老师那样，主张不能用印证，那也不对，印证还是一种符合逻辑的方式。但是不能用言词证据去印证言词证据，这个要作为一个规则。当然还有最小公约数，就是在同一证明方向上前后说的大体一样，这个叫自我印证，也属于印证的一种。但是在这样一个证据的动态过程当中，如何把握证据的内容，真的是需要深入考察的。每一个死刑案件，被告人的供述往往都有五六次以上，我们这个卷宗是最全的，一审的庭审笔录、二审的庭审笔录以及一审的合议庭、一审的审委会、二审的合议庭、二审的审委会，还有最高人民法院的合议庭，怎么表决的，都能看得很清楚，就会发现供述的动态变化。还有就是最后我们的承办人要对他有一个提讯，提讯的时候，他还是有机会的，也有的犯罪嫌疑人、被告人到最后提讯的时候，什么都不承认，不停地改变他的供述。我们如何在这些供述中找到证明他犯罪的过程和犯罪的结果的证据，这个需要考察很多因素。

比如说被告人自始至终否认犯罪，比如杀人案，被告人始终否认自己杀人的，他可能也有毛病，什么毛病呢？凡是自始至终否认自己杀人的，那一审二审都不再做调解工作。没办法调解，人不是你杀的，怎么调解？像杀人案这样的命案当中，若没有任何调解的空间，其实风险也很大，判死刑的概率会大增。所以也要明确到底是作无罪辩护好还是罪轻辩护好,在死刑案件当中需要更认真的考量。我们那儿有一个案子,那个被告人自始至终不承认作案。被告人住在一楼,被害人住在二楼,被害人就是一个女的,大概30多岁,被杀了,裸体,有被猥亵的症状,但是没有其他的证据。我列举了几个证据,在一楼被告人的家里搜出来一双鞋,这双鞋放在那个柜子底下,鞋底有被害人的血迹。被害人两张银行卡,一张卡里面有一万一,另一张卡里面有七千块钱。这个被告人在银行取款机上得知了被害人的卡号和密码,把钱取走了,所有的监控录像都有。在他装衣服的柜子里发现了一把刀,这把刀经鉴定,就是杀害被害人的那把刀,创口一致,刀上有被害人的血迹。但因为他们家是一楼跟二楼,也没有监控录像,被告人自始至终都否认自己去过现场。

后来问他怎么解释自己的行为,他说他去的时候看见被害人已经死了,就把门带上了。银行卡是他后来在路上捡到的,问他怎么知道密码的,他说是自己随便试的,那密码准确的很,一试,钱就取走了。这就是一个典型的抢劫杀人案件,被告人自始至终不承认。这么多的证据,当然除了这些还有其他的证据,框定他作案时间。他一开始辩解被害人死亡时间他不在家,结果他儿子说他在家。他儿子还不大,说他爸那天在家。他一开始说作案这段时间,自己在外头跟张三李四王五喝酒。结果经调查,这几个人说记不清楚了,其中有一个人说好像是在一起喝酒,帮他打掩护,但是他儿子说他在家。等等一系列的证据,他都不承认,自始至终否认犯罪。

这个案子最后被核准了。虽然被告人自始至终基本都否认了,从第一次开始一直到庭审都没有承认过,但是证据太多。所以像这种案子到底是做无罪辩护好还是做罪轻辩护好?恐怕要考量一下。不是说一定做无罪辩护就好,如果要做罪轻辩护,是不是可以考虑跟被害人做调解?当然有没有空间很难说,总之是一个努力的方向。被告人的供述是动态的。言词证据动态性非常大,证人证言极其不稳定。我可以说证人证言大约是所有证据种类当中最不可靠的证据,我对证人证言天然的不相信。为什么?因为证人证言这类证据的形成过程异常复杂,一个证人除了有证人资格以外,还要具备三个条件,感知能力、记忆能力和表达能力,同时具备这三个能力,证人要有感知,即使就在犯罪现场,但是没有感知、没有看见也不行。公交车上发生的打架斗殴事件,你找公交车上很多人来问,他们都不知道。他就在公交车上,但也没看见,因为人多,拥挤。在地铁上发生的杀人案,当时在那一节车厢里的那些人警察都找到了,也没有用,因为很多人没看见。因为地铁比较拥挤,被告人拿一个刮胡刀刀片,两三个人打他一个,最后刀片乱划,谁都没看清,忽然在地上倒了两个人,伤及两条性命。所以证人要有感知。感知了,还得记住,证人要有记忆能力,记不住怎么作证?现在问,2009年5月7日下午4:30你在干吗?给大家半个月时间考虑,都未必想得起来。

当然在一个犯罪发生的特定情况下,人的记忆可能非常深刻,但是就证人而言,即使是亲历者,如果不及早用语言文字,录音录像,各种各样的形式把它固定的话,也是会淡忘的,记忆会模糊。人的记忆能力差别非常大,时过境迁,过好几个月再去问这个证人,记不清楚了。哪怕当时他是亲历者,现场看得清清楚楚,也未必还能记得。这两个能力都具备了,证人还要善于表达。一个好的证人是会表达的。我在大学里面给硕士生讲证据法的时候,经常做实验,我让他们表达各种各样的东西,让他们静态描述我是什么样的一个人，然后我把他们的纸条全部收起来一念，经常是哄堂大笑，写的根本就不是我。就是他的表达能力不行，不知道怎么表达。而表达的确是一件非常难的事情。比如说我看见了被告人甲穿着碎花的格子上衣，这是什么衣服？碎花的格子衬衫，能想起来是什么样的衣服吗？你看这些表达都很难。颜色怎么表达？我碰见过非常专业的一种表达，穿着一件猩红的衣服。猩红是什么红？谁会穿那么一件衣服？那红色也红的太邪性了。后来我专门到油漆店去了解颜色的表达方式，我说这个颜色不就那几种嘛，红的、蓝的、绿的、紫的，他给我一本书，我一看276种颜色，什么科罗拉多红，云杉绿，卡布奇诺，这都是颜色的表达，人家那种表达很专业。所以想表达一个东西其实是很难的，这三种能力都要具备。最后你还要判断它的真假。

我曾看到一份令人毛骨悚然的证人证言。那个证人说他听见楼上有响动，就立刻从二楼跑到六楼，推开门一看，发现被害人躺在地上，头部离南墙根18厘米。这个证人太厉害了，火眼金睛，被害人躺在地上，离南墙根18厘米都看见了。这个证人证言你信吗？鬼才信呢，虽然那么精确，越精确，越不可信。我怀疑是侦查机关粘贴的时候把这段忘删了，这个高度印证了现场勘验笔录。可是有什么用呢？谁信呢？证人证言真的不可靠。言词证据最大的问题就是不可靠，所以需要反复验证它的真伪，一方面是要审查它自身的逻辑性，另外一方面要看看它跟其他证据之间到底是一种什么逻辑关系。并且，证人本身还要有资格。我们说生理上、精神上有缺陷或者年幼，不能辨别是非，不能正确表达的人，不能做证人，这是我们国家《刑事诉讼法》明确规定的。最高人民法院司法解释当中说吸毒的人、处于麻醉状态的人、醉酒的人的证言都不得采信，所以酒驾案件当中一般都没有被告人的供述。

我们曾经碰到内蒙古的一个案子,这个被告人完全是醉酒状态,事后清醒了,再问他,他不知道昨天干了什么。我们都有监控录像,问他那是他干的吗?他承认是他。他跟几个朋友分手以后喝醉了酒,就在那个镇上一个有路灯的,有垃圾桶的小路上走,看见一个女的起来上厕所。他以为那个女的又年轻又漂亮,就把她拽在地上想强奸,那女的反抗,他踢她两脚,女的昏过去了,他就开始强奸,强奸完了以后,把那个女的往垃圾箱里面一扔,就回家睡觉了。那女的其实当时还没有完全死。后来一查,那女的61岁,他却说又年轻又漂亮。后来警察问他估计她多大,他说应该30多岁吧,他根本搞不清楚,当时完全处于醉酒状态。这种供述对于案件的处理就很麻烦,如果一个证人喝醉酒了,更麻烦,那证言就不可靠了。所以证人证言形成过程比较复杂,受多种因素的制约,它的可靠性没办法保障。现在大家那么主张证人出庭作证,但效果未必好。我有的时候到各个法院去调研,经常会要求旁听一个案子,听说我要去旁听一个案子,他们就弄一个证人出庭的,让我看他们有证人出庭。控辩双方询问这个证人,把证人问急了的时候,说到底当时怎么发生的呀?这个证人说:"我原来在警察那儿怎么说的来着?"那现在是开庭呢,问他现场看见什么了,他问他在警察那儿怎么说的。他忘了,他最关心的是他在警察那儿说了什么,他要跟那个说的一样,而不是关心自己到底看见什么了。因为证人出庭往往会被告知作证义务,要如实说,不如实是伪证罪,要负法律责任,证人会害怕,经常问上次在警察那儿是怎么说的,这就是证人证言的不可靠性。证人出庭,并不是像我们预期的效果那么好。当然我们还是主张,特别是控辩双方有争议的证人证言,证人还是应当出庭,接受控辩双方的询问质证。但是很多证言经不起推敲。

现在司法实践当中有一种普遍的做法，可能跟律师的理解不一样，不是用从头到尾逻辑上连贯成体系的这一份证言笔录，或者供述当中从头到尾，逻辑上连贯的，而是用一段，这个事实用这段，那个事实用那段，分段的。所以为什么产生了印证呢？印证是解体式的，一核对基本一致即可。所以我为什么说用言词证据印证言词证据不可靠呢？我一再地想说规则要建立，要用实物证据去印证言词证据。司法实践当中还会碰到许多问题。

其实实物证据也有动态性，尤其是鉴定意见。我以前不知道，以为法医鉴定有多么神奇，现在经常发现法医鉴定简直是没办法采用。有一个案子，我们最高人民法院的法医都解决不了，让我们到公安部去。后来我专门到公安部问死亡时间，到底被害人什么时候死的，死亡时间到底是几点几分。法医告诉我们，鉴定意见的结果是饭后四小时，因为胃呈排空状，判断死亡时间为饭后四小时以上。这范围太广了。我们知道被害人昨天夜里没死，早上6点钟起还来跑步，就问法医，是不是六点钟死的？他说那不敢确定。我说你解剖的时候不知道吗？把这尸体解剖了以后，他下一个结论，死亡时间距解剖时间24小时以上。因为什么呢？有很多依据，比如尸斑怎么形成的，尸僵怎么形成的，以及腐败状况。这些东西时间跨度太长了。再问死亡原因，他做了一个简单的结论，叫溺亡，溺亡就是在水里面淹死的。被告人把这个女的往那个井里面一扔，被害人溺亡了，结论是这个。我就奇怪了，我到现场去看，那个井才38厘米，那女孩的肩宽也是38厘米，肩宽跟那个井直径是一样的。怎么搞进去的？人家那么听话，把她往井里放，她就下井了？那女孩每天早上晨练，6点钟起来跑步，身体壮的不得了，面对面动武未必会输。尸体解剖时发现，女孩的确很强壮，你说怎么进去的？我就问那个法医在溺亡之前她是什么状态，他说溺亡的结论是这么来的，肺里边检出某种物质，所以就是溺亡。我问他，人死后泡在水里边，胃和肺里边能不能检出？他说也有可能。我说那你怎么就以这个作为依据，说她是溺亡呢？她头部也有伤，两个肩部都有伤，这个肩就是跟井壁摩擦形成的伤，身上伤多了，两个手都有伤。我说手背上那个伤怎么形成的？他说手背上的伤是男的把这个女的两个手按在地上，这个女的不停地抽动，在地上摩擦形成的。脑部的这个伤是怎么形成的？有可能是与井壁碰撞形成的，那就是男的把头往下按形成的擦伤。我说她临死之前，反抗能力怎么样？他说不好说，就是这么一个溺亡的结论。由于他做了溺亡结论以后，我们对她的很多伤就没有办法逐个形成对应，这个经过我们一直搞不清楚。

　　按照嫌疑人的说法，他就用一个胳膊把这个女的一挟持，一直挟持到井边，然后往井里一扔，把她两个脚一拎，就下去了。我问他，她当时反抗能力怎么样？法医说没什么反抗能力。我说那她受伤了吗？他说应该是有伤的，要不然她不会那么乖。他想强奸，后来那个女的把他识破了，所以他就要灭口。我专门找这个法医咨询了很多次，最后这个法医坚持说溺亡还是她最主要的死因。所以别看是法医，对死亡原因、死亡时间的判断不一定很准。

　　现在安徽公安厅有一个很优秀的法医叫陈林，他发明了不是用胃内容来确定死亡时间，而是根据小肠里的食糜。他解剖的时候要解剖小肠，小肠有食糜。一个人的小肠大概有十几米长，他把那个小肠一截一截地解体以后，根据这个食糜来确定大概的死亡时间，这种方法要精确得多。现在关于对胃内容的分析，鉴定结论上面就说胃呈排空状,饭后四小时,一般就给这么一个结论,最多饭后六个小时。所以法医鉴定的现场勘验笔录是我每次特别注意去看的,为什么?我要知道证据是怎么来的。如果现场勘验笔录当中没有这个证据,那就得鉴定,这不是开玩笑的,我一定要在现场勘验笔录当中找到证据。精神病鉴定也很棘手,一会儿鉴定有精神病,一会儿又说没精神病,一会儿说有责任能力,一会儿又说没责任能力。我们也不是专家,只是通过日常生活表现,感觉他行为比较怪异,有的时候性格偏执。鉴定意见有时候需要反复地考虑。

这是讲单一证据的动态性。全案证据也有动态性的问题,特别是非法证据排除规则,排除了一些证据以后,结果用到定案根据的证据就只有这些。我有时候看承办人员写那个案件的审查报告,证据审查那一块儿没几个证据,翻来覆去地说这个跟那个印证,一会儿证人证言印证了被害人供述,一会儿被害人供述又印证了证人证言,来回这样印证,这不可行。写供述的时候,说证人证言印证了供述,写证言的时候,又说供述印证了证言,这都是问题。全案证据也是在不停地变化,有的时候一审、二审有变化,二审又增加了一部分证据。证据的动态因素是我们需要时刻把握的,证据发生了变化,等于案件事实发生了变化。

三、对刑事证据特征的认识

证据的三个特征通常指证据的客观性、关联性和合法性。在我看来,证据的这三个特征都不是特征,其实证据未必具有这三个特征。

(一)证据的客观性

证据具有客观性是不好判断的。言词证据哪有什么客观性?

言词证据大多数是主观性的，比如感知、记忆和表达等都是主观性的。实物证据是客观的吗？也难说，因为实物证据的选择性应用是非常普遍的。现场可能有 18 枚指纹，就要两枚；床边溅落的血迹可能有四五百粒，就用三粒，刮一小片；衣服上一大片血迹，剪一小块，这都是主观选择性的。一个实物证据要经历许多过程，发现、提取、固定、保全、移送，在移送之前还有一个程序叫鉴定。鉴定意见很显然是主观性的，专家的意见。实物证据本身是哑巴证据，信息量很小，有的实物证据基本上不带什么信息量。比如说被告人的鞋底发现了被害人的血迹 DNA，这是有 DNA 鉴定的，血的 DNA 是被害人的。那个鉴定意见只鉴定到这儿，说犯罪现场发现了血迹，和被告人鞋底的血迹是同一个人的，只有这么多。但是它信息量很小，我们要结合案子其他很多因素才能得出一个意见。实物证据没有什么信息量，我们大量地依赖言词证据提供的信息，所以不能说实物证据一定是客观证据。

现在我在极力地反对实践部门经常说的一种说法，叫本案有客观性证据在案。我在庭里经常给他们修改这些词，我经常把它改成本案有客观性很强的实物证据在案，只能说它客观性很强。如果你说言词证据没有任何客观性，那不对，我们的证据要求是有客观性的，一个言词证据如果没有任何客观性，怎么能做证据用呢？纯主观性的东西是坚决不能做证据用的。

我们一直在说有三种东西是纯主观性的，不能在刑事诉讼中作为证据。

第一，一切理论、学说、观点、思想都不具有客观性，不能作为证据使用，因为它是主观的。

第二，一切封建迷信类的都不具有客观性，在封建迷信类分类当中它就是证据，但是在普通犯罪当中，封建迷信类的东西都不能作为证据用。封建迷信的，解梦，测字，八卦，说八卦是科学，周易是科学，但是现在都属于封建迷信。这一类的证据现在用得不好，有的是实物证据，封建迷信类的实物证据，弄一个符往那儿一放，弄点香灰，弄点水，说这是仙水，喝完病就好了，结果喝死人了。在实物证据当中封建迷信的也不可以作为证据用。

第三，猜想、臆断。比如我说一段话，我那天一上楼就看见从六楼噔噔噔跑下一个人，戴着墨镜、穿着风衣、系着围脖，大高个，快速地跑下来了，他一猜就是六楼的王小六，就是他。那么这一段话能不能看作是证人指认王小六从六楼跑下来了？证人不都说他是猜的嘛，他一猜就是王小六。这一段话到底是不是猜想呢？我个人认为不是，这属于证人的体验性判断。体验性判断可以作为证据使用，这个在最高人民法院司法解释当中写得非常清楚，体验性判断和纯意见性判断要区分。体验性判断是根据我的日常生活经验和我对王小六的熟悉程度，他那么高个，虽然我没看清他的正脸，但是我通过一个人的体形，能判断他是谁。当你跟一个人很熟悉的时候，他哪怕离你七八十米，你一看他的背影就知道是他，这个是体验，体验性判断可以作为证据。但是如果是意见性判断，比如我家一个东西丢了，我跑到公安局说是隔壁王丽偷的，为什么是她偷的呢？这两天她走路的时候，碰到我，眼睛不敢看我，她心里有鬼，所以我家那个东西是她偷的。这个就是意见性判断，纯意见性的，没有任何体验，是一种心理主观感受。不能因为你这样一说，王丽马上就被列为嫌疑人，这没有证据。但是刚才说六楼跑下一个人来，我一猜就是王小六，这个时候王小六可以作为被指认的嫌疑人，这个是可以的，因为他是体验性判断。所以在最高人民法院的司法解释当中我们看到了，区分意见性判断和体验性判断。如果是意见性判断，我们把它视为猜想、臆断。

证据你要说主观性是指这三项，一个是理论观点学说思想，一个是封建迷信，再一个就是猜想和臆断，这三类是纯主观性的，除此以外都叫具有客观性。所以你不能用"客观性证据"这个词，我坚决反对。因为证人证言也具有客观性，实物证据也具有客观性，反过来，证人证言具有主观性，实物证据也具有主观性，证据是主观见之于客观的东西，只要不是纯主观的东西，就可以作为证据。我刚才讲了，体验性判断很主观，但是它不是纯主观的，带有一定的基础，带有一个个人的生活经验的基础。

（二）证据的关联性

关联性更加不好判断。所谓关联性是指证据与案件事实之间存在着密切的联系。"密切的联系"，这几乎等同于没说。我记得恩格斯有一句名言，说"世界上万事万物之间都是相互联系"。既然没有相互联系，那你说相关性有什么意义呢？关联性有什么意义呢？我们有一个老师写这个问题的时候，他说这种联系的表现方式是非常复杂多样的，既可能是直接的，也可能是间接的，既可能是肯定式的，也可能是否定式的，既可能是内在的，也可能是外在的，既可能是必然的，也可能是偶然的。你把这话全说了，那还有什么不联系的呢？所以我说这个教科书这样写不行，应该改成这样：证明犯罪嫌疑人、被告人有罪的证据与案件事实的关联是直接的、内在的、必然的、肯定式的，反之，证明犯罪嫌疑人、被告人无罪的证据与案件的联系是外在的、偶然的、间接的。要区分证明有罪和证明无罪，不能把两个混在一起说，混在一起说就乱套了。证明有罪的证据怎么还跟它是偶然联系呢？

不可能是偶然联系，它是必然的。只要犯罪，就会留下证据，这个证据恰好能够必然联系他的犯罪行为，这才对。相反，证明无罪不是这样，昨天晚上 8 点到 10 点发生杀人案，我涉嫌犯罪，经过证据证明，我和张三、李四，我们三个在电影院看电影，我不在案发现场。我在看电影的这个证据和这个杀人案件的案件事实之间是什么联系呢？它有联系吗？有联系，通过我联系的，因为我是嫌疑人，但这种联系是一种什么方式呢？是外在的、偶然的联系。他在那儿杀人，我恰好有一个证据证明我在看电影，不在犯罪现场，这个是偶然的，不是必然的联系。他一杀人，我就必须看电影，我有病啊，他杀他的人，我看我的电影，还干吗非得必然联系？一杀人，我不看电影还不行了？因为它证明了无罪，所以是偶然的。

如果说杀人的现场发现了我的指纹，那我的指纹是很偶然的留在犯罪现场吗？不是，你只要在那儿干活，指纹就会留在现场，这个指纹跟案件事实的联系是必然的。关联性是很难说清楚的。现在我们都一般认为关联性就是证明力，关联性越强，证明力越大。所以大家在讨论的关联性规则是叫证明力规则。

当然也有排斥关联性的三种情况，在定罪阶段不具有关联性。第一类叫品格事实，或者叫品格证据，品德也行。一个人的品德、品格是否高尚，和他有没有实施犯罪之间不具有关联性，不能攻击被告人的品格，这是英美法的证据法上的一个铁律。定罪阶段不能攻击被告人品格，和我刚才讲的那个叫定罪证据与量刑证据区分是一个道理。量刑阶段可以说被告人品格有多么差，把他量重一点，这是可以的，定罪阶段不可以出示品格证据，因为品格证据跟定罪之间不具有关联性。品格证据属于典型的量刑证据，定罪阶段不能出示。

第二类叫前科事实。前科事实也不具有关联性。我以前杀过人和本次事件当中杀人没有关联性，那是我以前干的事，这次杀人得有这次的证据，你不能把我以前杀过人跟本次杀人事实联系在一起。前科事实不具有关联性，只能作为量刑证据。

第三类叫表情证据。表情证据不具有关联性。表情证据是审查关联性证据的方法，它本身不能作为定罪证据使用。表情证据在死刑案件中用得非常多，古代有五听制度，"听"就是观察，观察五个方面，辞、色、气、耳、目，全部都是表情，辞是说话，色是脸上的颜色，气是喘气，耳是听力，目是视力，观察这五个方面。证人、被告人、被害人所有言词证据审查一律适用五听，中国古代实物证据极少，大多都是用言词证据来定案。罪从供定，疑罪从有，中国古代就擅长使用表情证据。但是现在比如我们的警察在分析案件证据的时候也经常说嫌疑人紧张，冒虚汗、口吐白沫、浑身抽搐，把这些作为审查判断证人证言真实性的一种方法可以，但是它本身不能作为定案的根据。现在这五听也还可以用，不是不能用，我们的侦查人员尤其擅长用，但是一到检察阶段，一到法院审判阶段，表情证据一律不得作为证据使用。

（三）证据的合法性

我们国家专门有非法证据排除规则，但现在还没有通过非法证据排除的实施细则。

还有一个问题就是重复供述问题能否写清楚。如果确定了是刑讯逼供，重复供述是不是一律排除？这个能不能确立？如果能做到这一点也不错。再一个是证明责任怎么分配要搞清楚。控方的证明程度，证明合法性到底到什么程度？再就是补证和合理解释到底怎么来理解？根据证据种类来谈，非常多的问题。现在最大的问题是辨认，这个辨认太草率。现在在死刑案件当中，辨认用的不太多。那么有没有必要辨认？辨认出问题的比较多。美国不叫辨认，叫指认。美国从1976年恢复死刑，到2006年，30年间，一共执行1066个死刑，每个证据都在。

美国有一个蒙冤者计划，蒙冤者计划对1066个案例进行了一项重要的工作，叫作DNA工作，当时没有DNA，现在就复查，把当时保留的这些物证、血迹、材料做DNA鉴定，现在在这1066例死刑案件当中，发现42例有问题，但是没有宣布它们是错案，只是说有问题，至少DNA不一致。在这42例当中，已经发现有问题的，已经认定为是错案的一共有17例。美国几十年以来才1000多例案子，就有17个搞错了，100个案子就有1.7个搞错了。在那17个搞错的案子当中，第一位致错因素，就是指认，有的是证人的指认错误，有的是照片的指认错误，有的是目击证人指认错误，有的是被害人指认错误，等等。指认发生错误占的比例非常大，大概有一半左右的错案都是由于指认错误导致的，所以根据美国这个研究，我们就知道现在中国的辨认也有很多的问题。在死刑案件当中都能找到很多的辨认，其实问题比较多。

其实辨认规则是非常复杂的，两个重要的规则，即混杂辨认和个别化辨认规则，贯穿的时候非常难。警察有没有暗示？只要暗示一下，那辨认就没有意义了。所以一个合法的辨认到底应当怎么做，现在我们还需要制定进一步的详细的辨认规则。但现在我们这个证据规则已经比较多了，如果定案证据全部都要求合法性，既无可能，也无必要。证据只有严重的违法，才会被排除，轻微的，一般性的违法很难避免。

我们有补证规则，有合理解释，就是做这个用的。但是我们要通过排除一些非法证据,来规范警察的取证行为,这是非法证据排除规则的意义。非法证据排除规则不在于它排除了多少非法证据,而在于它起到了规范警察取证行为的作用。所以你看证据的合法性要求那么严,取证的主体要合法,证据的内容要合法,证据的表现形式要合法,证据的收集手段和程序要合法,讲了四个合法,但是合法性的这四个方面真的能做到吗?比如证据的表现形式,交警部门关于交通肇事罪当中那个事故责任认定的认定书是什么证据形式?在我们这八大类证据里属于什么证据?是书证吗?交警部门关于责任事故的认定,说驾驶员承担主要责任,致一死一伤,所以构成交通肇事罪,那个主责、次责,那个责任认定书是什么证据?物价部门关于手机等赃款赃物的计价的认定,价格认定书是什么证据?它是认定书,根本不是鉴定。这种部门有从事司法鉴定的资格吗?根本没有。我们卷宗大量出现的各种各样的情况说明,是什么证据?不是书证。书证应当形成于犯罪过程中,而不是诉讼过程中,这是一个最基本的区别。诉讼过程中怎么还能产生书证呢?诉讼过程中最多形成文书类的只是鉴定意见,不可能形成书证。情况说明怎么能叫书证呢?不是证人证言,不是书证,到底是什么证据类型也不知道。

  公安机关出示的抓获犯罪嫌疑人的经过,是什么证据类型?没有这种类型。所以说证据的表现形式合法,是一个我们几乎不能讨论的问题。八大类证据种类只是一种概括性要求,我们现在电子数据类的证据太多了,根本无法归类。微信当中那个语音,微信当中的图片,到底怎么界定?微信当中的小视频是什么证据?一大堆,我们现在很难界定。所以我们对证据的合法性的要求越来越高,但我们不能要求定案所有的证据都具有完备的合法性。既无可能,也无必要。这是我关于证据三个特征的认识。

有人提出，基层法院小的刑事案件，律师做无罪辩护的，法院经常开完庭，一年都不判，严重超过 6 个月的时间。而法官的回复是他们已报请上一级法院，但无法给出最高人民法院的延长批复。请问法院内部对于审限超期是如何具体掌握和请示的？

说实在的，我压根儿就不知道审限还可以这么超，也没有听说过一个基层法院的案件要请示到最高人民法院延期的，就没发生过这种事情。我的答复是，这是违法的，不能这么做，审限不能当儿戏。遇到这种情况，律师应该到检察院去，检察院管法院，到检察院说法院超期了，要求检察院监督一下。

还有一个问题，影响力小的刑事案件大量存在疑罪从轻的情况，现在很多大律师和媒体关注的案件都得到了再审改判，但是更多数量存疑其实是在普通的刑事案件，影响较小的案件中。实践中这些普通的案件也存在冤假错案，法院内部对小的普通的错案是依据何种原则和流程去纠正的？

其实都是一样的，如果真是错案的话，是不分大小的。当然即使是大的错案，纠正也很难。比如说聂树斌案，那么大，比如说呼格案也费劲，大的错案纠正也费劲。但司法裁判当中的错误难以避免。我刚才讲了美国，30 年间才执行 1066 个死刑案件，现在已经发现 17 个错的，这个难以避免，死刑案件都这么多，其他错案就更多了。美国法官又那么有权威，轻微刑事案件当中需要被告人认罪，辩诉交易大量存在，所以这个问题是司法的代价。怎么来纠错？只能靠运气，我现在只能说所有的纠错案件都是运气。但是我们要通过前面这个严格的证据规则和规范，来避免错案发生。避免不是说无一漏网，如果有，还是能纠错就纠错。纠错目前的办法就是申诉。

还有一个问题，错案的确是很难认定的。有的案子你可能认为是错案，但是法院可能作出的未必是错的判决。对证据的认识和刑诉法的发展是脱节的，要是按照现在的证据标准去翻 80 年代的案子，大概一多半都是错的。所以证明标准本身在发展的过程中，有些事情可能真的无法弥补。我刚才也说了，其实正义有很多的面孔，当对一个被告人疑罪从无的时候，被害方的正义可能再也无法实现，这是司法不得不付出的代价。我也不知道怎么来评论这个工作，你们的工作都很辛苦，大家来自于全国各地，有的事情我们能做一点就做一点，中国法治的进步是缓慢的，但是我们应该充满希望地看到，我们还是在往前走的。我就说这么多。谢谢！

刘　良　华中科技大学同济医学院教授、博士生导师；主任法医师、中国法医学会法医病理学专业委员会副主任；"中国专家证人出庭作证第一人"。

08 刘 良
专家证人出庭在刑事辩护中的具体应用

非常感谢中国政法大学给我这个机会，我今天主要跟大家交流一下出庭的问题。大家都知道如果你们手上拿着特别是命案或者是损伤比较重的刑事案件时，你们会拿到一份鉴定意见，这份鉴定拿了以后，你们就很迷惑，有的看得懂，有的看不懂，或者有的看得懂也似懂非懂，然后在辩护的时候不知道该从哪里下手，不知道鉴定到底是对是错，有没有问题，所以就需要一些人帮助你们。在目前国家规定专家证人也叫专家辅助人以后，又有很多自称为法医大家的人，或自认为很优秀的专家证人不断地去主动要求给刑事辩护律师做顾问，提供支持。但实际上好多辩护到最后庭审的时候，又输掉了这个官司。专家证人在里面是不是起到了正的作用？或者是否有些误导？这些都是需要关注的事情。

我今天主要是讲一下我自己的一些体会，理论上的东西我不想讲太多，因为给你们发的一些资料上都有。有些东西我会强调一下，大概会按照五个部分讲。

一、专家证人的基本内容

（一）专家证人的作用

专家证人的作用，这个我不太想讲了，实际上看一下就行了。现在因为《刑事诉讼法》有这样一个规定，可以请专家证人，或者有专门资质的人，或者专家辅助人，就是不同的地方有不同理解，大同小异。主要问题就是现在我们的司法鉴定人，行内的人不怕律师、法官、检察官，也不怕原告、被告，最怕的是内行，特别是内行里面有点本事的。内行来了以后，他会很害怕。你问的问题可能会点到他的死穴上，他就没办法回答你，其实这个是最大的问题。

当然我们法庭上有一个问题，就是我们没有交叉询问这个环节，鉴定人出庭以后，专家证人再进去，让律师来问，他们没有办法直接面对鉴定人，如果有机会能够直接面对鉴定人，那就更好了。因为鉴定人回答问题以后，律师也不懂，不知道对与错，没有办法进行，如果他回答给真正专家的话，接下来第二个问题抛给他，第三个问题抛给他，最后他可能就无法回答了。当然现在我们国家还没有到那个程度，但至少现在还是有进步的，会让这些人提这样一些问题，这是一个鉴定人比较害怕的。

（二）专家证人不同于鉴定人

鉴定人和专家证人不同，鉴定人主要是受委托进行鉴定，专家证人不做鉴定。专家证人只对鉴定提意见，特别是有利于委托的当事人的意见。我们以前有一个误区，说专家证人只能接受辩护人的委托和法院的委托，实际上原告、被告、检察院的委托，都可以接受。但是现在有一个乱的情况，就是什么人都可以当专家证人。现在河南省高院有一个内部的规定，设了一个门槛，不是任何人都能来当专家证人的。专家证人出庭，他的资质、身份，是需要法庭进行审查的，审查完了以后，允许进来才能进来，所以这个是比较好一点的情况。我认为专家证人主要是找破绽，让原来的鉴定，不利于当事人的鉴定不要被采信，或重新鉴定，这样的话，才能起到保护当事人合法权益的目的。

（三）专家证人如何开展工作

专家证人是怎么开展工作的，跟大家交流一下，这里面我们主要针对的是鉴定意见书。鉴定意见书有很多种，给大家做一个简单的知识普及。我们知道临床上分为很多科，比如内科、外科、妇产科、儿科、耳鼻喉科、眼科，法医也是分科的，也分了很多科。为什么要强调这一点呢？我后面会讲到的。所谓专家辅助人或者专家证人应该有一个三位一体的说法，首先这个人是一个"专"，后面我会举例子讲什么叫"专"。比如说在一个刑事或者民事纠纷或者医疗损伤鉴定上面，如果一个人是因为开刀发生死亡，当事的某一方会请一个专家过来，到庭上去。我们的辩护律师也好，或者是哪一方的律师也好，就要知道问问题首先要问他是不是专家，但不要问完了以后，就没有第二个问题了。比如说他来了，你就问他是不是学医的，这个人很趾高气扬地说他就是学医的，这时候你不要轻易地就把你的问话权扔掉了，应该接着往下问，问什么呢？问他学的是什么医，我们医学有很多，有临床医学，有中医，有兽医，多的是。这个人说他学的是中医，你想想他这个专家地位会在法官心中怎么样？一落千丈，一个学中医的来谈开刀的事情，你不觉得可笑吗？他说他学的是临床医学，你这时候也不要被他唬住了，应该接着问他学完临床医学以后，从事的是哪个专业，这个人说他从事的是儿科，一直在从事儿科。儿科的来谈外科的事情，起码不是太专业。所以一定要在"专"上面去问。

再比如有个人是被搞死的，或者打死的，掐死的，中毒死的，结果专家来了以后，你问他学什么的，他说学法医的，你一下就被唬住了，可能就放弃了。其实你就是要问他学法医以后，从事的是法医哪个专业，他说他从事的是DNA，做物证的；从事的毒物分析，做毒物化验的。这个人你就可以把他打到冷屋去，他不是专家，就是医院里面检验科的人，做B超的人。他在他那方面是专家，比如拿一个毒物化验分析单，他可以分析，DNA的数据他可以分析，但是这个人怎么死的，那不是他说了算的。所以这个专业是需要我们去了解的，要知道法医分什么类别。

法医分类，凡是涉及死亡的，找法医病理；有一部分打伤、打残了的，找临床法医和法医临床专家；小孩生出来不知道爹是谁的，找法医物证；中毒的，找法医毒理。我本人的专业就在法医病理和法医毒理上，全国的法医要学一本《法医毒理学》教材，我就是主编，该书已经是第二版。黄洋案，实际上我是最好的人选。斯伟江找过我，但是在找我之前，他已经找过了另外一个所谓大牌的专家，他提出来被害人是肝脏病暴发肝炎死的。在庭上很多人忘了去问一下这个人到底是学什么的，从事的是什么专业。斯伟江问我的时候，当然也问了我的导师王国兆先生。我的答复和王国兆的答复是，关于中毒和疾病的问题，我在中毒方面可以说是个专家，在疾病方面当然也懂，因为我是学临床医学的，但问题是在肝病方面，我不敢说我是专家。那怎么办？临床有很多搞肝病的专家，把他们请到法庭上作为斯伟江的团队是最棒的事情。干吗要请这个人来说肝病的问题呢？不合适。你可以多找一个人，让他去说肝脏的问题，这该多好。

所以有位大律师在评价黄洋这个案子的时候就提到一个观点，他说其实在聘请这些专家证人或称专家辅助人的时候，他们的好与坏无所谓，但是我们的律师是要为他们买单的。你知道这后果有多严重吗，官司输掉了，专家证人无所谓，拍屁股走人了，但辩护律师脸上无光啊。所以在你筛选你的专家团队的时候是要有甄别的，而不是说谁炒的名气大，就都拉进来，根本不是那个事。

在那个肝病问题上面，其实到全国任何一个地方请一个搞肝病的临床专家去，都要比那个所谓的法医说得好，这就是一个败笔。所以不同的领域，不同的专业，同一个领域里面的不同专业完全是两码事，出去了说法都不一样。这个是法医毒理方面。再就是毒物分析，念斌的案子就跟毒化有关系，那个专家提的意见很有道理，因为念斌案找的人，直接就切中了要害。

还有精神病的，精神病杀人的现在特别多，或者被杀的，说这个人是精神病，你一定要找懂这方面的人。所以这是我们法医上的分类，希望大家以后在请这些相关的专家的时候，要看鉴定书上写的是哪个方面的专业，请比较靠谱的，而不是说随便学法医的都厉害。所谓隔行如隔山，专业也是这样的。

二、专家证人如何分析审查鉴定意见

鉴定意见怎么审呢？我想你们通过这个交流以后，大概应该知道我们在看报告的时候，律师是喜欢看格式的，看上下左右日期，这方面很容易看。人没死都被解剖了，报告都出来了，还有上下、男女搞错了，这个是瑕疵。关键点在后面的两个问题，我们按照现在司法部鉴定文书的格式，重点要查的是第四项和第五项——分析意见和鉴定意见，这是我们要关注的东西。我们在座的可能也比较关注这个东西，但是往往看这个的时候看不明白，没学过这个东西，不知道该从哪里下手，怎么去看，怎么去分析，所以我今天大概讲一讲。你看这个分析意见，是不是把该分析的东西分析了，虽然你也看不懂，但是你要提啊，有没有这个事情，是不是该有的东西都在里面，如果没有，那可能是漏项，也可能是严重的漏项，还可能是故意漏的，他不敢涉及这方面的问题，因为一涉及，这个案子就变了，这个是要命的地方。鉴定意见后面说明，你可以根据他的语气、措辞，来判断这个人的鉴定意见靠谱不靠谱，他自己自信心有多大，可以从侧面了解这个事情。分析说明这两个问题，一般来说我们有几个问题是要重点审查的。

（一）重点审查法医鉴定中的六类死亡原因

第一类是损伤致死。棒子打死的，刀子捅死的，高坠、交通事故等引起损伤导致死亡的。

第二类是窒息死亡。上吊的，勒死的，掐死的，淹死的，还有气道里边有异物进去的，压迫口鼻，压迫胸脯，活埋导致死亡的。

第三类是中毒死亡。

第四类是病死。死者本身有病，突然与人发生争吵，死了，或者是打架，被人轻轻推一下，死了。所以我们媒体经常会有什么洗澡死，喝水死，其实我说这些东西都不是。原来我怪媒体，认为媒体瞎报道，我们法医从来不这样说，我们只会说这个人是因为什么死亡，比如冠心病死亡的，生前争吵激动是诱因，从来不说是因为争吵死亡的。但是后来我们发现法医中真有这样的人，我也看了几份这样的报告，我才说这不是媒体无中生有的事情。为什么呢？法医其实有两种人，两种有病的人，一种人是眼睛出了问题，明明这个地方放了这样一个水瓶在这，他视而不见，或者把它看成杯子，是一种错觉。这种人还是比较好训练的，给他配个眼镜，他基本能缓过来。还有一种人是脑袋出了问题，他可以联想，可以武断地去割裂它，把两个没关系的连在一起，把两个有关系的割裂开。

我身边就有这样一些人，你看这样写报告行不行，有个人跟别人吵架，然后倒地死了，两个人身体都没接触，一查，冠心病。我们正常会怎么写呢？这个人由于冠心病，发生猝死，生前的争吵情绪激动是死亡的诱发因素。他不这样写，他怎么写呢？这个人在冠心病或者严重冠心病基础上，因争吵而死。所以什么洗澡死，就是本末倒置了，明明只是一个诱因，他却把主要的问题放一边去，把这个拿出来，倒是很吸引眼球，其实他的根本原因是因为有病。

第五类是烧死、冻死。

第六类是被雷劈死，电死。

这六大类如果你考虑了，才是一个合格的法医。

在法医鉴定方面，如果一个鉴定意见已经把其他的都想到了，都排除了，就是一个比较好的鉴定。直奔主题去的，很难，鉴定很难达到这样的目的，可以怀疑的太多。死因大概有这么几个，一定要全面排除，再做死因分析，如果没有全面分析，在庭上就是一个很大的漏洞。比如这个人没做毒物化验，我就合理怀疑他是中毒死的，那你去查吧，或者没有查电流的问题，虽然你可以排除，但是我在庭上依然可以把这个抛出来，让你去补充材料。像这样一些问题都是我们在出庭的时候要注意的，这个是我们律师自己都可以解决的事情，不需要派专家辅助人来做。

（二）分析诱因问题

诱因的问题是不是分析了？因为我们很多人只说冠心病猝死，但是不讲这个人死亡跟他生前的一些关键性的因素，这个就很麻烦，当事人一方就会找你扯皮。我们最近做了一个案子，一个总动脉夹层的人，血管随时要破，就是背了一个定时炸弹，他可以死于任何地方、任何场所，结果他死在一个没有行医执照的卖药的药店里边，然后就开始找这个人扯皮。这个人冤枉死了，那个人到哪都会死，怎么到他这，要他负20%的责任呢？因为他给那个人打了针，打了一天针，没好，第二天他又来打针，他说他让那个人到大医院去看，但口说无凭，还是得赔。这样一些人是不是诱因呢？可以算诱因，因为他实际上耽误了人家很多事情，如果他换一个好医院，做一个手术，可能就好了。这个问题是需要说明的，如果不说明的话，可能会对你当事人不利，这个可能会提出来。

（三）避免不应抢救而抢救的现象

我们现在很多人在快要死的时候，都会被送到医院去，医院的医生现在不敢不抢救，装模作样的也得搞两下，要不然的话，患者就要找他麻烦。怎么办呢？按摩，往下按，按摩的频率要多少呢？按下来的频率跟心跳的频率是一致的，正常人是60～100下，那一分钟要按60～100下，把心脏按到一个节奏上去。但是心脏跟胸壁有多少厘米的肋骨和软组织呢？胖一点的有五厘米，瘦一点的有两三厘米。医生必须把胸廓压到心脏上面去，所以胸廓必须压下去3~5厘米。3~5厘米是什么概念？是会让胸廓承受不了这个压力，会听到噼里啪啦的声音，什么声音呢？骨头断了，只有骨头断了，才能压下去。所以那个人做按摩是很吃亏的，如果有一个人帮助他的话，就给他吹气，吹多少下呢？一分钟吹 10~20 下，人的正常呼吸。没有的话，你再压 30 秒，按 30 次、50 次，赶快把他鼻子打开，再吹气，还得把氧气吹进去，那个时候吹的好多是二氧化碳，只是把肺扩张一下，所以很吃亏。要达到这个目的就会出现什么呢？出现很多抢救的人工产物。

比如说我们一位北京大学第三医院的医生就是被抢救死了的，心脏被压破了。本来人家好好的，不抢救还好一点，一抢救，肋骨一下刺下去，心脏破了，肺被刺破了的，肝脏被刺破了的，有很多这样的事情。还有抢救会出现什么情况呢？比如被抢救者吃饱了饭，一肚子食物，压迫的时候，他的上腹一直被压，那食物往哪里走？如果往下面肠子里边走，肠子下十二指肠那边有一个门，它不让你过去，叫幽门。上面也有一个门，是跟食道连着的，叫贲门。哪个地方的压力小一点呢？往上容易走，往下不容易走。那好吧，你压的时候，那个食物就往上走，到喉咙这里来了，如果这个人还有点气或者没气，你再给他吹一下，这食物就到气道里边去了。

轰动全国的雷洋案，雷洋有没有这种行为？值不值得合理的怀疑？食物有没有可能这样进去？鉴定的时候注意到这些行为没有？做了合理化解释没有？这都是要考虑的问题。我不能说怀疑前面鉴定有错或者怎么样，那么多专家在里面起到很多作用，但是很多事情不是专家越多越好，科学事实就那一个是真的，所以这样一些问题都是我们要关注的。

我最近连续做了五个气道里面有食物的，所以又研究了很多这种事情。像这样一些人工产物，将来可能都会引起很多歧义的问题，所以一定要做一些排除，做一些思考。以后像这样的问题，都会招致很多媒体质疑、老百姓质疑，甚至法医也不理解和质疑。

（四）化验结果的专业评价

外部信息的评价，需要专业的指导。比如人家做了一个病理学报告，这个人是怎么病死的，你能确定这个事情是发报告者的意图吗？可能不是这样的。安徽淮南一个叫谢培银的，这个案子当时也是涉密的。当时谢培银手上有两个痕迹，检察院做的，就把这个痕迹发了报告，说这个痕迹在显微镜下具有电流的特征。结果检察院就给转译了一下，直接下了结论，认为这是电流斑，接着说这个人是被电打伤了以后，跳楼致死的。结果我们最高检的王雪梅，中国首席女法医，她更厉害，往前更推进一步，说这个人不是被电打伤的，是被电打死的。被电打死以后，行为人伪造了一个现场，把这个人头朝下，脚朝上，面朝外，从窗户上扔下去了。公安部搞测谎的专家说这两个警察在撒谎，他们肯定是用电打的，而且把人打死了扔下去的。然后中央一台、中央二台、中央十台几个频道连续在播这个事情，现在还查不到问题。两个警察被抓了进去，关了两三年，等我们再去重新鉴定，发现就是那个人掉在地上，磕了两个痕迹出来，不是电流斑。谁说是电流斑呢？检察院说的。我到现场去，没有电源，墙上没有东西能拿出来，电警棍也没有，而且他也不是嫌疑人，根本就没必要对他进行刑讯逼供。

最后责任找谁负？没人负这个责任，根本就没有电流问题。那这种外部信息谁引用的？谁负责？当然我们检察院很强势，反正也不负责。警察也被放了，不了了之。所以一系列的问题，是我们引用上面有问题。

（五）减少超范围的分析

有一个福建的案子，看看这个案子怎么处理的。一个人在

2014年7月14日砸东西、砸车，然后在地上打滚，民警就把他带到派出所，下午他死了。死了以后，当地的检察院就开展调查，说尸体没有被打的痕迹，除了有点小擦伤，是他自己在地上打滚的行为所致。监控也显示，他们以为他吸毒，把他放到毒区里边去了，他在地上不停地翻滚，情绪激动，他们发现之后给他按摩，120去抢救了一下，没用，死了。南方一个司法鉴定机构，发现有一些小的擦伤、挫伤，这个很轻，然后他们写了一个什么东西呢？就是在开颅的时候，发现脑袋底部，颅底的颅骨有一个缺口，没有看到颅骨的碎片，说这个地方有一个骨折，到底是翻滚翻的还是打出来的？不知道。他们也做了组织学检查，也查了毒，有冰毒，但是别的都没有。鉴定意见怎么写的呢？他说这个尸体冻了半年才去做解剖，所以冷藏条件不好，他们虽极尽所能，病理检验仍无法查出死者本质的死因，就是没有死因。没有死因那就麻烦了，身上的伤怎么解决呢？鉴定意见两个，肢体损伤、颅底骨折，外力作用所致。如果拿到这样一个报告的话，你可以按照我上面的原则去找，这就是经验的问题。

后来他们找到我，让我来看一看这个。其实这个骨头如果拿来看了以后，我甚至不用到现场去，都可以把它解决掉。双方当事人不服，说我太草率了，坐在家里拍脑袋就把它拍出来了。我还是去了现场，再把尸体、标本看一看，再去做一做。这个骨头是有骨折，但是是不是他们说的那个骨片没有了呢？其实不是的。你从这个骨折的洞稍微进去掏一下，就掏出一块骨头来了。说明什么？这块骨头被压到那个洞里面去了。这个是怎么形成的呢？这么薄的一个骨头为什么会破呢？当时真正死因没找着，我们后来找着了，死者的心脏是有问题的。他们原来只切了两刀，实际上再切的话，血管的那个斑块全部出来了，真正死因就有了。就是尸体在冷藏的时候，冻到一定程度，脑子不是缩，是膨胀，因为脑子里面含水，所以形成冰，脑袋里头的骨头膨胀时候，只能往那个很弱的地方去膨。冰的硬度在力量很强大的时候，是会顶破这个颅底的，所以有很多案子都是因为冷冻尸体，冻了十天二十天，再搬出来，再看，里面全是人工产物。所以像这样的问题，我文章上面有，不详细说了，叫反常性的冷涨热缩。

(六) 鉴定意见的表述、确定性和级别

鉴定意见有各种表述，但是一般的规范性表述是这样的。我们按照级别来，最高级别是什么样的呢？是因什么而死亡。你如果看到这样的表述，这个人是一个非常有经验的法医，那这种鉴定对他来说，肯定是非常有把握的。你要在鉴定上对他进行挑，只能挑小的瑕疵，真正从结论上去推翻它，是很难的事情。像王文军那个案子，周秀云那个案子，山西太原那个案子，都是我做的，我的结论就是因什么而死亡。但是这种报告很少，法医都有自我保护的心态，实际工作过程当中还有一些不可知的事情在里边，所以法医都会退一步，把这个等级往下降。降成什么呢？符合因什么而死亡，基本上是一个比较流行的，也算比较肯定的说法。

另一种表述是排除前提，在排除的基础上考虑是什么。就是我们前面说的六大死因当中有的事情没做。比如有的公安法医做完尸检以后，没采血，也没留胃内容物，也没留肝脏，什么也没有做，就把那个脏器直接放到福尔马林一泡，泡完了以后，让我来做病理检查。我会提出怀疑，这个人如果是中毒怎么办呢？也没有目击者，什么都没取。那我要提排除中毒情况再考虑。

还有的什么样呢？家属不同意解剖脑袋，只允许解剖胸腔、腹部。我们有的法医就不知道留下一个证据，家属不同意，也不写一个后果自负。家属到时候翻脸了，说他没说过这个话，怎么能怪他呢？脑袋没进行解剖，脑袋有没有伤，一点都不知道。在这种情况下，有时候发现一个死因，并不等于说那个地方没有问题，所以要写出一个排除考虑什么东西，但这个东西用得不多，一用上去的话，第一线的法医会吃不了兜着走。所以我们会用另外的方式来表述，怎么表述呢？不排除因什么而死亡，你自己调查去。

其他的可能性，这是可能性大的一个意见，无法最终确定。我后面有一段中央电视台的视频，就是河南省的那个案子，让我出庭去。两个人被被告人杀了，一个是他的第二个老婆，一个是这女人的小孩。杀死他老婆以后，他把死者扔到厕所里。这个小女孩就敲门，他不开，结果小女孩就硬闯进去了，看见她妈躺地上了。他就把小女孩嘴捂着，把她捂死了，也把她放到厕所里，三天以后才被发现。8月份出的事，高温天气，警察去的时候，死者尸体已经高度腐烂了。刀子捅的刀痕在那儿，但是掐的、捂的痕迹都没有了，所以法医在小孩尸检报告上写了一个可能性大。法官就问，检察官也问，辩护律师也问，可能性大，还有可能性小呢，哪个是可能性小呢？你是不是确定呢？法医说不能确定。不能确定，那这个庭就不能继续进行了。最后把我和我另外一个博士学生叫去出庭，我在庭上就跟我们今天讲的是一样的，用排除法，把他原来的工作做了，剩下的就是这几个可能性，还有几个疑点。所以这是一种表述，一种可能性的表述。

还有一个就是可以排除因什么而死的，我不知道真正死因是什么，但是至少这个是可以排除的。我们知道徐明那个案子，徐明死在湖北监狱里，那天晚上我突然接到电话，检察院让我去做一个尸检,我问什么尸检,他们说监狱死了一个人,我问怎么做,他们说就看看尸表,明天早上就要火化。我说哪有这种事情啊,监狱死个人,让我看看尸表,看尸表他们自己都会看,让我看什么?但是他们要用我的名,这个名我不给,我不去,他们爱怎么搞怎么搞。其实他就是要给家属看死者身上有没有伤,因为家属怀疑死者在里边受过虐待。但是监控上没有这些问题,所以他们要得到什么呢?可以排除损伤死亡。

总之,关于鉴定意见的表述,确定性和级别,如果看到是或者系的话,这个是最高级别的,如果符合也是不错的,较符合那就有问题了,考虑不排除、排除,更有问题了。如果遇到后面这样一些鉴定意见的话,那你就有文章可做了,那肯定是有什么工作没做或者有什么漏洞在里边,所以在看意见的时候,你要重点审一下这样一些事情。

三、法医病理不同于临床病理

临床的思维模式跟法医完全不一样,比如临床来一个精神病人,说他晚上睡不好觉,听到什么声音了,上帝在跟他说话,哪里有什么东西,我们精神病院的医生会给他开诊断证明,这个人有神经官能症,然后开药、检查。法医可不是这样,法医在做司法鉴定的时候,甚至做临床鉴定,人被打伤了以后,听不着了,眼睛看不见了,来了以后,法医从来不会相信他说的,因为他说看不着,法医认了以后,对方要判很重,赔的也很重,所以法医永远有一个批判性的思维,一定要把东西排除完了才相信眼前这个人确实看不着了,确实听不着了。

精神病是一样的,我们要做精神病鉴定的话,不是像临床医生只跟精神病人谈话,而是首先跟他的邻居接触,跟他工作单位的领导、同事接触，跟他同监狱里的犯人接触，跟狱医接触，把周围的所有人都接触完了，最后才去找这个人谈话。周围的人反映了很多与其所述有矛盾的东西，那么有假的就很容易识别。所以做的模式都不一样，有时候你要遇到精神病鉴定的，如果是医院里面做的，你可以问问他怎么做的，是仅仅对精神病人进行了询问就下了结论呢，还是对周围人进行了盘查？如果是对周围人没有进行盘查就得出的结论，基本上不靠谱。

我曾经遇到一个装精神病的，这个人在看守所里遇到武汉大学一个高级骗子，身高一米八几，长得很帅，诈骗女的，被抓到了看守所。进去以后，这个人本性不改，开始骗干警，跟那个干警说他能搞到当时那个201电话卡，能用30块钱买100块钱的卡，把他给说动了。等那个干警值班的时候，武警晚上不在，把他放出去，但是要求他明天下午4点钟一定要回来，这样的话，他们两个都没事。等到第二天下午4点那个人没回来。按照武汉市的规定，像这样的事情，到年底全武汉市公安干警的集体奖金就都没有了。这一下公安干警们就开始发动各种关系来搞，不能损失他们的奖金，怎么办？最好的办法就是给那个干警搞一个精神病，把他送到六角亭住了一个月，说他是神经病，不正常。这么高素质的人怎么会被骗到呢？肯定有问题。检察院不干，委托我们去调查。其实这个人有很大的漏洞，我们把周围环境，看守所什么调查完了以后到他家里，去直面他，就让他说一下精神病在医院是怎么治疗的。他说每天给他吃药，就是吃药。吃药吃一个月感觉怎么样？感觉头晕，别的什么也说不出来了。

精神病人吃药以后，会有锥体外反应，也即吃完了之后，人会眼睛发目、没神、站不稳，叫锥体外反应，任何人都逃脱不了这个反应。但他不知道，他说头晕，没别的问题，所以是假话，根本没吃药，整个编的一个过程。

希望大家以后在遇到这样的报告的时候，分析一下分析说明和鉴定意见，是不是全面排除了问题，有些人工产物是不是做了合理解释，比如诱因的问题，外部信息利用的问题。

四、专家证人的相关细节问题

（一）专家证人应该实事求是

专家证人我刚才说了，我自己理解的，专、家、人三位一体。"专"刚才说了，请教的这个人，一定是搞这个专业的。我们很多人不懂，把所有法医都当成是专业的，不是这样的，一定要了解这个人真正从事的是什么专业。最简单的就是临床，临床搞外科的也分脑外、胸外、口外，还有甲乳科、骨科，都分的很细。起码这个人提出来以后，你要问问那些法医这个人怎么样，都知道这个人，很牛的，说明这个人在业内圈内应该有一定知名度。

还有一个就是人的问题，我觉得我们做鉴定人，做自然科学的人，应该实事求是，不能搞黑白颠倒的事情。鉴定上面肯定是有一个结论的，这个结论如果是对的，咱就实事求是地跟律师讲，没多大问题，而不是说刻意地没有问题也找点问题出来，没什么大问题也搞个大问题出来。其实那样并没有真正帮到你的当事人，也没有真正帮到你的辩护律师。实事求是是最好的，程序上有问题是律师的事情，技术上有问题，我来帮你把关。但是如果真的看上去没多大问题，也要实事求是地讲。

我们有很多人为了炒作自己，为了那么一点点钱，不惜舍弃原则，看完以后，如果钱多的话，再搞点别的东西出来，这样很不好。

你不能为了自己的一己之利,炒作可以理解,但是得实事求是,这个原则还是要把握,这方面不要害大家,挑完事最后骑虎难下。将来大家可以去评价一下你请的人是不是跟你讲了真话,对最后的结果做判断。大家知道虽然我讲了这么多东西,其实还是无可奈何的,因为不是辩护律师,也不是鉴定人能够完全左右审判的,大家一听就明白是怎么回事。所以后面我会讲几个失败的例子,明明知道是这样,但后面一判判成别的样子,我们也无能为力。

（二）原则上出具书面的鉴定意见,摆正专家证人身份

出庭前,一定要熟悉鉴定意见。鉴定意见我们可以跟律师互动,包括程序上的问题与实体上的问题。我的原则是一定要写一个书面意见,不管对辩护律师还是法官,都有好处。因为在庭上有很多问题,因时间限制,不能发表很多东西,而且很多东西讲上去很专业,法庭不愿意听,讲通俗的问题,到时候在审判书上不能写。所以原则上都要有一份书面的东西给法官,形成一个规范的东西,在庭上一定要很通俗地讲,方便法官理解。后面我会讲一个例子,当时八个辩护律师在庭上说了四五个小时,最后法官蒙了,让他们别说了,换一个人过来讲,一个小时把问题解决了,大家都心服口服了。所以讲的时候确实不能讲专业的东西,一定要有一个书面意见,便于庭后法官在判决书上使用。

再一个就是我们自己要摆正身份,我们不是鉴定人,也不是律师,我们是一个帮助律师说出真话的人,所以我们要把技术层面的问题进行说明,程序上的问题交给律师。出庭的时候应该有一个设计,我不知道是不是辩护律师跟专家证人庭前不能沟通,我觉得既然辩护人请我来,我当然要沟通了,不沟通,他怎么知道问我什么东西?他怎么知道问了一个问题以后,第二个问题怎

么问？所以一定要提前设计很多问题，有些问题不论在什么情况下，都是必须要问的。我后面会讲黄山那个案子，当时跟朱明勇老师去做的这个案子，在庭前一大堆问题提纲，提问完了以后怎么回答都有，像脚本一样的，不一定按照脚本来演，但是要清楚哪些问题是必须要问的。

在黄山那个案子的时候，朱明勇老师当时问了一个问题，还是很有震慑力。因为确实那是我第一次作为专家证人出庭，坐在什么地方都不知道，在庭上怎么回答也不知道，该讲什么不该讲什么也不知道。我作为鉴定人出庭过，但是作为专家证人确实完全是一张白纸，所以我要回答各种问题。朱明勇老师问我一个看起来可问可不问的问题，但是问了以后效果很好。他说："请问专家辅助人，你把你的经历给我们介绍一下，你是什么背景？"然后我就开始介绍，我只说一个职务，教育部下属的科技委员会生物医学部委员，全国的法医就一个学部委员，就是我，一下子把他们雷住了。

最后到检察院发问的时候，检察院不问了，两个小女孩在那儿坐着，问不出来什么问题。那两个检察员是临时来顶包的，原来那个不来了。后来她们说再问一个问题吧："你到现场看过一个审讯椅，什么时候去看的？"我说："你突然一问我，我还真不知道什么时候看的。上个星期几我不知道了，反正我知道上个星期我来过一次，看过那个椅子。"结果庭审完了以后，做笔录签字的时候，我一个学生，就是第二个专家辅助人就告诉我说："刘老师你签字千万要注意，别掉到陷阱里边去了。"我说："怎么会有陷阱呢？"他说："检察员问你是什么时候看到那把椅子的？"我说："不是，她问我是什么时候看的，是问的时候，不是问的那把椅子。"他说："那不一定。她可能问的就是那把椅子，你看的那把椅子不是原来那把椅子了,因为那把真正的椅子已经被检察院封起来了,当证据留起来了。你到现场去看的是时隔多年以后的另外一张相同类型的椅子。"我说:"还有这个事情?"我找书记员,让他给我查一查检察员问我的是时间还是这个椅子,问的是时间,那我签时间吧。他说不要紧,他们有全程录像,可以帮我看。所以有时候会掉到陷阱里面去。

(三)通俗易懂地回答问题

专家证人回答问题要通俗易懂。我后面会讲通俗易懂的事情,可能我讲那个案子,你们觉得云里雾里的,这个事情怎么解决?很好解决,你就把生活常识往庭上一说,法官懂了,检察官也懂了,连被告人也服了。这个是要注意的问题。

(四)辩护律师要给专家证人最后自由回答的机会

辩护律师一定不要放弃最后一个提问的机会,只有辩护律师把这个问题问出来,专家证人才能把必须说但没问到的问题回答一下。所以有的时候辩护律师在最后,包括控方、法官都问完了以后,也可以提一个含含糊糊的问题:请问专家证人还有什么必须要说的问题或者需要专门去讲的问题?这个时候就给我很多机会去讲了。所以要给专家证人创造一个自由发言的机会,这样他才会把你没问的问题都讲出来,这个是出庭时可能需要我们在座的做一些互动,特别强调要给专家证人说话的机会。

五、实案解读

我今天想讲几个出庭的事情,但是也不能全部讲的很细,因为很多太专业,所以遇到很专的我就跳过去,只把出庭的一些情况介绍一下。当然我临床医学毕业以后从事的就是法医,30多年来,几乎每年都有做一些全国有影响的案子,其中包括黄劲的案子,我们在座很多律师都知道这个案子,司法体制改革就是因为他,多头鉴定,重复鉴定,司法黑幕,都说的是他,最后一次鉴定是我参与的,和最高人民法院的何波他们一起去的。

(一)谢平案、马耀案

谢平案就是那个所谓"电打死"的案子,最高人民检察院的吕法医,为了这个事情,在他的博客(当时叫博客,还不叫微博)上面发了一个毒誓,说如果他在如此重大的命案情况下,出现了判断错误的话,定会以死谢罪。这个博客的网页截图是留着的,但事实是后来他没有以死谢罪。然后他又发了毒誓,在哪里发的毒誓呢?在北京马耀这个事情上面,他又写他会以死谢罪。所以我看了他这个以死谢罪以后,就觉得很可笑。原来就没死,怎么又发了一个誓呢?其实很多人不做法医鉴定,如果证人到庭问他我刚才问的几个为什么,马上就可以把他问倒,你学的什么专业?你做的什么专业?你做了多少年?你见过多少死人?你开过多少死人的刀?

但是确实坐在办公室里拍着脑袋去做鉴定,是很有问题的。全国现在很少有像我这种级别的人还到现场去看尸体的,哪怕不动手。刚才那个刘朝在问,说像我这样子每天在天上飞,地上跑的人还有多少?有多少人在做法医病理?全国做法医的五万多人,做法医病理的不超过一万人,七八千人。这七八千人会干吗呢?就是会开刀,能把尸体脏器拿出来,真正能看显微镜的,能在显微镜下发现问题的,不到一百人,显微镜看的比较好的,能拿得出手的,不超过十个人。很多人就是命好,坐在少林寺里就成了方丈了,其实我们在少林寺就是扫地打工的人。所以这个舞台上有很多噪音在里面,要靠你们去识别。

曾经有媒体采访我,问司法鉴定有没有黑幕,就在安徽黄山这个案子上。我说没有黑幕。有没有黑幕心里还是有底的，肯定还是有的，怎么会没有呢？但是我们自己保持自己的本色良心来做事就行了。我曾经跟我的很多学生讲，我说你们千万不能颠倒黑白，法律上有漏洞、有灰色地带，你们自己去考量。但是我教育我的学生，说你们从来不相信鬼神，但是我相信，要敬畏生命，敬畏神灵。某一天不管上天下地，我会遇到很多我当年解救过的那些冤魂，过来跟我握手也好，拥抱也好，他们都会保佑我的。用这种东西才能教育人，别的都没用，只能靠这个。

(二) 陈书良案

陈书良嫖娼这个事情跟雷洋差不多，也是抓嫖，当然那个是一个陷阱，《南方周末》最先报道的，报道称大学教授嫖娼死亡。等到我把鉴定做完以后，媒体不说了，当时网络不是很发达，在鉴定上是没有太多声音出来的。

像太原这个案子，在鉴定上挑不出毛病。谁去挑毛病？赫赫有名的杨金柱，他站在原告周秀云这一方，要看录像，要看那段视频，必须要在庭上看。在庭上斗来斗去，从下午3点钟进去，一直到晚上9点钟才从庭里面出来。但是说来说去，在鉴定上面，那个鉴定报告公布后，所有人都去看，成了范本了。所以你做的这个东西要站得住脚。

往往很多媒体发表的一些东西，鉴定做完了以后没有下文的，那一定是解决了，不是靠安抚工作解决的，鉴定起了很大作用。

(三) 谢一新案

谢一新这个案子，昨天还有人在说死亡。我上个星期到咸宁一个地方去，有一个人在路边死了，身上有十几刀，腿上有好几刀，肚子上有好几刀，脖子上有无数刀，脑袋后面骨头都露出来了。他拿的是一把德国双立人的菜刀，自己有抑郁症，家属怀疑是他杀，所有的监控录像都能看到，怎么是他杀呢？所有的刀口都是自己可以接触到的。这个人最大的问题，跟谢一新是一样的，犯了两个错误，谢一新拿的刀子是一个组合刀，他拿的双立人也是一个组合刀。家里有五种不同的刀，他挑了其中一把刀，一把很钝的刀，刺不像刺，锯不像锯，也不知道那个刀是干吗的。他中了十几刀，没有一刀在大血管上面，只有一把刀下面一个小动脉刺破了，所以说他用了一把错误的工具，没有解剖知识。

大家不要以为解剖知识学医的都很懂，我们学校有一个人就是这样的，拿刀自杀，在阳台上面喊叫，对面的学生说他割了半天没死，还笑他，还是学医的呢，连这个东西都找不到地方，还割什么割，他一怒之下跳下去摔死了。凡是复杂的、多样的或者是中很多刀的这种人，给老百姓看了很恐惧、很吓人的，往往都是自杀。从犯罪心理学上来说，杀人者除非是非常大的仇恨，才能在死后再做加害，往往是一刀致命或多刀致命，或者至少让被害人昏迷，而且不要留下太多的痕迹，赶快跑。行为能力很多都是不能解释的，我们有一个宠物师在自己脖子上拉一刀，死了之后，脊柱上面有11刀，刀子全部划在脊柱上去了。所以人在高度紧张的时候，行为能力是完全不可思议的，会做很多让你不能接受的事情。这是一些问题，我想讲的大概是一个陷阱门的事情。

（四）黄山案

在湖南的宁乡有瓜农用秤砣砸死人的案子，二审我去做了专家意见，但是没起到作用。问题是瓜农这个案子确实是冤案。

为什么说我是第一人呢？我也不知道，因为出完黄山那个庭以后，很多媒体在场，他们嗅觉很灵，说在那以前没有专家跑到庭上来讲这个事情，然后上网去查，看是不是第一人，一查，是第一人，就给我搞了这样一个名词。这个并不是我水平有多高，只是巧合到我这来了。

这个案子是 2010 年的一个案子，2010 年 9 月 25 日他们抓了三个人，是湖北省公安县的人，偷自行车、摩托车这样一个团伙。其中两个人交代了，就熊军不交代。他们就把熊军从看守所拉出来审讯，但是这个熊军就不承认，到了下午 4 点 10 分，他们把他带到刑警大队办公室去，把他压在安全椅上，实际是审讯椅。第二天早晨 6 点钟，方伟发现熊军脉搏异常，就赶快抢救，同时打了 120，发现他已经死了。这期间熊军没有吃饭，但是喝了水，他们把饭端给他，他不吃，厨师也证明了这个事情。所以家属就说他死在办公室里面，死因存疑，可能被刑讯逼供，是不是冻着了、饿着了，还有主观恶意的问题，就到黄山检察院立案，起诉到黄山市。一审就把他们两个各判了 10 年。但是方伟是个法医，他懂，他在里面就不停地找辩护律师，拿过来十几本法医书，自己写了很多对鉴定书的意见，然后起诉到马鞍山。二审改判为 3 年。

对我来说，我当时也是不介入审判这些东西的，我觉得没什么。但是很多律师跟我讲，我们国家一审判了以后，二审改判难得很。我说我也不知道这个有多大的价值，矛盾出在什么地方呢？主要是黄山市检察院的法医在做了尸检以后，认为这个人是机械性窒息死亡，说是皮线把他勒死的，就是椅子上有个线，这是一个自制的审讯椅，人坐在上面，有一个铁板子把他盖住。他们为了保护这个人不要把脑袋撞到那个板子上，就用胶皮的电线把他松松地捆在这个地方，让他可以活动，但是头够不上去。他们认为他是这样被搞死的。

　　再一个，就是这个椅子不对，他们用的不是公安部规定统一使用的椅子，是自己做的椅子，所以这也是一条罪状。长时间受限，有冻，有饿的行为。他们做了两次死因鉴定，安徽检察院做了一份尸体检验，说他有苦笑面容，说这个人在笑。苦笑面容是什么意思呢？东北人知道，东北有很多冻死的人，在雪地上发现冻死的人，你看他面容，像微笑一样，或者苦笑那种状态。为什么呢？因为冻死的人在冻死的过程当中有一种假的温热感，他会脱衣服，他觉得很热，然后有幻觉，面肌会收缩，感觉是在笑，这样一个症状。

　　再一个是胃里面，考虑到死者在室内，不在室外，而且还穿着羊毛衫、羊毛裤，不会冻死。但尸检说他有寒冷，所以到底是不是冻死，没搞清楚。死者还有进食，胃里面有浮状的食物，有50毫升，调查却没进食。问题在于这个人在入看守所体检的时候，有窦性的心动过缓的病情诊断，就是他心脏节律低于60次，比正常人跳得慢。窦性心动过缓是要治疗的，否则到晚上会胸闷气急气短。我曾经最慢的到48次，可以吃一种名叫阿托品的药，它会让你心脏的节律加快。

　　当地法医认为窦性心动过缓是一个很简单的病，其实都是要命的问题。所以他们鉴定意见说长时间体位固定，寒冷饥饿情况下，诱发了潜在的心脏病猝死。其实这个结论很好，是很不错的一个报告，只是前面分析上有些逻辑上的混乱，问题在哪里呢？他们这个报告不知道为什么，发的同时又给最高检，最高检又出了一个报告，就没有任何人启动这个事情。最高检出了一个鉴定意见，谁出的鉴定意见呢？其实也不是最高检的法医出的意见，是北京高检的几个法医在一起写的报告。这个报告怎么写的？说死者有苦笑，有冻死的尸体表现，但依据目前的资料，冻死尚缺乏依据，因为现场确实不冷，里面还有取暖的炉子，上面有暖空调，下面有一个电火桶，取暖的，警察也在里面待着，警察没冻死，他冻死了，缺乏依据，所以写了这样一个问题。他们把心脏拿回来又做了检查，找了临床的病理专家会诊，确实也发现了这个心脏窦房结有问题，也找到病理基础了。鉴定意见就整个翻了一个个儿，说符合饥饿，长时间体位寒冷，突发心脏病死亡，这个蛮好。到后来，外来因素寒冷起了主要作用，心脏起了一定的辅助作用，就是本末倒置了，明明是外因通过内因才起作用，现在是内因通过外因起了作用，所以就出了这样一个鉴定。但是开庭审理的时候，把最高检那个报告否了，用了省检的一个报告。实际上当时我也不知道有这个案子，不知道是谁告诉了死者家属，死者家属打电话给我，希望请我出来帮他们做。我说从来没干过这事，拒绝了。

过了三天，省公安厅的一个处长，现在是全国的劳模，打电话来，他说："并不是我要让你去犯错误，做假的事情，你来看一看，看完了以后再决定做还是不做。"我说行，我就开着车到黄山去了。这个判决书上写的，说为什么是冷的环境呢？因为暖空调在上面，但是冷气在下面，这个人坐在下面，所以空调对他这个冷环境是没用的。朱明勇律师在庭上就说了一句话："那要照这种说法的话，这种空调是不是都应该让国家搞一个国际标准，都应该把这个安在脚底下呢？"但是他们没有这样说，他们写的是寒气，生活常识来讲，室内开着空调，热空气在上，冷空气在下，造成了寒气袭人，这就是判决书上写的。

我去看了一下，看一眼到底是什么情况，因为人到了现场以后会有很多感觉出来。去了以后看看他的审讯室，其实不是审讯室，就是办公室，人都在里面办公，空调在上。这个椅子不是死者原来坐的那个椅子，但是形状都是一样的，是同样规格的。他们自己做了一个椅子，很宽，坐在里面是可以来回活动的，上面有电线，这个电线就是把他从腰这个地方斜着绑上去，脚就是一个环子套在里面，但是还是松的。

这个案子出了以后，公安部在第二年统一配置了椅子，实心的，上面带着两个卡子，铐子，下面是弹簧的夹子，把那个脚给夹上去，手固定在上面，无法翻转，无法活动，脚也没法动。上面是一个绳子，它的限制能力要比过去那个严重得多。实际上那天看完了现场以后，我就看了判决书，觉得这个肯定还是本末倒置了，所以决定接受这个事。

在庭上大概是这样的，去了以后，就把我安排在检察官这边斜坐着，然后法官就问了一般性的问题，年龄、性别、职业。接下来我不知道该怎么说，因为我这个报告写了七页纸，我把重要的结论先念了一遍，意思就是这个结论是错的，有很多问题在里面，然后请他们发问。辩护律师就一个个来问了，结论为什么不对？为什么不是冻死的？为什么不是饿死的？那他是怎么死的？那原来鉴定的冻死是怎么回事？苦笑又是怎么来的？胃里面的内容怎么解释？鸡皮疙瘩怎么解释？心下的东西怎么解释？那就要一一来解释了，最后我这个书面鉴定上有，庭上只是很通俗地讲了一些问题，就是法医要重新认识，关于死因，其实两份鉴定书，最高检的和省检的，都认为他心脏有问题，这个是没有异议的，确实是心脏有问题，导致猝死，我们把前提固定下来，大家都承认这个，这对我们当事人也有利。

有一个很重要的问题是什么呢？这种心脏有问题的人越安静越容易发病。为什么？安静，心跳会越来越慢，所以有时候到晚上心跳不行的时候，我会站起来在房间走走，或者跑步，让心率加快。所以这些人往往都是在夜间平静的时候出现问题，反过来说明什么问题呢？警察那时候把他打一顿，骂一顿，刺激他，让他紧张一下就好了，就是因为没刺激他，让他安静在那儿待着，他才出现了问题。当然这个话不能在庭上说，只能说安静状态下更容易发病。然后就排除了中毒、冻死、窒息，为什么要排除？我们后面一个一个来说。

冻死，苦笑面容收缩，这个依据不充分。为什么这样说呢？其实一个人如果是冻死的话，有些东西是尸体现象，比如有出血，有苦笑面容的话，就是已经冻死了，冻死了以后，有尸体的现象表现出来了。如果把他定为冻死，你怎么考虑那个传导系统的问题呢？这个人要死两次，先冻死一次，然后再死于心跳的猝死，没办法解释。人是有可能死于两种死因的，自杀的人，我们见过的，拿砖头拍脑袋拍不死，拍不死怎么办？割颈部，刀子又钝割不死，割不死怎么办？开始勒，还是不死，干脆把自己捆了，捆完了以后，扑通跳水里面去，这下好了，起又起不来，水就往气道里面灌，就淹死了。这种是有，但这个东西都要有合理解释。如果证明人是冻死的话，就没办法用那个来解释。这是一个很矛盾的问题。

我们看一下苦笑面容是怎么来的，实际上就是他的眼睛是睁着的，所以就有苦笑。眼睛为什么睁着呢？有一个说法，这个人死了以后，他们公安的法医先去做了体检，体检要做什么东西呢？除了听心脏、摸脉搏，还要把眼睛翻开，用手电照一下，看瞳孔有没有缩小，所以有这个翻眼睛的动作。人刚死的时候，肌肉是软的，翻上去就翻上去了，这个照片上的时间就可以看出来他这个翻动的时间，所以我们说不排除是观察瞳孔，打开口腔，做人工呼吸抢救,导致了这样一个问题。还有照片的角度,水平躺的照片,按照正常应该水平放着看,但是为了让人好看,他把照片竖了起来,角度一转弯,这个人就像月亮一样,我们看看是不是这样的,这是教材上的苦笑面容,你看他也像是在笑,张着嘴。

寒冷情况下,沿着胃表面会出现黑色的痕迹,这是出血,是一个俄罗斯人发现的,叫维斯斑,冻死的斑。这个人哪有斑呢?什么都没有,就是瞎编的一个东西,经不起检验的一个东西,所以是误判。

还有鸡皮疙瘩,每根汗毛下面有一个肌肉牵着,只要一冷,就收缩,毛就竖起来了,紧张会竖起来,寒冷也会竖起来。人死了以后,虽然心跳呼吸都停止了,但是肌肉没死,所以人死了以后,你去掐他的胳膊,这个地方会有肌隆起。这个人当时在这个房间死了以后,马上被转移到一个室外的条件去抢救。很多人死了以后,把他扔到水里,捞起来以后是收缩的,这是死后的变化。鸡皮疙瘩不能说明生前有冻,只能说有一个寒冷刺激过他,可能是尸体在别的环境当中引起来的,它不是一个特异性的生前冻死的指标。我们也从来不拿这个特征说他是冻死的,不排除他是死后被放在寒冷环境中的。所以就认为在这个猝死已经确定的前提下,用另外一种时间来确定,是缺乏科学依据的。饥饿是种感觉,一个人如果胃里还有50毫升内容,早就消化吸收了。

应急的问题我们不管了,这些问题写了很多,因为是最高检的,所以它的本质是一个自然疾病死亡,但是有些诱因,内在的不易识别的,感染、外伤、过劳、过冷、过热都是诱因。猝死发生在休息睡眠中,特别要提一下,其实休息对这个人是不好的。这就是我们的职业道德问题了,法院已经把他抓了两年了,这两个人都已经被关两年了。要按照他们局长说,我们一定要做无罪,把他放出来。我说那检察院要担多大的责任,他们要不得了的。我说这样吧,尽量保底,把诱因给写上去。如果有多个诱因,需要分撇干净,是外伤还是什么。这样的话,结论,死亡原因是传道系统引起猝死,本质是自然疾病死亡,但从法医角度认定生前存在饥饿、冷冻、高度应急状态应急不足。如果贵院认为熊军死亡存在诱因的话,我们认为应同时考虑其自身夜间生理条件下的诱因,本身到了晚上,他的节律会慢,心率减慢,共同在死亡中起着轻微作用。所以要把诱因拆成很多个,哪些诱因是警察要负的,哪些诱因不是他要负的,把这个证据提交上去。

其实这两个警察,方伟还有王辉,王辉在里面到一年的时候得了阑尾炎,得了阑尾炎以后,打针,治不好,因为阑尾炎大多数要开刀,就带他去开刀,开刀应该让病人躺在床上,不行,给他铐着开了刀,这是一个。第二个,王辉的父亲在他被抓进去以后去世了,但是王辉完全不知道他父亲去世的事情,所以朱明勇在庭上就提了一个问题,他说他的当事人现在是不是有罪的人?因为二审还没有判,他有没有公民的权利?有没有尽孝的权利?有没有最后跟他父亲告别的权利?这话一说,王辉知道这个事情了,号啕大哭,破口大骂,下面的听众也是他们的家属,整个庭就开不下去了。休庭以后警告一通,然后再开庭。

检察院就说这个椅子不对,朱明勇说行啊,椅子不对,我们就看看你在这个椅子上面判了多少案子,黄山这几年的案子是不是都在这椅子上判出来的?是,因为这个椅子的问题,那前面三个人同伙,有两个是判了的,这个死了,那两个是不是在这椅子上审的?是,那行,请你们重审,因为椅子有问题嘛。前面还判了很多案子,全部要重审,因为椅子不合格,导致的审判不公。检察院这下傻眼了，不能换椅子，那时候我才知道在庭上还可以这样说。

后来听说一下子改判为3年，就是他们说的实报实销，因为要判无罪的话，他们也受不了，就是这么一个状况。其实这个案子应该就我个人从专业上来说，不是太复杂的事情，就是把主因、诱因搞清楚就行了。

（五）临武案

临武的案子大家都知道，城管用秤砣打死了人，实际上这个案子到后来整个都不是文章报道的那样。第一，城管没有用秤砣，跟秤砣没有任何关系。第二，死者叫邓正加，城管两次让他不要把西瓜摆在斑马线那个地方，这个人就是骂，城管要把他的西瓜搬走，他也没闹事，只是到第二次的时候他烦了，就拿那个秤杆，有一米多，朝城管戳过去，那个秤杆戳过去也蛮厉害的，那个头很尖。城管一把把秤打开，就是把他肩膀推了一下，他就倒在地上，死了。其实城管受的伤比他还重。有一个城管被邓正加老婆把这个地方咬了一个对穿，他被咬对穿以后，就跑到旁边，没到中心现场去，自己自救去了，结果被判了3年多。中心现场都没去，怎么就把他给判了？这是当时的城管的情况。

但是鉴定意见上面，其实这个是当地的公安做的解剖，他们把尸体标本送到了广州的中山医院，中山医院的报告其实也很客观。这个人实际上是脑子血管有病变，所以推那一掌，倒地那个动作对他来说就是一个诱因，并没有致命。如果这个人是正常的脑血管的话，推一下对他没有任何影响，但这个人是有基础的，也就是绑着炸弹的，谁碰他谁倒霉。就这个动作，判了四个人。

开始家属不接受尸检结论，就闹。四个人分别被判了11年、6年、4年、3年6个月，包括不在中心现场的那个也被判了，所以四个人不服。不服怎么办呢？二审。二审当时毛立新找到我，让我帮他，我说行，看一下，一看确实有点过分了，他其实伤很轻，基本上没什么伤，但是血管的病变很厉害。中山医院也看出来了，他有动静脉畸形，动脉长得像静脉，静脉长得像动脉，管壁就像水管子锈死了以后有缺损，有薄的地方，只要水管内部压力增加的话，这个锈的地方就会破开。我们截了一段视频给法官看，血管在情绪激动的时候会扩张，这种扩张反映出什么呢？反映出血压增加，这个人早晨没吃饭。所以实际上他有一个情绪激动，血压增高的过程，这里面的争吵对他还是有影响的。当然有早晨饥饿的问题，所以增加了死者畸形动脉破裂的概率。死者天不亮就摘瓜进城出售，到 11 点钟死亡前一直在卖瓜，劳碌状态，没吃早餐，死亡前 6 小时没吃饭，这是他死亡的诱发原因。

（六）福建案

这是最近发生在福建省的事情。加害人 18 岁刚过一个月，在美国教会大学上学，从美国回来休假。他父亲是福建一家上市公司的老总，给肯德基做供应商，提供机子的。他放假回来的时候，就跟原来的同学在一起聚会，那个同学说他的女朋友被另外一个同学抢走了。这个被抢走女朋友的同学跟他一起在美国读书，他觉得不道德，就去找那个人理论，说他不能抢人家女朋友，那个人不理，就约架，约在学校门口，中间这个人推了死者一下，散了之后，死者那方不服，又找一帮人来，把他们抓走。学校门口有监控，就看他们又开始你说我，我说你，就这个时候，第一被告人在死者脸上打了一耳光，他就转了一下，第二被告人上来以后，在他后脑勺这个地方给了他一拳头，这个人就迅速倒下去了，一点反应都没有，躺地上了。两个人一看他倒地上了，觉得没事，就上学去了。这个人就躺着没动静，过了十来分钟，旁边的人说这个人怎么一点反应都没有，一看说不行了，打电话报了警，120来说这个人已经不行了，送到医院去，抢救了3个月，一直没醒，就上了呼吸机。请北京的一个专家会诊，说这是一个病理性的出血。但是鉴定是谁做的呢？是中山医院的一个鉴定中心主任。

鉴定上写的是什么东西呢？这是教授会诊，说诊断脑血管疾病，畸形可能性大，形成了重度出血，这是一个问题。当时他们解剖的时候，脑组织就是一个很软的，我们叫呼吸脑死亡的人脑组织，已经没有功能了，只能维持，基本是一个腐败的脑子。我们国家有一个规范，解剖这个脑子的时候如果不是特别急的话，应该把它完整取出来，用福尔马林固定，固定完了再检查。结果他们就在解剖台上像糨糊一样，把脑子搞碎了，想看里面有什么东西，随便抓两下放在福尔马林桶里面去了，上飞机的时候，家属跟在后面，被害人这一方就看他上飞机之前，把这个桶在路边倒掉了，所以程序上是出了问题。

但结论写了一个什么东西呢？他们说他们是按照规范做的。其实这就是挑毛病的地方了，按照规范，就应该这样做，不应该那样做。这是脑组织，脑底自溶了，解剖区域的正常结构消失了，镜下也没看出什么东西来。分析说明怎么说明的？脑的CT解剖，没有见到颅骨骨折，也没看见脑皮质受伤，就没有伤。一般来说，拳击手打人，打得比较厉害的时候，人一下子就倒在地上了，那会引起脑震荡。但是往往打出血是怎么打出来的呢？我们有规定动作，不允许打下颚，把人的下颚打得往上举，这个动作是非常危险的。打侧面还好一点，但是把人打仰起来的话非常危险，危险在什么地方呢？因为人脑供血的血管就是从这个锥体前面供上去的，它的牵拉程度是有限的，这样一过度，血管就拉直了。如果过度的话，血管就破了，破了以后，动脉的血压力非常大，而脑子里面没空间，血一进去，就像高压水龙头一样，立马把脑干的地方给压迫了。这个地方是人生命的中枢，心跳呼吸都在这个地方控制，这一压上去，人就没呼吸、没心跳了。你看很多特工干事的话，一拳打上去，被打的人不是晕了，整个命都没了。这样一些动作，临床上可以看到破的血管，可以看到颅底的血液，但是这个临床啥都没有，只有一些地方有出血，那他们分析完了以后，给了一个结论，说没有发现异常血管，死者符合左侧面部外伤，说是面部受伤了。

但是死者长时间在医院抢救，大体解剖上面不能完全排除有没有原发性脑外损伤，伤不能排除；有没有脑底动脉瘤，也不能排除。就是伤也搞不清楚，病也搞不清楚，就不知道这个人是怎么死的。最后又分析一通，符合左侧面部外伤，最终多血管功能衰竭。鉴定意见是什么呢？鉴定意见写着左侧的面部，脑底血管破裂出血死亡，最终死于衰竭。其实你要做一个鉴定，不要左右摇摆，他后面加了一句话，这句话就要了命，脑组织难以完全排除死者是否存在脑底动脉瘤病变。那法官怎么判？你说是打死的吗？是打死的，但是那个病没有办法完全排除。为什么不能排除呢？你不能排除，让别的机构来排除，能不能把那脑组织让别人看一看呢？没有了，已经扔了。这样的话，像这种报告拿在手上，虽然跟中山医院是好朋友，但我还是给他写了专家意见，死因出血，没问题，但是诊断外伤性的依据是不足的。第一，外伤很轻，没有发现损伤的表现，CT什么东西都没发现，尸检也没发现。第二，没看见损伤，椎动脉这个地方也没断，不能排除血管病情异变。我在法庭上讲了一个故事，一个人如果颅脑发生损伤和血管发生病变，哪个更容易被人发现呢？其实脑子里面有损伤的话，会出血，这种出血，这种伤是肉眼很容易看到的。如同一个房间里面摆了一个西瓜，损伤就是西瓜，你进门很容易就发现它了。但是血管的病变，动脉瘤，动脉畸形这些东西，就如同一个芝麻，就像我们地下的管网一样，这个血管渗透到别的地方去，当地面上有一个打桩机一下砸下去的时候，如果这个地方有一个坑，你可以看得到，但是没有坑的时候，就把地面砸的震动一下，下面也出血了，这个时候不知道哪里出了血，哪里破了这个管网，所以基本上是大海捞针。你在捞针的情况下，没有发现西瓜，能不能说就没有病理性的脑出血呢？是不能排除的。

但是没有脑出血，没有损伤性出血，你基本上可以讲，这个伤排掉了。如果说没有外伤，但是也没有发现病理血管，因为血管在取样的时候，是随机取的，可能取的不全，所以这种情况下，原则上不要轻易排除病理性血管的问题，这是一个基本原则。但是有很多鉴定人不管，没看外伤，也不看血管，就都排掉，那是不应该的。多取点，多样取，还是可以看得到的。这是一个依据。

其实在他的这个报告上面有一个血管，我感觉就是一个有病的血管，跟他们提出来了。我说这个血管如果再给我看的话，说不定我就给他下血管病变了。但是法庭上一直不启动重新鉴定，我给出最后结论是鉴定结论不科学，建议重新鉴定。结果一审直接判了，把第一被告人判了 10 年，第二被告人判了 6 年。

（七）漳州案

死者是一个传销的人，被控制在福建漳州。传销的人一般要被洗脑，结果这个人就是洗不过来。传销队伍里面有很多章法，有很多规范性的东西，洗脑不成功，他们就派人折磨他，先后派了三个人，把他按倒在地，用毛巾捂嘴，让他不能动弹。结果他死了。那个头目让手下到街上去买点速效救心丸，给他灌下去，灌下去以后也没反应。那就按第二套方案上，准备伪造现场，把他架着坐起来，从街上买了两瓶42度的白酒，擦到他嘴里面去。后面有个人抱着他的胸摇晃，就把酒给他灌下去了，灌了半瓶，就把他扔路边去了。到第二天他才被人发现，发现以后认为他是醉汉，发生了交通事故，而且脸上还被动物咬了。

公安局就去做了检查，照片看着有出血点，这个出血点一般就是窒息的表现。胃里面有50毫升的液体，而且能闻到酒精的味道，胃里面是有酒下去的。胃黏膜有出血点，气管里面有泡沫一样的液体。他们把胃拿去做毒检，没查出什么毒物来，关键是血里面检出了问题，检测显示里面的酒精是1680毫升。这是什么概念？这个人要喝六瓶酒才能达到这个量。他们觉得搞错了，就把血送到省公安厅再查，一模一样的数据。

报告怎么发呢？鉴定意见，生前口鼻腔受外力作用，导致缺氧窒息死亡，并摄入大量酒精导致死亡。到底是窒息死还是酒精中毒死？说不清楚。在法庭上，有八个被告人，前面三个是用毛巾捂嘴的，后面五个，有几个是灌酒的，有几个是扔尸体的，每个人请了一个律师。把我叫过去干吗呢？就是专家证人除了受刑事辩护律师委托，检察院有时候也会委托，公安机关有时候也会委托，法庭也需要你。他问我能不能解释这个事情，我说可以是可以，但是他们是怎么想的？焦点在哪里？焦点问题，前面的三个人说没把他搞死，只把他搞昏迷了，这个人是被后面的人灌酒灌死的。后面灌酒的人说是前面的人把他搞死了以后才灌的酒，1680毫升这么大量的酒，他要不吸收怎么会有这么大量呢？说不清楚。当然还有几个扔尸体的，说他们扔的是尸体，跟死没死没关系。

庭审从早上 9：30 一直到下午 4 点，由于时间的关系，在讲这个的时候，我就不能很专业地讲，甚至这个问题让法医讲都讲不清楚。怎么解释这个事情？这么大的酒量，哪儿来的？总共就买了两瓶酒，怎么一下子喝出六瓶酒的量出来？是不是后面还有人灌呢？酒在胃里面只有 50 毫升，其他的到哪儿去了？不知道。还有灌酒的时候，这个人是不是还活着？另外就是他是被搞死了以后灌的酒还是没有死灌的酒呢？都是他们面临的问题。根据检察官的材料，第一，我们承认他胃里面是有酒的，这个酒是灌到胃里面去了，这个是确定的。第二，他气道里面的泡沫是怎么来的呢？我们判断一个人在水里面是不是淹死的，如果在气道里面有泡沫的话，那一定是有呼吸，就跟我们知道打鸡蛋，蛋清是蛋白质加空气加搅动，很关键的东西是要搅动。如果这个气道里面的液体是蛋白性的，我们这个黏液就是蛋白，如果又有空气进去，没有搅动的话，是不可能形成泡沫的。谁搅动呢？是这个呼吸过程。呼吸困难，会让气体和液体在里面充分转移，所以如果气道里出现泡沫，一定证明他有呼吸，呼吸说明人是活着的。所以看见这个泡沫，就认为一定是生前形成的，那就是生前历史。这个人气道里有泡沫，他也没有到水里面去，一定是其他的东西在里面。大量的酒没有被灌到胃里面去，而是灌到咽喉这个地方，被摇晃到气道里面去了，灌到肺里面了，这是一个问题。

　　这个人有窒息征象，出血点，所以他的死因实际上除了压迫之外还有别的原因。但是问题在于胃里面有东西，是不是他死了呢？这也不是，正常人吃东西，如果没有吞咽活动的话，要把东西灌到胃里面去，不通过一根管子，是下不去的。你要灌一个死人，就会溢出来，因为食道下面有一个很大的压力。

　　这么大的量进去怎么解释？明明只灌了那么多酒。其实我讲这么多,你看按照这个比例来算,他要喝756克的酒,纯酒,相当于多少呢?相当于喝2214毫升的酒进去,按500毫升一瓶,四瓶多,实际上只有两瓶。这个时候谈到一个什么问题呢?死后弥散的问题,这是另外一个东西,我们讲这个就很麻烦了,就讲一个泡药酒的理论。大家知道肺是个泡沫状的东西,酒灌到肺里面去了,两个肺就像酒缸一样,充满了酒。心脏在哪里呢?心脏被两个肺夹着,酒精有什么作用呢?酒精有扩散的作用。我们法医在没福尔马林的情况下,要固定一个组织的话,就把酒精泡到里面去,让组织变硬,所以酒精很有穿透力。如果说把肺当成一个酒缸,把心脏当成一个泡在酒缸里面的药材,就很好理解了。怎么理解呢?放一晚上,这个酒精有多少毫升进去以后,就会引起1680毫克的量呢?正常心脏当中如果加1.08~2.8毫升的纯乙醇,相当于42度的酒2.58~6.72毫升,7毫升的酒直接加在心脏里面,就可以达到这个数字。一晚上那个酒精穿透进去,是可以穿透这么多的,因为它还有一个低限值,2.58就可以,所以实际上这么多酒是怎么进来的呢?是因为灌到肺里面的酒穿到心脏里面去了。我讲完了以后,那帮人服气了,酒到胃里面去的,人肯定是活着进去的,但是是奄奄一息的,大家都要负责任。但是有一个人没归案,一直就放在那儿。所以实际是一个死后再分布的问题,扩散的问题。

  吞咽活动在里面是存在的,所以灌酒的时候他是没死的。结论是什么呢?灌酒的时候他并未死,而是处于濒死期,在其被灌酒的时候,仍然存在吞咽等生命活动。灌入白酒一方面使体内血液摄入酒精,对挽救生命有害无益。另一方面,白酒经过呼吸道进入肺部,就像水到肺里边去了,因此灌入白酒时死者并未死亡,而灌白酒与其死亡后果存在一定因果关系。

其实我们专家证人拿到鉴定意见之后，会去找漏洞，重点是看分析说明和鉴定意见。其实你们也可以去做这种功课，发表意见要客观，要有依据，同时要通俗易懂，讲得太难了，法官听不懂，那就麻烦了。部分对当事人不利的问题，可以适当的方式预先提出诱因、责任问题，其实也是告诉法官在量刑上面还是要适当考虑这些问题，与其藏着，还不如直接交出来。程序上没有具体规定，需要规范，这个是很麻烦的事情。我到现在也搞不懂到底该叫什么名字，专家证人、专家辅助人还是专门有资质的人。交叉提问，直接向鉴定人发问，我最喜欢这样，但是没有机会。无可奈何的就是，其实我代表辩护律师，代表公安局、检察官，出了很多庭，但是知道有问题，宣判的时候，结果依然是那样的，也会很头疼。还是希望我们在座的辩护律师，还有我们鉴定人、专家证人联手来推动我们国家的法治建设。刑辩确实是很辛苦的事情，但是刑辩真的还是非常伟大的，能够把一些冤案洗掉，还是不错的。我今天就交流这么多，谢谢大家！

鲍志恒 资深媒体人，澎湃新闻创始团队成员、首任法治新闻主编，"一号专案"创办人。曾任东方早报首席记者、澎湃时事新闻中心副总监，长期从事法治新闻报道与管理。

2016年4月，加盟由华人文化基金投资的短视频资讯平台"梨视频"，负责法治与社会现实题材的节目。

09 鲍志恒
刑辩律师的媒介素养

谢谢主持人的介绍，我们的主题是"刑辩律师的媒介素养"。媒介素养是个很宽泛的概念，具体说来，我认为起码包括两个方面的含义，一个是我们对媒体和媒介资源的认知能力，另外一个更重要的可能是我们如何有效和充分利用媒介资源这方面的能力。所以我今天大概会跟大家交流三个方面的问题：第一，重新认识一下媒体；第二，当前政法舆论形势；第三，移动互联网时代的传媒变局。最后有几点小的建议，如果时间允许的话，可能再留点时间跟大家做一些互动和交流。

一、重新认识媒体

（一）媒体和律师的关系

认识媒体，我们要先聊一聊媒体和律师的关系。我不知道诸位在座的律师们是怎么看待这个问题的，能不能用最简单的话，简单的一个词语来概括一下你们心目中的律师和媒体的关系？在我们圈子里，以前我们在跑一线的时候，跟律师们一起合作做一些案件的时候，大家经常会聊这个问题，在酒桌上或者在什么场合大家都会互相说我们是坚定的天然的盟友，同盟军，大概是这个意思。我今天想跟大家说的是，如果我们抛开我们所谓的这种使命感和共同的责任，把它降低到一个最普通的律师和媒体关系的结合上来看，它根本上是一个需求关系。换句话说，律师对媒体的需求有哪些呢？具体案件报道的需求，个人的声誉和个人形象塑造的需求，对社会公共议题参与的需求。媒体对律师有什么需求呢？第一，新闻线索的需求；第二，我们在很多公共事务或者是在涉及法律议题讨论的过程中，也需要有专业的意见来支撑，这个也是一个需求。所以从根本上说，律师和媒体之间的关系，如果我们放在一个正常的角度来看，它是一个需求关系。但是这种需求关系如果说我们把它狭隘地理解的话，很可能就会变成一种纯粹的利益关系，这就是非常危险的一件事情。

怎么讲呢？有个大律师，我们圈子里很有名的，办过一个著名的冤假错案，我的记者去采访他，聊得很开心。后来这个律师说他现在在办一个案子，大概就涉及一个到底是轻伤鉴定还是轻微伤鉴定的问题，问能不能报道一下。这个记者就很为难，跑过来跟我说："鲍总，有这么一个事，我觉得这个新闻意义不大，但是这个律师跟我说，他还是另外一个全国瞩目的大案要案的辩护人，如果我愿意帮他做这个报道，等到那个案子开庭的时候，他会给我独家线索。我们能不能做一下这个交易？"其实我是想了一下，还是算了，我跟他说，估计他所谓的那个全国瞩目的大案要案报道的空间也不大，就这样了。

后来跟我们其他部门的同事聊，大家就说其实我还是可以答应的。因为对我来讲，那件小的案子可能新闻价值不是太大，但是发一个几百字的消息也是可以的呀。然后那个又是一个全国瞩目的案件，万一有了什么样的报道空间，我不就赚到了嘛。我后来跟他们讲了一个基本的简单的逻辑：从本质上看，这件事情好像是关系不大，毕竟他也没有说一定要把他那个小的案件报道得怎么样，报道的角度还是我们的角度，报道核实的过程还是媒体人专业调查的过程，主动权掌握在我们的手里。但是今天如果我同意了这个有点交易味道的合作，虽然今天只是一个以报道换报道式的交易，而且问题也不是太大，但是如果我开了这个口子，下一步很可能会变成金钱和报道的交换，那对我来说是不可承受之重。因为我是一个新闻管理者，如果在我这个层面上答应了这种以报道换报道式的交易，那很显然，记者在他们自己的采访行为当中就很可能突破我的底线，那这个风险就是无可估量的，所以说在处理律师和媒体之间关系的过程中，一定是有边界的。

同样是在去年华山的那个刑辩论坛上，一个律所的主任在跟我们交流媒体和律师关系的时候，很自豪地在台上发言说："我们要想记者之所想，急记者之所急，在那些紧急情况下，我们甚至可以给记者写好稿子嘛，让他们去选用。"后来轮到我发言的时候，我也是开个玩笑，也是认真地说："我回去好好查一查有没有记者干这种事，拿着律师的稿子直接来用，这个严重违反了我们的职业规范。"因为律师起码是半个自由职业者吧，可以这样去定位他们，媒体记者不是这样，媒体记者的自由永远是框附在这个所谓的中立的价值取向基础上的，也就是说我们要想实现个人的利益，必须是在充分地满足，至少是在不损害公共利益的前提之下才能去做的。所以媒体跟律师的合作就有这样一个区别，律师代理一个案件，是有为当事人考虑这样一个立场在，但对媒体来讲，他的核心生命力或者说他的专业定位就是要遵守客观、中立、平衡这样一个基本准则。在这个基本准则之下，才有合作的基础。也就是说，媒体记者在和律师打交道过程中，他需要考虑到律师的诉求是否有合理性，公众对律师这个意见和观点会不会产生另外的看法，这种看法是不是能够说服自己，记者以一个其他人的角度，一个第三方或者一个普通公民的角度来看这件事情的话，是不是还有新的疑点。媒体记者一定是在满足公众利益的前提下，才可能会实现自己那一点卑微的个人的价值，就是所谓的多发一篇稿子，多挣几百块钱稿费。

我觉得如果我们从最直接的合作的角度来看，其实律师和媒体之间的关系就是一个简单的需求关系。如果要把这种需求关系上升到一个战略合作的层面，那就有很多双方要达成共识的地方：第一，要相互尊重各自的工作方法或者工作性质；第二，要充分理解对方对我方的需求，媒体要理解律师的需求，律师同样也要理解媒体记者的需求。只有充分意识到对方需求的时候，你才可能会有针对性地提供能够满足他需求的东西，同时才能够满足自己的需求。

我一直在倡导建立一种叫作独立互信、建设性的良性互动的政法舆论关系。这种政法舆论关系当中很核心的一环就是律师和媒体之间也需要重构一种关系，这种关系首先要建立在相互独立的基础之上。记者不能给律师干不属于记者该干的活，律师也不能为记者干属于记者的活,要有一个行为边界。

我经常要求我们的记者不要参与到新闻现场当中去,这句话的核心含义是什么呢?我们律师在做一些案件的辩护时,会给当事人,给各方出一些主意,或者在调查取证时是什么样子,我会要求记者做一个观察者,不能直接干预律师和当事人对他们辩护策略的勾画,这个显然超越了记者行为的边界。如果说是很好的朋友,有时候提供一些私底下的建议也难免,但是在一个相对比较正式的场合,或者是某种状况之下,记者过多地给律师或者是当事人提供不属于新闻传播领域的意见和建议,没事倒还好,有事可能就是天大的麻烦。

这两年我们讲记者的危险性,我们在一线采访的过程当中,其实这种直接的人身暴力侵害事件越来越少。前几年经常遇到采访的时候记者被打,这两年这种状况有明显的改善。但是记者报道的政治风险或者法律风险在显著提升,这种显著提升就跟我们很多记者没有意识到风险的来源或者行为的边界有直接的关联。

(二) 对媒体内部的结构和运作方式的误解

我经常跟我们的律师朋友聊天,讲媒体结构和它的内部运作方式,我发现大家对媒体这个行业并不陌生,大家接触的记者都很多。我们的记者们也非常愿意跟律师打交道,大概是因为我们前面讲的这种需求关系的存在。我们这两个群体互相交往的欲望可能超过了其他任何一个群体。在我的概念当中,媒体行业的人要出去说最愿意与哪个群体打交道,可能就是律师。我们一个专门负责环境报道的同事跟我讲,除了律师之外,就是我们环境志愿者最愿意跟媒体打交道。其实媒体记者也最愿意跟律师打交道,因为大家除了需求关系之外,还有一个共同的价值观的问题,可能对许多我们当下司法实践的看法,或者对许多社会问题的看法都比较接近。

但是我也发现大家对媒体内部的结构和运作方式实际上存在着很多误读，或者简单地说，大家搞不清楚媒体的内部结构是什么样子的，经常想找一个媒体，发一篇报道，或者提供一个新闻线索，希望能够引起对方的关注，但是找不对人，找不到人就不说了，如果一个律师想找一个媒体，要去曝个料，或者提供一个什么情况，说找不到媒体的人，我基本上认为这个律师可能也没法混了。找不到人这种情况肯定不在我们讨论的范围之内，我要讲的是找不对人。

因为在澎湃新闻的时候，所有的法制报道基本上是我在负责，我经常会遇到同事们给我转过来相关线索。从我们的领导层到其他各个部门的同事，几乎所有涉及法律的线索或者诉求，或者我们叫作来信来访，都会转到我手上。我发现有很多人都跟我有过接触，甚至不是一个短时间的接触，可能我们认识好几年了，直接见面也有好几次，但是这样的律师经常会把线索转到一个跟我们法制报道完全不相关的其他部门的一个同事手里，然后再通过那个同事转到我手上。我就很诧异，说明什么呢？大家对媒体内部的结构和运作方式确实缺乏基本的了解。

（三）如何选择媒体

媒体有很多种分类方法，按传统的载体来分类的话，报纸杂志、广播电视、互联网。最近比较火的，我们传媒行业内讨论的就是传统媒体和新媒体之间的关系、融合发展等这些，究竟什么是传统媒体，什么是新媒体，也是一种分类方法。我今天想讲的是几个重点的，一个就是按照级别来划分，大家知道有中央级媒体，有地方性媒体。中央级媒体在我们的曝料选择上，或者对我们律师来讲，什么样的情况下应该去找他们？什么样的情况下应该去找地方性媒体？这个其实是很关键的。

另外一个分类，就是我们所谓的机构媒体和自媒体，我们在什么情况下可能会选择机构媒体，什么情况下去选择自媒体？这也是一个需要考量的地方。还有一个分类叫作专业性媒体和综合性媒体，就像我们中国政法大学，我们几所政法类院校，就是特色鲜明的专业类院校，我们也有综合性大学，综合性大学也有各种学院，其中一流高校的法学院也是很强势的。对媒体来说其实也是这样，有专业性媒体，它的特色就是法制类的报道，它其实有点类似于我们说的行业性媒体，比如说像法制日报，各种地方性的法制报。综合性媒体，新闻报道涵盖的范围很广，它本质上就是一个多面向的媒体。这种媒体在市场上更多，也各自有特色。可能有的媒体就是法制报道很强，比如我们前些年说财新的法制报道，南方周末的法制报道，再加上后来我做澎湃的时候，大概用了一两个月的时间，建立起了澎湃的法制报道，在中国政法系统当中有很重的分量和地位。

也就是说在什么样的情况下选择专业性媒体，什么样的情况下选择综合性媒体，其实也是一个值得衡量的事情。我举一个例子，前些年，应该是去年或前年，在青岛的街头发生了一起持械枪击案，公安在街头直接击毙了一个持械拒捕的人。各位要知道，那个时候正好是中国的舆论对警察随意开枪这个事情非常反感的时候，那时候曝出了很多警察直接开枪，然后导致一些争议事件发生的例子。按道理说，这么一个事件如果地方处置不当，稍微反应慢一点，可能会引起一个全国性的舆论风潮。怎么平息的呢？那个嫌疑人被击毙的一个小时之内，青岛市公安局选择了马上发布消息，而且他发布消息的渠道并没有选择所谓的新华社、央视这样的中央级媒体，也没有选择青岛本地的媒体、山东省内官方宣传的渠道，而是选择了远在上海的澎湃新闻。他们第一时间跟我们沟通，说他们在青岛的街头击毙了一个人，当时的情况是什么样子，首先把这个新闻事实告诉了我。

大概在两小时左右的时间，他又给我传过来当时街头上的市民自己拍的一段手机视频，一两分钟，记录下了那个人持械拒捕，然后到警察开枪击毙的过程。那个视频清晰地显示了这个人在街头的疯狂举动，持械拒捕，而且已经威胁到当时广场上的市民和警察的人身安全，视频一目了然。我后来在中央政法委的舆论宣传工作会议上给政法委宣教室的领导们说："很显然，你们应该嘉奖青岛市公安局。不要以为人家把这个事情平息了，好像就没什么功劳。你们就看地方上群体性事件发生的时候，对人家追责，但是人家很干净漂亮地处置了这样一起纠纷，你们没有意识到可能引发的后果，所以这个事也就过去了。但从根本意义上来说，这是一个突发舆情处置的典型案例，一个经典案例，我觉得你们应该大力表彰。"首先他选对了媒体，我倒不说因为我是从澎湃出来的，我自己在替澎湃做广告。因为很显然的一个道理是这样，在一些群体性事件多发的情况下，这种中央级媒体和所在地方媒体的公信力普遍不被看好的这种情况下，或者你的宣传路径基本上已经被公众所掌握，你习惯性地通过哪些媒体来发声，公众都已经心里有预期的这种状况下，你再继续选择他们，显然达不到能够让公众完全相信你的地步。你选择一家市场化的媒体，一家着眼于报道全国性新闻的这么一个地方性媒体，当然他在市场上的认可度也比较高，而且以快速著称，显然起到的效果就不可同日而语。

我们发出这个报道之后，一两个小时，所有青岛当地的媒体、中央级媒体、其他地方的这些主流媒体纷纷开始转载，互联网门户的平台也在纷纷转这个，底下的几千条留言，一目了然，全是在称赞警方处置果断，没有说不应该处置的，所以这是一个选择媒体成功的典型。

对我们律师来讲，其实很多时候也面临这样的选择。我手上有一个案件，我究竟是出于什么样的目的去寻找这个媒体的，我是想让我们法律圈子的人了解这个事情，还是想让政法系统的高层掌握这个情况，还是想让包括刚才说的法律圈子的人，包括政法系统的领导们，包括我们普罗大众都能了解这个事情，这是三个不同的需求层面。究竟选择哪一条，就决定了怎么样去找对应的媒体。

如果你希望能够通过系统内部解决这个问题，想让这个线索更快到达上层，你去选择中央媒体，你去选择像《法制时报》这样的中央政法委的机关报，你去选择《正义网》《人民法院报》这些行业性媒体，这些有官方背景的行业性媒体。但如果说你觉得这个新闻事件已经发生这么多年了，高层不可能不知道，你已经知道这件事情高层是知道的，但你希望更多的公众知道这件事情，那显然你选择的面向首先就不是这些媒体，你肯定选择的是市场化程度比较高，受众比较广的媒体。所以我们讲理解媒体的分类，理解媒体的内部运作方式，实际上对我们的选择是有极大帮助的，会少走很多的弯路。我们的律师朋友，我以前接触的，基本上是好像认识谁，这个事情就给谁，从来不挑人，不会从这些层面去思考究竟怎么样去选择媒体，在什么时间点去选择媒体，代理的这个案件究竟到了什么时候该跟媒体说，他也搞不清楚。其实这里面有很多系统性的学问，今天因为时间关系，这个话题我们就简单说到这儿，后面的问题可能还会有一些涉及。

（四）互联网媒体和传统媒体的区别

第一个是快。这个大家都能理解，在今天这种时代背景之下，如果在开庭时遇到了一个什么突发的状况，你还是选择一个互联网程度不高的传统纸媒，他还是正常地出报，下午、晚上把稿子写好，第二天早上出来，那黄花菜都凉了。

在这种庭审遇到突发状况的情况下，你最优先选择的当然是互联网媒体，速度快。最典型的案例，安徽的一个律师跟我说他们律所一个律师代理某个案件过程中一个突发事件，半个小时之后，那个报道见报了，他吓了个半死，他说："你这个速度怎么能这么快呢？"我说："首先这个案件你之前跟我讲过，我其实是有预案的。我觉得这个新闻事件可以做，那我肯定会把这个案情的部分先写好，放在那里，等到有新的进展的时候，我一分钟之内就可以把它发出去。"这半个小时时间大部分是因为我后方的编辑人员和我们的值班领导需要审核它，所以走了一下审核流程。如果当天是我值班的话，因为我在澎湃的时候，除了分管法制新闻的报道之外，还有一个轮班审稿的责任，可能轮到周末或者哪天轮到我值班的时候，我要对整个澎湃时事新闻的所有稿件做最后签发的处理。如果那天是我值班，这个稿子的背景我清楚，律师跟我讲的情况我也清楚，我可能几分钟就把它发掉了，根本不会等半个小时。这就是互联网跟传统纸媒的一个巨大的区别，快，这个不用多解释，大家心里都清楚。

第二个是准。准是什么意思呢？概括地说就是精准推送。它包括两个层面的含义：一是可以把律师们感兴趣的法制类的新闻定点推送给你们，而不去打扰那些对法制或者对案件类新闻不感兴趣的普通公众。所以我们今天所讲的这个互联网媒体像《今日头条》，他们经常在外面鼓吹的，就叫人工智能，智能推送。他可能会针对受众对象的不同，去推送不同的相关领域的新闻。二是反映在时效性上，精准地掌握了用户的习惯，就是用户阅读这个新闻媒体的习惯。

简单来说,澎湃在全面上线三个月之后,中央政法机关的几位主要领导每天都要打开来看。我知道两高的最高领导每天早上大概7点半到8点钟之间会打开我们的客户端,我想让他们看到的报道,就绝对不会在8点钟之后写。你掌握了他们的阅读规律,知道他们会在早上上班之前这个时间段来打开你的客户端,那对不起,哪怕凌晨四点钟接到的线索,你也一定赶在7点半之前把它更新掉,不睡觉也要把它弄出来,因为你知道他会看得到,这个案件的处理就很简单了。而且那个时候,后面我一会儿会讲,我们怎么把澎湃这样一个新兴的互联网媒体,当时在大家一片不太看好的状况下,把它的法制报道一步一步地做出来,做到我们中央政法系统各个单位都来主动找我们沟通这样一个层面。其实我们也是用了很多的媒体传播的策略在里面。

第三个是变。这个变,在普通公众的理解里就有一些认识的误区。传统媒体大家都知道,电视播出了,公众发现电视新闻报道播出过程当中有错误,再想改已经来不及了,最可能就是重播的时候稍微改一下。报纸更不用说了,印刷出来是什么样子的,除非你回收,回收已经不行了。互联网最大的好处就在于,可以随时修改他的内容,但这一点对我们中国公众用户的习惯来说,是一件无法理解的事情。我们长期受到传统媒体鼓吹的那种新闻报道一个字都不能改,每个字都是真实的这种固有观念的束缚。到今天为止,我们同行业的人,我认识的一些著名的调查记者,出去讲课,在公共平台上发言的时候一直在讲这个观点,他写的每个字都是真实的,他对他的新闻报道完全负责。我从来不讲这个话。道理很简单,在这个时代,任何一个媒体的任何一篇新闻报道,都不可能说它就是真相,我们只能是无限地去接近它。那则新闻事件可能是一两年甚至更长时间酝酿的过程,才发生了那样一个状况。记者凭着几天的工夫下去调查,你是走访了很多人,几乎把这个新闻事件所有人都找到了,但是你觉得你能够理解这几年或者几十年这样一个酝酿的过程,导致那个事件爆发的过程?你不可能表现出来的。换句话说,任何一篇新闻报道都一定是局限于当时的采访条件和采访环境,穷尽我们记者的专业水平所能调查到的那个所谓的真相。但那个真相究竟是不是真相?没人知道,没人敢讲这个话,没人敢说他调查的就是绝对的真相。换句话说,我们的政府在调查一个公共安全事件的时候,前期调查和后期调查的结论都不一样,记者们还要突破各种采访的障碍,那你怎么可能要求新闻报道在那么几天的时间里头采访到的东西就完全符合当初发生的那个状况?显然这是苛求,这是一个简单的道理。

因此,所有的新闻报道都要根据时空环境的变化来重新衡量要不要做一点修改,这种修改是完全合理的。因为我们认为所谓的真实报道,不做失实报道,不做虚假报道的标准在哪里?就是我们遵循了新闻报道的基本规范,在这个规范的前提之下去采访,然后穷尽我的专业做出来的,那它绝对不能被定位为失实报道或者所谓的虚假报道。因为我只能调查到这个地步,而且我遵循了新闻报道的基本准则,客观、中立、平衡,多方面的采访,交叉印证。开玩笑地说,王立军事件发生的时候,重庆的市政府官方微博还发,说王市长在休假式治疗。你说媒体报道王立军去休假式治疗了,今天看起来那个报道是真实的还是虚假的?显然是虚假报道,因为他跟后来事实表现的不一样。但是我们能以虚假报道为由,来指责当时的媒体吗?显然是不能的。因为媒体终归有一个获得信息的官方渠道,如果官方渠道这一关都没守住的话,责任怎么能推到媒体身上?所以媒体的报道受到采访对象、采访条件等各种因素的束缚。

当然我们有一个基本的规范,在满足这种规范的前提下,我们做出来的报道,随着时间的推移而作出必要修改,这是完全合理的。但这点在普通公众看起来,不可接受。为什么呢?他老觉得你发了一个报道,这个案子刚开始的时候是这个调性,后来你中间加了一段话,他就在猜,新闻媒体报道的动机在哪里?你修改这个新闻报道的动机在哪里?有些东西根本就不涉及动机,它就是新闻专业的考量。所以我觉得我们也要正确地认知媒体在新闻报道过程当中对所有他们报道的标题、摘要内容的修改和增删,这都是很正常的一件事情。没有一则新闻报道是不可改动的,这句话有好几重含义:一重含义是提醒我们的律师朋友,在你们看到一则新闻报道,认为它在专业上有瑕疵,或者它写的某一段实际上还有另外一种理解方式,你可以提醒媒体来作出修改。另外一重含义,就是你要有习惯性,习惯媒体这种动态式的有机式的新闻报道方式,因为它将来会是整个新闻行业的主流。不要一想到新闻媒体改了某些报道,就觉得他背后有什么阴谋,他又受到了什么压力,这是两种判断。

(五)理解媒体内部运作方式

我们要理解媒体内部的运作方式,大家要尽可能去了解实际掌管媒体法制报道的这个岗位和角色。这个其实跟我前面讲的你要找对人很有关系,比如说我们大家都知道《南方周末》前些年法制报道一直做得很漂亮,要专业有专业,要情怀有情怀,大家也都很喜欢看,但最后发现其实我们很多律师朋友搞不清楚谁在负责《南方周末》的法制报道,甚至我们有些媒体人也不是很清楚。其实很多年来整个《南方周末》这份报纸的法制报道的调性，法制报道新闻选题的判断，要做什么样的东西，法制报道应该走向哪个方向，很大程度上就取决于一个编辑，一个负责时政新闻的编辑，主要是负责法制报道的编辑，上面没有人，因为上面的领导根本不懂专业，他们懂新闻管理，但他们不懂专业，所以长期以来我了解的情况，《南方周末》的法制报道实质上就掌握在一个编辑手里。

我从《东方早报》被领导授命，说我们要做澎湃这样一个新媒体实验。我当时是《东方早报》唯一的一个长期跑法制口的记者。当然我跑法制口不是在上海本地，我是在全国范围内做一些案件性的报道，领导希望我来组建这个法制报道的队伍。所以实质上后来澎湃大概在一两年的时间内，整个法制报道的选题，记者的调配，哪个报道要做到哪一步，基本上是掌握在我手上，领导无法干预。理由很简单，除了风险的把控之外，专业上我随时可以打断他。他提出要做一个什么事情，或者这个事情我觉得好像不能做，我马上会从专业的角度告诉他这个事情是不值得做的，基本上他就只能尊重我的意见。所以这个时候实际上我在澎湃的角色就是主要负责法制报道，几乎所有的法制报道都要过我这一手。

其他的媒体也是一样的，作为我们律师朋友来讲，如果你想长期跟媒体打交道，而且想跟某个在你印象当中或者你感兴趣的媒体去打交道，你觉得值得去打交道的媒体，那么你就花点心思，搞清楚那个媒体到底是谁在负责法制报道，这个很关键。所以你要尽可能去掌握相应的媒体管这个法制报道相应的岗位和角色。这个其实在你们跟记者交流的过程当中，多问几句、多留点心就好了，可能会极大程度避免说因为你就认识媒体那几个人，也搞不清楚他们的分工，反正遇到一个案子的时候就随便找，逮到谁是谁这种情况。有可能那个记者记起来了，他就给你转到负责人手里，如果那个记者有什么别的事，他根本不会管你，所以找对人是很关键的。

（六）法制新闻的兴起和现实困境

前面我们讲媒体，现在我们有针对性地说一说法制新闻这些年的兴起，以及它面临的现实困境。

我个人认为近20年来中国的法制新闻大概分成三个阶段，第一个阶段叫法宣新闻，就是我们经常能看到的，传统媒体对司法案件，特别是公安破案的一些描述性的报道。应该说从2003年孙志刚案开始，中国的法制报道进入了一个叫个案反思的阶段。在2003年之前，特别是在90年代甚至更以前，中国的法制报道基本上停留在媒体没有独立调查精神，根据官方通稿来做特定政法机关的舆论宣传机器的这么一个定位，所以那个时候的法制新闻基本上都是法制宣传新闻，我们称之为法制宣传新闻，带有浓厚的这方面的色彩。孙志刚案之后，中国的法制报道进入了一个新的阶段。一大批的案件，我大概列了一下，马加爵、李久宁、佘祥林、聂树斌、呼格吉勒图，一直到重庆打黑，北海案、小河案，几乎每一年都会有好几起全国瞩目的热点案件，或者是疑似冤假错案，成为公众关注的焦点。除了极个别的老媒体外，几乎所有市场化媒体的法制报道团队都是从那个时候开始建立的。

也正是因为这样一大批每年都有的社会热点案件的出现，媒体才开始渐渐地培养自己专门的法制报道队伍。以前是没有记者专职做这个的，没有这样的概念。法制新闻因此才成为一个真正意义上的新闻学的概念出现。我做这个法制报道，前面都是小打小闹，我真正从事法制报道是从跟朱明勇律师一起去做浙江的张氏叔侄案开始,那是我正儿八经报道的第一起重大的刑事冤假错案。其实我们这批人都是从这些个案当中去逐渐培养自己对法制新闻认知的。法制新闻报道的拐点出现在 2013~2014 年这段时间,我明显感受到了这一点,那时候我已经从新闻报道的一线转到新闻管理岗位了,那时候开始筹备做《澎湃新闻》了。

我明显感受到公众对这种冤假错案报道的兴趣越来越低,再大的一个冤假错案,十几年、二十几年了,人关在监狱里,后来放出来,几乎都不再能够提得起公众的兴趣,除非他有特别的情节。原因有以下几个:

第一,审丑疲劳。媒体天天报这个,大家就习以为常了,就不会再有新鲜感。更重要的是媒体也很懒,那个时候案件报道已经形成了一个固定的思维,案件是怎么办出来的,怎么申诉的,最后怎么翻案的,新闻报道内容大同小异。具体的情节有些差异,甚至说遇到像呼格吉勒图和聂树斌这种案情高度相似的事件,你要做这个案情报道的话,其实把人名、地名换掉,那个新闻报道的内容几乎不大需要动。新闻报道特别是案件报道的高度雷同性,也是一个导致公众审丑疲劳的很重要的原因。

第二,司法公开。在我们新一届的最高人民法院的领导层选择了一个以司法公开为起点,推行司法改革的路径。很多人对它抱有高度的期许,裁判文书上网了,我们要搞庭审直播网了,我们要把审判流程公开,庭审信息公开,执行信息公开,要建好几大平台。好像除了一些敏感案件,很多案子你都能方便地查阅到裁判文书等这些内容了。

我想说的是,正是因为这种表象化的、程式化的、选择性的司法公开,导致了媒体极大的惰性,因为媒体就是需要新闻。媒体有一个非常快捷的渠道,政法机关的政务微博、微信还有官网,还有裁判文书网,提供了大量的信息。这些信息可能不是什么特别重大的,特别引起公众关注的,但是它确实有新闻性。媒体很快就把它弄下来,根本不需要派记者去采访,成本会节省很多。大量的新闻报道就开始用这个,媒体的惰性养成了,记者的惰性也养成了,没有人再愿意去实地采访,冲淡了媒体和记者独立调查的热情,为个案的深度报道设置了新的障碍。

第三,媒体环境。司法公开了,公开到这一步了,你接下来再问我什么事,就以我们公开的这个为标准,所以个案调查的空间也受到了局限。另外就是媒体转型期,传统媒体都已经这样了,互联网媒体现在是这种状况,大量的专业性人才流失,基本上现在都是一些特别年轻的记者,我们这个行业当中的年轻化问题越来越令人担忧。可能其他行业不一样,觉得年轻化是一个很好的方向,但对传媒行业来说,越来越多的这种人才的流动,流动性越来越高,记者越来越年轻,绝对不是一件好事。

(七)法制新闻的基本特征和律师的应对方式

第一,媒体对个案特别是刑事案件的兴趣极大降低。极少数的个案被首发的媒体和记者搞得很清楚了,后面就没有人再有兴趣跟踪了,这个对我们律师来讲也是一个很切身的,值得思考的问题。你给新闻媒体曝料,曝到什么程度为止是很有学问的。我们以前的律师一见到一个记者,觉得聊得来,就把这个案件所有的信息一股脑告诉他,在一个不恰当的时间点。然后这个记者很快就把律师告诉他的所有内容,以及律师没有告诉他的内容都调查清楚了,发了一万字的报道。然后那天正好又不巧,遇到周永康落马,或者是令计划要受审了,就没人关心那个案子了。但是那个媒体记者已经发了一万字了,其他媒体还有兴趣吗?其他媒体要重新考量一下这个案情是否确实有新闻价值,可是人家已经写得那么清楚了,我还要去吃人家嚼过的馍吗?我再派记者去做个调查,花那么大的成本,去写一个差不多的报道,新闻点人家都写干净了,那你觉得从一个媒体管理者的角度来说,这划算吗?显然是不划算的。

所以在我们这个行业里逐渐形成了一种别人首发报道了一件事情,写得很清楚,我对它就没什么兴趣了。因为我会平衡一下,我觉得我的记者再花时间和精力去采访,可能也只能做到他这个程度。那媒体是有互相竞争关系存在的,当然这个话说起来,对你们律师有利,对我们记者不利,但是我觉得让大家思考一下也好。一些案件在什么样的阶段告诉记者多少信息,我想让这个案件持续引起公众关注,是不是可以一开始的时候告诉一些信息,然后在案件进行到下一步的时候,再透露一些信息,这样的话,可能会有更多的媒体感兴趣。

当然,对我们这些做媒体的人来讲,我要求记者跟踪的案件,最后别人过了一段时间跟踪了,发现了比你更多的内容,那我是要找记者麻烦的,因为媒体之间的竞争格局形成了。

第二,刚才说了,媒体对刑事案件的兴趣现在越来越低,什么样的法制新闻报道越来越受重视呢?就是解释性的和观察类的报道需求在上升,而且可能会成为我们当下和未来一段时间法制新闻的主要支撑。这个可能对我们律师界的朋友来说,也是一个重大的启示。也就是说你们跟媒体的交道要着眼长远,不但要考虑到个案的需求,还要更多地考虑到你的自身品牌价值实现的需求。我不大理解为什么很多律师可能在业内有点名气或者怎么样,我们记者给他打电话请教一个法律专业的问题,或者跟他代理的案件没有关联的其他案件的一个法律关系问题,希望他能够讲几句专业性的点评,有兴趣的还行,没兴趣的干脆就不爱搭理，就导致我们媒体记者在选择这些公众关心的热点事件，选择报道角度，需要理清楚这其中的法律因果关系的时候，找不到合适的对象去采访。这个时候怎么办呢？他只能找他经常找的那一波人，实际上这波律师专业水平怎么样呢？我看也要打上一个问号。有些人可能就是非常愿意跟媒体交流和沟通，可能在新闻报道当中就出现了他一个名字而已。但是长期以后，你会发现半年一年两年，这家媒体这几个记者的那份名单就那么大，遇到社会热点事件，需要分析这其中的法律关系的时候，他只能去寻找这些律师，因为这些律师愿意跟他讲，而其他的律师要么高高在上，要么有各种事情。

刚才说案件报道的需求在降低，法制分析类的或者法制观察类的或者解释性的新闻报道会越来越多，越来越成为法制新闻的主流。一个律师要想获得他应有的声誉，要想体现他的公共认知，提高他的知名度，要再想靠一案成名，我看可能性已经很小了。不排除有人一案成名，但那个一案成名恐怕也要有比较深的专业积淀，也不是什么人都能一案成名的。即使是一案成名之后，如果你没有一个相应的专业积累和积淀的话，你很可能很快就被遗忘掉，这是一个简单的道理。所以你要维持自己的个人品牌和知名度，最好的方式，就是愿意参与到媒体对其他社会公共议题或者其他社会热点事件的分析当中去。

第三，法制动态和消息在碎片化传播的时代更具优势。这一点我们很多媒体人也搞不清楚。媒体记者有一个惯性，就是写报道的时候，人人都觉得我做的这个报道，不管事情有多大，都应该做成深度报道。如果不把它写成深度报道，好像显得我这个记者能力很差。其实不是，在互联网时代，还有几个人愿意看两三千字的一般性案件报道？一个几百字的报道，我可能非常乐意把它看完,我扫个一分钟把它扫完,还能把这个案件记住。如果这个几百字的消息能够刺激到我,我还可能去搜索一下关于这个案件的来龙去脉的相关报道。但是你要一上来就给我弄个两三千字的深度调查,而且又是一个并不是全国瞩目的焦点和热点案件,我看都不看的,看个标题就过去了。这是普通公众正常的阅读体验,也就是说我们的记者不能从个人的倾诉或者展现欲望出发来写新闻报道。记者们习惯思维就是我写这个报道不是为了给公众看的,他考虑不到读者,他考虑的首先是自己,他要把他自己的表达欲望充分地展现出来。我们的律师也是一样,我经常接触一些比较知名的律师,不要说在新闻媒体上,一讲一长串,写一个文章动不动要写个几万字,在法庭上也这么干,也不管底下的听众、审判长、公诉人有没有兴趣听。

我们还是要搞清楚,辩护也好,在媒体上发表观点也好,我首先要考虑的是我发表的观点是给谁听的,首先要考虑到听众和读者的感受,他能接受多少,我就讲多少话。不要凡事都从自己的主观倾诉欲出发,如果什么事都以自己的倾诉欲为标准的话,我觉得你会越来越烦人,可能到最后大家都不愿意跟你打交道,很简单的道理。

(八)案件新闻性和新闻点的判断

案件新闻性和新闻点的判断,也是一个核心命题,我想可能也是在座的比较关心的问题,就是到底什么样的案件是媒体感兴趣的案件?一个案件当中到底有什么新闻点是媒体真正感兴趣的?在讲这个问题之前,我还是想简单说一下我在澎湃的时候定下的几条军规,就是我们对法制报道,对案件报道的几条准则:合法;公共利益优先;无辜者伤害最小化;程序正当;不干预。

第一,合法。我举一个例子,就是李某某的案子,那年炒得很热的时候，我对这个事情一直有看法，我在无数的场合公开讲过。我个人职业生涯当中最为自豪的事情，不是第一个揭露了浙江叔侄案，以至于直接促成了这起案件的复查和再审，乃至于改判，而是我没有写过一个字的关于李某某案的报道。理由很简单，中国的《未成年人保护法》第58条明文规定："对未成年人犯罪案件，新闻报道、影视节目、公开出版物、网络等不得披露该未成年人的姓名、住所、照片、图像以及可能推断出该未成年人的资料。"这话什么意思？所有的李某某案的报道，我看不出来你说的这个人是谁，公众看不出来你讲的这个人是谁。不会吧？你把他的照片打上马赛克，大家就不知道你讲的这个李某某是谁了？你的稿子里公然出现"梦鸽""李双江"，公众就不知道他们的儿子是谁了吗？什么叫一切可能推断出该未成年人的资料？既然法律是这样规定的，如果你觉得这个规定不合理，对不起，修法，法律没有修改之前，大家还是要遵守的。

我认为在这件事情上，几乎绝大多数的中国媒体报道都不应该出现。为什么？因为这件事情从本质上来讲，除了被告人这个身份之外，可能每天都会在中国上演，它不是一件了不得的事情，KTV、酒吧里这些事情每天都有。它之所以成为全国性新闻，唯一的因素就是这个嫌犯的特殊身份，就是因为这个特殊身份，他才会成为全国民众关心讨论的话题。但是法律又严格禁止新闻报道出现一切可以推断出他身份的信息，显然这个新闻报道就失去了报道的空间和价值。有观点认为这起案件不是一个能不能报道的问题，而是一个应该怎么样去报道的问题。我不同意这个观点，它就是一个几乎没有报道空间的案件，如果你从严格的法律意义上去理解的话。

第二，公共利益优先和无辜者伤害最小化。也有一个例子，中央电视台很著名的一个调查记者,他手上有一个线索,搞不定,来问我能不能介入一下这个案件。我一看,我也非常同情那个当事人,一个上市公司老板的妻子,还有一双儿女,在海外生活,这上市公司的老板自己回国了,还当了某个副省级城市的政协常委。然后他通过什么途径在国内以缺席审判的方式,以公告送达的方式,解除了他和他老婆之间的婚姻关系。他老婆好多年之后回国才发现他们已经不是夫妻关系了。因为这一家人等同于被那个上市公司的老板给抛弃了,家人的生活费他也不管,所以她的女儿这时候才跟她妈妈说实话,说几岁的时候一直到十几岁,这个上市公司的老板一直在性侵自己的亲生女儿,导致她的亲生女儿在国外还做了性病治疗手术。那你说这件事情媒体要不要报道?说实话,我的职业生涯当中很少有这样纠结的事情。虽然纠结,最后我还是没做。为什么?公共利益优先。这件事情本质上是一个家庭关系的问题,它不太涉及公共关系,更何况最重要的是里面涉及这个孩子,如果要做这个报道,说中国有个上市公司的老板长期性侵自己未成年的女儿,你能化名吗?要是化名的话,你这家媒体还能继续存在吗?显然化名是没有说服力的。这种事情只能出现这个公司老板的真名,那既然出现他的真名,公众马上就知道他的亲生女儿是谁了。这种舆论一旦炒起来,那对他的亲生女儿造成的心理伤害是无法估量的。所以我们说这叫无辜者伤害最小化原则。我们知道这个跟公共利益不太相关,另外又可能对她女儿造成一个巨大的心理创伤,甚至一辈子活在阴影当中。现实考量,只能放弃。

去年的时候,我们中国政法大学那个很著名的教授,跟聂树斌案的辩护律师之间产生了法律上的诉讼,后来媒体又挖出来一个他的个人作风问题,就是他跟一个女的之间的债务纠纷民事官司。媒体争相去报道。我后来跟我的记者讲,我说这件事情不要碰,它本质上是一个法学教授跟他的学生还是什么人一个借贷关系的正常的经济纠纷,就因为这个法学教授最近成了名人了,你就去报道这个案件,它跟公共利益没有什么关联,这件事情本身跟聂树斌案也没什么关联,不要去做它。

第三,程序正当。我们的理想是追求程序正当,对新闻报道的理想也在追求程序正当。尽量还是少用坑蒙拐骗的方式拿到证据,但有时候确实也两难。有时候采访就是有各种障碍,为了一个更大的公共利益,你不得不用一些看起来不太光明的手段去取证。比如说一个关乎公众公共卫生安全的重大的事件,打个比方,比如发生一个疫苗案或者一个重大的疫情案件的时候,明明已经有一定的线索,但是你要遵循程序正当的原则去调查取证,基本上不可能,但是它又确实关乎很多人的身家性命,关乎公众的切身利益,那如果你看到一份文件,或者一个什么铁证,你会不会偷拍?甚至偷取,可能还会干这种事情。但是我们会追求在新闻报道过程当中尽量采用正当的手段,走正常的程序。在真正采访难以突破,那件事情又关乎核心公共利益的时候,我们才能考量说是不是可以具体问题具体对待。

第四,不干预原则。很多人也不太理解,这个我前面也提到了一点,我们会要求记者不要过多地干预新闻现场。我个人非常不认同一种做法,就是我们的媒体记者跟律师一起,释放一些并不确实的信息,去倒逼政法机关对某个案件更重视,或者是改变某个案件的进度。呼格吉勒图案大家都很清楚,在我的信息当中,它应该是排在聂树斌案之后才处理的一起案件。那它为什么提前了?你们都知道聂树斌最先是 2015 年 1 月还是 2 月的时候,被媒体报道出来的,一案两凶。这个呼格吉勒图案实际是 2015

年下半年才被媒体曝出来，也是出现一案两凶这种状况。本身引起公众关注的时间就是一个在前，一个在后，而且聂树斌案的影响始终比呼格吉勒图案的影响要大。而且从后来我跑法制口一直接触和了解的信息来看，综合判断，我一直认为聂树斌案一定会在呼格吉勒图案之前处理，处理完了聂树斌案，可能呼格吉勒图案会比照处理。但是我这个判断错了，后来我终于搞清楚了原因，因为呼格吉勒图案的拐点就是当年我们一个同行发了一篇报道说，据什么可靠信息，或据内蒙古政法系统的可靠消息，呼格吉勒图案即将迎来重大的拐点，即将迎来什么重大信息也不讲，就发了这么一个没头没脑的看似新闻，实际上完全不是新闻的东西。什么叫即将迎来重大信息？什么重大信息？到底是立案了还是决定再审了，还是怎么着了？讲不清。后来我在一个场合遇到了这个记者，我就直截了当地问，我说你当初发这个消息的时候是出于什么心理？是有权威渠道告诉你这个案子马上要开庭再审了？他说也不是，可能有个什么官方背景的人跟他聊的时候，说这个案子应该会排上议事日程了。按照他的理解，应该快了吧，快排上议事日程了。闲聊天的时候有这么一句话，他就把它当作一个严肃的新闻报道发出来了。

  从普通公众的感受来说，这是一件好事。媒体玩点小技巧的这种方式，导致了一起重大，甚至我们可以说，我们从内心认为它是重大问题的冤假错案，得以早日平反。很多人认为这是一件功德无量的事情，当然我也钦佩记者的勇气。但从专业层面考量，这不应该是我们提倡的。他实际上就是通过舆论的手段来对司法施加他想施加的影响。今天我们可以说我们为了一个正当的理由，使舆论来施压司法，请问明天会不会出现以一个不正当的理由，依仗着媒体强势的话语权来给司法施压呢？这个口子是不能开的。具体的事情我们可以理解，但是这种行为从新闻的职业伦理的角度来看是不合适的。所以我一再跟记者强调，我们要干的事情，不要过多地干预司法机关对案子的处理，但是可以批判它。我天天批它都没有问题，但是我不能说施加一下压力，它很可能就会有新的什么进展。我可以说它到今天还没进展，到现在还没进展，我甚至可以每天都发一条稿子，说又过了一天，它还是没有进展。

我这样逼迫他，他主动去提快这个进程是 OK 的，因为这个事情本来就应该及早地处理。但是我就是不能释放一个"这个事情快有进展"这样的信息，让他们骑虎难下，不能以这种手段去干预。这其实就是一个边界问题。新闻性的评判标准，独家性我就不说了，媒体只对独家性的新闻报道感兴趣。还有一些重大案件，媒体是不得不干预的，因为全国都在报道，那他没办法，不管独家不独家，都得去。但这种比较少，一年能有几起，正好就落在你们身上了？所以大部分刑辩律师手上的案件其实还是在一定范围内能够引起关注的案件，那很显然，这些案件对媒体来讲，吸引力首先在于它的独家性，别人还没有这个信息，我掌握了。它有报道的价值，会比较受重视，就把它发布出来。这些案件往往有明显的程序问题，比如未审先判、久押不决、降低审级等问题。

还有一些挑战公众认知的情节，比如我们有一个江苏的法院，给我印象非常深刻。朱明勇给我报了一个线索，那个案子无聊到极点，就是一个老板跟当地发生了什么纠纷，法院说要判他，整个检察院的指控只有几万块钱。因为他是公司董事长，他吃饭干吗都开公司发票，花了公司几万块钱。就这么一个事，对我来说没有任何新闻报道价值，但是有一个特别的情节，就是为了这么一个事，官方抓人之后，想跟他谈判，说给他时间，他要是能够把那块地让出去，他们就可以撤诉。所以那个法院在开庭之后，突然要终止审理。终止审理的理由是什么呢？不可抗力。一起几万块钱的小事情，因为不可抗拒的因素，终止审理，而且用了两次，终止审理决定书上用了两次这样的表述。案情对我来说无所谓，我只需要有这一个情节，因为它挑战了公众的认知。没有发生战争，没有发生洪水，机关一切运作正常，为什么因为不可抗力而终止审理？这明显是司法机关在胡搞乱搞，在抗拒《刑事诉讼法》规定的审限。《刑事诉讼法》规定的审限对他们来说就是废纸一张，他用这一招就直接破解了。以后全国的法院都这么群起而效仿的话，那审理期限不就是空的嘛。所以有这样挑战公众认知的情节，这个案子也能做，而且还要把它做大。

  我在 2015 年的时候做了一件事情，就是《澎湃一号专案》这个栏目，2015 年度全国最任性的政法机关评选。我搞法律的评选，不去评选什么年度法制人物，也不评选年度经典案例，直接评选年度政法机关，年度最任性的政法机关，这是一个。还有一个是安徽省检察院，理由是一个职务犯罪，一个合肥的副检察长说被告人受贿之类的，检察院先提一个再审建议，提交到法院，过了一个月之后，又撤回再审建议，撤回再审建议的时候说，他们又重新考量，觉得基本事实清楚，两个基本。我就说到了现在这样一个司法阶段了，还在用严打时候"两个基本"的标准来提撤回再审建议，开历史的倒车，而且是省级检察院。还有像湖南的郑爱云案，湘潭中院就是拖了二十几个月，案子不判，我也给它列入年度最任性的政法机关。很多事情，像郑爱云案后来就不得不加快速度处理，跟这个也有直接关系。

  当然我在做年度最任性政法机关的同时，也做了年度阳光司法机关的评选。要只是发年度最任性政法机关，估计我那个评选也评不出来，至少不能发表出来。江西有个小案子，好像还是刘常跟我讲的，案情我都不记得了，只有一个情节，就是那个检察院也觉得被告人人实际是情有可原，他也有立功情节，认罪态度较好之类的，就在法庭上说，法官可以酌情轻判，提出了一个量刑建议。法院就是要判重刑，连检察院都建议可以判轻一点，他就是要顶格判重刑。整个案子我就记住了这一个情节，就记住了这一个特性，这案情本身很简单，就是一般的案件，但是它反映了一个司法的特性。这个案子当中有一个很特殊的地方，就在这儿，使得这个案子也可能会被媒体关注。因为公众对专业性的问题，即使你讲得再深，他都感觉是乏味的，他是不怎么感兴趣的。但是你要把那个道理讲得很浅显，其中出现超出正常人认知水平那样一个特殊的情节，那这件事情就值得被关注，这就是新闻媒体报道的核心，选择新闻点的价值判断。因为媒体总是要从普通民众的角度去考虑问题，所以我们的律师朋友也不要觉得媒体人都是傻子。

　　媒体记者去采访律师的时候经常会问一些看起来很傻的问题，不是记者傻，记者可能比你还知道情况，但记者必须那么问，为什么呢？因为他是代表普通公众去问的，明白这意思吧。可能我们的读者是不了解这件事的，他不像记者把这件事都了解得很透彻了，他需要直截了当地去获得一些信息，而这些信息其实记者心里是非常清楚的。但是记者不能用自己的话表达出来，因为记者不能有主观判断。记者必须借助律师的口说出来，这个时候记者必须要问看起来很傻的问题，实际上是记者很傻吗？记者有时候对案情的了解甚至还超过律师。

二、当前的政法舆论形势和转型期政法舆论关系的特点

(一) 当前的政法舆论形势

目前互联网舆论工作已经成为政法工作的第二主战场,我不知道大家有没有这样的观感,从我2014年做《澎湃新闻》开始,有一个切身的感受。过去这些年我们可以说律师和记者经常利用微博,在舆论场上发声,可能会主导一个议题的设置,但是今天律师也好,记者也好,再去联手设置一个议题的能力越来越弱。特别是政法机关的政务微博、微信开始逐渐在舆论场上占据一个很大的话语权,未来关于这个政法舆论工作的话语权争夺只会越来越激烈。

可以这么讲,这一届的政法机关对舆论的重视恐怕超过了历史上任何时期。而且大家去看一看,虽然说整体上官僚机构都在加大它的舆论宣导力度,但是政法机关尤为明显,过去它是一个相对很封闭的系统,但是今天它几乎成了整个舆论场上最活跃的政务媒体的代表。我说一个简单的例子,澎湃发过几篇报道,很小的事情,可能就是类似于原告被告打了官司,原告赢了,法院要给原被告快递寄判决书,这个快递费要原告来掏,大概几十块钱,原告不依不饶,非要找法院,被告的判决书为什么要他掏快递费?我那天正好不值班,我要值班的话,这稿子肯定就发不出来了,因为事情太小了。结果我们记者把它发出来了。当天下午法院打电话,说把钱退给他。他之前吵了几个月都没处理。后来我背后了解了一下,这件事怎么处理的?就这么一点小事,从最高法一路批下去的。我刚才讲了,像周强、曹建明,曹检就在公开会议上说,他每天要看澎湃的客户端,两个法制类栏目,每篇文章他都看。从他们那儿接收到我们这个信息,涉及他们系统的

问题，当场就转给他们的新闻局、办公厅，他们新闻局和办公厅和各个地方省的高院、省级检察院负责媒体宣传的这些人有一个工作群，一层一层往下放，很快就能处理掉。就这样的小事，还有法院欠人家钱，法院要盖楼，欠工程队的钱。正好在一个时间节点上，周院长在两会报告工作当中说"我们要穷尽一切手段打击老赖"。我第二天就给他报道了一个法院老赖，法院老赖做完了之后，做政府老赖。就是媒体也要显示出自己的格调，打击老赖当然没错，我们首先要把自己公权力机关当老赖的典型拿出来。

但是确实这两年你们大概也有切身感受，互联网舆论生态已经发生了根本性的改变。公检法机关不再是任打任骂的角色了，在任何一起公共事件当中，他们都有这个力量去引导，去改变一个热点新闻事件的走向，或者是媒体或者是律师设计的议题。他们都具备了这样的引导能力，而且越来越重视互联网舆论工作，政法系统内部关系的重构，这正在刺激舆论场上的话语权之争。

过去我们一直说公检法铁板一块，一个系统，律师界流传那样的说法，互相配合办案，政法委经常协调案件。现在强调互相监督，当然站在我们律师的角度，我们觉得还不够，他们好像基本上还是一体的，但政法系统内部的关系确实已经发生了微妙的变化。这种微妙的变化，我们从陈满案这个抗诉，从最近北京中院直接判决司法部败诉，从越来越多这样的案例当中能够体会出来，其实政法系统内部之间的关系也在开始发生变化。为什么我们检察院这些年这么强调法律监督？我一直在给他们灌输一个理念，一谈中国的司法进步就是法院做了什么什么，检察院永远排第二，检察院也需要寻找他的存在感。但是检察院每年两个报告，要获得超过法院的赞成票，这个是有很大难度的。司法环境不好的时候，首先法院的报告肯定赞成票是最低，但司法环境好转的时候，也是法院获得最多的喝彩声，因为检察院在我们的官方序列中，就排第二。但是他也要找存在感，我就跟他们说，我说你们最鲜明的特色是什么？中国的法律赋予你们一个特殊的使命和责任，就是法律监督职能。你们是法律监督机关，我们国家的司法体系当中就是这样定位的，你们就把你们的司法监督职能运用好，该抗诉就抗诉，该提再审建议提再审建议，体现出检察院的价值。

实际上我们很多的刑事案件，特别是申诉案件，你会发现法院和检察院在相互较劲。如果媒体报道了这起案件，法院长期没有动作，检察院可能就要衡量要不要发个再审建议，等到将来这个案件再审改判了，也是在他们发的再审建议的情况下，法院改判的。他就会考量这一点，所以司法系统内部关系实际上是有些微妙的变化。这种微妙的变化应该为我们所了解，这样的话，我们在寻找申诉途径，在思考辩护策略的时候就可以加以利用，加以合理的利用。

（二）转型期政法舆论关系的特点

转型期政法舆论关系的特点最根本的一条还没有改变，就是斗争思维根深蒂固。这一点没办法改变，我也很失望。我一直在跟中央政法机关几家单位讲，我说你们提出了一个很好的概念，叫法律职业共同体，把律师纳入进来。我说你们如果格局稍微再大一点，还可以提出另外一个概念，叫法治事业共同体，把我们媒体人，把我们整个舆论场，把我们所有关心中国法治事业的人都纳入进来，叫法治事业共同体。我们都有一个追求法治国家的梦想，把这样的人都纳入到这个共同体当中来。但是要构建法律职业共同体也好，构建法治事业共同体也好，有一个前提，你不能再有过去存在的斗争思维。但他们听不进去，为什么呢？公检法天然处在与犯罪分子做斗争的一线，长期以来就培养政法干警这种思想意识，始终在斗争的一线。我们的舆论宣传也存在着浓厚的斗争色彩，这种斗争色彩延伸到政法舆论场上，就变成了无原则的为自己所属的这个系统辩护，无论发生什么事情。

它的典型表现是什么呢？《人民法院报》你们去看，在哪一期我忘了，登了一篇评论，叫作《雇佣"访民"干扰司法是现代讼棍》，是讲律师的。我后来通过我的渠道跟他们讲，我说这个是典型的斗争思维。那个个案中的律师可能行为是不当的，甚至是可以进行批判的，但是这样的文章登在《人民法院报》，这样的标题，"现代诉棍"这样的词语，对促进法律职业共同体的建设没有丝毫好处，因为它就是一个斗争性的词语、对抗性的词语。你可以讲那个人怎么违法，可以讲勾结访民闹庭，或者勾结访民干扰庭审是违法的，都没有关系，为什么非要用这样的词语来描述呢？

同样，我们的斗争思维也体现在很多律师身上。江西乐平的案子，我们大家都倾注了很多心力，但是你真的需要靠贬损或者是贬低法院院长的个人人格来获得司法救济吗？我觉得这是可以商讨的。至少对公众来讲，起不到好效果，反而起到反效果，因为普通公众会觉得这个表演的成分更多，表演式辩护的成分更多。我刚才讲了，我们凡事不能从自我的表达或者自我的心理情感出发，还要考虑到我们的受众，我做这件事情是给谁看的，我的受众会不会认可我这么做。显然在公共舆论场上，这种行为是得不到好处的。虽然我个人是非常理解的，一个案件明显的疑点已经出来这么长时间了，拖到现在还不能处理。我们律师，因为有些律师我也熟，穷尽了很多手段，但是江西的这个司法机关就是这样,高院就是这样,拖到现在,还在拖着,前不久说要再审。我也很能理解这种心理,但是我们还是要考量一下,我们这个行为会不会给公众以负面的观感?在这种负面观感之下,我们会不会得不偿失?我觉得没有必要用这种斗争性的思维去考虑问题。我们实际上要倡导一种良性互动的政法舆论关系,这种良性互动我后面会讲,对司法体系内显而易见的进步该表扬还是得表扬,不能老从意识形态的或者从既有立场的角度出发。

人家做了明显是进步的事情,你也说隔靴搔痒,解决不了根本性问题,天天唱这种对立的调子,我觉得没有多大的实际价值和意义。穷尽体制和途径,变换策略,让个案诉讼更有效。我刚才说了,我们所有的公检法机关都有自己的舆论通道,你们可以看到他们的政务微博、微信,有多少人会到他的官微底下去留言?或者在他官方网站上去沟通?大部分人觉得没有效果,觉得没人会理,其实是说不定的,你都没有尝试,怎么会知道没有人理呢?不一定。

还有比方说在座的多少人知道"常安建"这个微信公众号?"常安建"微信公众号你们去看一下,他的注册信息是说北京什么长安公司,这个公司是哪儿的?它的出资人是长安出版社,长安出版社是中央政法委的直属机构。说清楚了,"常安建"微信公众号就是中央政法委办的一个微信公众号,只不过没有以官方的名义来办。如果说你们是干律师的,尤其是做刑辩律师的,"常安建"微信公众号不知道,那《正义网》你们知道是谁办的?

是最高检。

这个还好一点,你起码对我们司法体系内的这些媒体要有一个概念性的认知,然后你才能看到微信朋友圈很火的一篇文章,或者是雷洋案发生之后,舆论在热炒的时候,你突然看到一篇

"常安建"发的文章的观点,如果你搞不清楚"常安建"代表谁,那你就缺乏基本的对当下政法舆论环境的一个有效的判断和认知。多看看他们的文章,你还是能够知道一些风向的,你还是能够理解中央这些政法系统的人员是怎么思考问题的,我想对我们的刑事辩护也会是有好处的。政治的归政治,专业的归专业,我不想讲多,我个人比较赞同陈瑞华老师的观点,不要什么案子,你就知道那是政治性的案件,律师的职责就是以自己的专业智慧去对抗那些政治背景和政治因素。你不要把一个进入司法程序的案件,试图以舆论或者其他的方式,以一种非专业的方式,以这种政治性的途径来解决。那样的方式不是律师的职责和使命。

从习惯性的批判思维当中解放出来,多提有针对性的合理化的建议。这个我也觉得很遗憾,我做了几年的法制记者,管了几年的法制报道,我发现中国的刑事申诉案件当中一些规律性的东西,很少能够在律师特别是我们大律师当中找到这样的建议和意见。比如说大家做了这么多年冤假错案的申诉报道,发现了一些基本规律,判决书当中都有"两个基本",只要有"两个基本"的,大部分证据都有问题。还有"鉴于本案具体情况,可不立即执行死刑",具体什么情况不说明,这样的判决书也比比皆是。我从来没有看到一个学者或者一个行业领袖,我们律师的行业领袖能够直截了当地提出合理的建议,而他们并不是没有发声的渠道。他们跟政法体系,跟我们系统当中很多人都是有交流渠道的,但是没有人直接提出合理化的建议。

我们现在不要一个案子一个案子地搞了,我们对那些当初以"两个基本"定案的案件统统复查,只要判决书写明是"两个基本",这个案件还在申诉之中,那我们就复查。因为他已经基本上成司法规律了,对于什么"鉴于本案具体情况,可不立即执行死刑"的这种表述的案件,明显的疑罪从轻的时代背景的这种表述,我们就有理由要求一律重启再审,我们是可以提出这样合理化的建议的。为什么我们所有的律师只局限于自己的个人案件?你们接触的案件是很丰富的,我不相信你们看不出来。

前两天是因为澎湃发了一篇疑似冤假错案的报道,然后我朋友圈发了这样一个感慨,我说现在媒体也不要一案一案地搞了,很多案件总结下来有基本规律,判决书当中写"两个基本",判决书当中有"鉴于本案具体情况,可不立即执行""疑罪从轻"的表述,我们就要动用舆论的力量,从制度层面上提出建议,类似的案件应该一律进入复查和再审的程序。所以澎湃后来就发了一篇报道,分析统计了过去几年十八大以后,40多起已经平反的冤假错案,发现了一个规律,有将近一半的案件出现"两个基本"和这种疑罪从轻式的表述,然后通过专家学者的口提出建议,我们应该建立一个什么样的制度,能够对当时"两个基本"定案,或者当时这种疑罪从轻式的判决,来一个系统性的梳理。我也没看到别的媒体说过这个话,我也没看到我们的行业领袖,我们的专家学者主动提出这样的建议,还是在媒体被动式的采访过程当中讲的这个话。所以我觉得其实我们在个案积累当中,在做刑事辩护的一线,其实能够发现很多司法规律,我们是可以有些合理化的建议提出来的。

比如我只要一出现在最高检或者最高法或者政法委的场合,我就跟他们讲:你们讲司法公开,首先应该把那个司法建议拿出来公开一下,把检察建议拿出来公开一下。这明显是合理化建议,为什么呢?司法建议没有强制约束力,形同废纸。司法建议是发给谁的?发给我们的行政机关,发给我们这些社会组织,发给我们这些事业单位,发给我们这些团体。一般行政诉讼比较多，没有强制约束力，这些单位可以置之不理。但是如果能够把它公开了，在这个案件的审理过程中发现政府或者其他的这些团体机关制度当中有漏洞，媒体就会有兴趣，你就可以借助舆论的力量，来改变这种司法建议成为一张废纸的局面。检察建议更是这样，你对法院发出检察建议，你对其他人发出的检察建议，你拿出来公开，它的社会效果，借助舆论的力量所产生的这种效果，肯定跟现在不可同日而语，我也没听到有人提出这样的建议。这个是合理化的建议，这个提出来，我觉得他们会认真去思考的。为什么我们现在说律师这种审辩关系或者叫检律关系会这么复杂，一种不信任感还那么强烈，根子上就是我们的律师们不愿意跟他们提一些他们可能会思考或者有可能接受的建议。我们总是愿意从一个习惯性的批判的思维去考虑问题，不愿意提一些其实我们能够提出来的建议，那当然这种互信的基础就会慢慢弱掉。

三、移动互联网时代的传媒变局

移动互联网时代的传媒变局，简单跟大家说一下。因为了解媒体变化的趋势，对提高刑辩律师的媒介素养来说也是很重要的一个方面。但我能预感到大家的兴趣不会很高，但是聪明的人，善于利用媒体和媒介资源的人，一定不会排斥它，不会排斥去了解媒体到底进化到了哪一个地步。我们讲现在是移动互联网时代，传统媒体是什么状况？我们概括叫断崖式下跌，甚至有人很悲观地预计，可能到明年、后年，到 2020 年之前，会有一大批纸媒直接死掉。互联网媒体的兴起过程当中有一个先驱者，就是美国的《霍夫顿邮报》。实际上《澎湃新闻》当年是以《霍夫顿邮报》为榜样做出来的，我们当时就学它，它一直是数字化媒体的一个先驱，但是今天也遇到了现实的困境。前两天还有报道说《霍夫顿邮报》开始遭遇中年危机，它的创始人，霍夫顿女士自己离开了。你要知道《霍夫顿邮报》本质上也是一个私有媒体，国外的媒体是私有化的，她既然创立了《霍夫顿邮报》，为什么要离开？她跟我们《澎湃新闻》的创始人，或者我们这一批《澎湃新闻》的创始团队离开，再去创业是两个概念。

原因是什么？原因是它越来越门户化，门户化在当前这个媒体变局当中越来越呈现它的颓势了，它很容易大而全，定位不清，内容庞杂，丧失它的特性和格调。移动端，就是我们讲的手机端移动用户，移动端的规模现在已经大的吓死人，移动互联网时代不是兴起，也不是到来，而是早就成型了。所以我一开始讲，移动互联网时代早就到来了，而这些跟我们密切接触最多的律师朋友们，还有那么多的人还停留在纸媒时代去思考问题，恐怕跟时代脱节不是一点点。

几个数据，大家简单了解一下，截止到今年6月，中国统计网民平均每天上网227分钟，智能手机用户每天看手机150次以上，除了休息时间，除了晚上睡觉时间，平均每个智能手机用户每半分钟就会看一次手机。另外一个数据是我们的传统媒体阅读，我们的用户阅读纸媒的时间一天大概10分钟，现在还有10分钟时间花在看报纸上面，但这个人数也在急剧萎缩。即使是报纸的订户，忠实的读者，他们每天花在报纸上的时间也只有十来分钟。但是移动端呢，我刚才跟大家说了，每半分钟大家就会看一次手机。微信是直接的例子，微信自己的统计，它的活跃用户每天从微信公众号上看文章的篇数都已经达到了5.8篇，他号称月活跃用户达到6.5亿，所以舆论场已经完完全全地改变了。

微信公众号的文章怎么样去实现它的传播呢？八成靠朋友圈

的分享。我可能是通过朋友圈别人分享的文章，看到这篇文章的，而不是通过订阅了那个微信公众号。这说明社交化传播已经成为主导我们阅读兴趣的最为明显的一个特征。泛社交化背景下，传媒行业正在不断尝试新的新闻呈现方式。国外的媒体、中国的媒体都在不断地尝试。内容精简，大规模的信息聚合平台正在逐渐地衰落。我们过去所讲的那些门户网站，基于PC端的门户网站都在衰落。一大批垂直化的移动端的产品成为爆款，成为那个行业当中非常引人关注的产品。

对于新闻行业来说，解释性新闻的需求在上升。在国外，解释性新闻、卡片式新闻正在兴起，我们也尝试着从这个路径去做。对于我们法律人来讲，公众对案件的兴趣正在逐渐降低。大家对这种解释性的新闻报道的兴趣正在迅速上升，这种解释性的新闻报道，包括我们对司法政策的理解，包括我们对一个法案立改废的分析，包括我们对司法实践过程当中一种现象的认知和分析，基于地理位置的在线视频直播，因此最近直播很火。

大家现在都在玩这个了，我们今天讲课在讲这个东西，听众都已经跑到隔壁房间去了。那你觉得你讲这个还有意义吗？基于移动端的时长10分钟之内的短视频产品也在兴起。媒体这种载体形式在不断改变。还有就是优质内容的精准推送，我一直说我在澎湃做得最遗憾的一件事情，就是我没有让技术实现订阅《一号专栏》和《法制中国》这两个澎湃主打的法制类栏目的用户，能够精准地收到我们这个法制新闻的推送。因为他们感兴趣的可能就是我们这一块，对澎湃的其他新闻可能不怎么感兴趣。但是澎湃作为一个整体的媒体平台，他推送的内容一定是大部分公众都感兴趣的话题。《法制新闻》想让他推送一次，不是那么容易的，因为他是面对整个公众的。但是如果实现我这个栏目能够自主地精准地推送，能够推送给这个栏目的订户，那可能你们会第一时间掌握我们所发表的独家的法制类的新闻报道。但是我要想让我这个独家的法制类的新闻报道能够成为澎湃推送的报道，那我可能还要跟澎湃其他领域的新闻去竞争。所以实现优质内容的精准推送其实也是一个很关键的，媒体将来要去做的事情。

内容就是刚才说的，越垂直，越细分，越有机会。现在社交平台取代门户网站的时代已经到来，传媒行业都在开始大刀阔斧做减法，就是在培植优势的内容领域，培植优势的内容团队，而去减少那些大而全的，可能人人都有，但是我又没有特色的这种内容产品。纸媒断崖，全世界都一样。我以前以为中国受到的冲击会比较大，我去年去英国，看一看老牌的传媒帝国，纸媒的断崖是无可避免的趋势，或者说我们大家都已经形成共识了。报纸只作为一个新闻载体，退出历史舞台已经不是一个大家还应该讨论的问题了，它可能就是一个趋势，只是时间早晚的问题。

2015年第一季度，整个移动视频的用户规模已经达到8.79亿，在移动互联网整体用户当中占比已经占到七成，接近八成，移动视频正在取代电视。传统媒体有一个固定的时间段，播固定的栏目、固定的新闻，它新闻生产的效率、节奏已经远远不能满足互联网时代公众的需求。在移动视频运营当中，短视频用户的增长幅度现在已经非常吓人了。很多人问我为什么从澎湃那么好的平台出来去搞这个东西，我感觉是我们对当下传播格局的一个基本判断和认知，就是大家对那个纯粹的大而全的纸媒，基于纸质媒体的传统媒体生产方式的这种内容生产者已经不感兴趣了。

我们新闻生产的载体，受大家欢迎的新闻传播载体已经发生了根本改变。你要寻找另外一个载体，你要抓住那个时机，善于变化。当然新闻人对新闻内容的认知、判断还是在的，但是我们就是要换一种新的载体去呈现它。这个你不能跟用户习惯去对抗，所以对我们律师来讲，我也是在很多场合去鼓动大家，一个案件庭审或者你到法院去办个事，遇到什么问题了，不要老想着去找个媒体记者报道一下，打个电话讲半天，你拿起手机直播嘛。我们的这个视频平台应该会开发一个直播系统，大家拿着个人的手机，直接进入我们那个系统，就可以直播当时遇到了什么情况，现场讲述发生了什么事。这比你讲半天，到处找媒体记者，效率不知道高到哪去了，而且受众也喜欢这种形式，不再喜欢背后沟通，然后写出一个新闻报道那种方式。

现在最火的视频直播应用，直播类的视频用户的规模已经达到1.8亿了，这是2016年一季度的数据，比上一年一季度同比增长了九成以上。

四、几点建议

结束之前，给大家稍微提几点建议，算是一个小结吧。

第一，认识媒体从认识记者开始。希望我们的律师朋友抛弃那种大报小报、大河小河的观念，要记得你是跟记者打交道的，不是跟媒体打交道的。记者是流动性非常高的一个职业，他今天在一个地方小媒体待着，明天可能就会成为中国最主流媒体当中的核心记者。不要因为某一个采访的过程当中，人家找到你，因为他是一个小报记者，你就爱答不理的，他很有可能会成为将来这个行业当中的一个很重要的人物。同样的，即使他仍然在一个小媒体待着，如果他真的对你所掌握的那个案件感兴趣，主动找到你，那很显然，他是一个有追求的记者。我觉得不要敷衍他，因为他写出来的东西，哪怕他的平台不怎么理想，只是一个地方小媒体，但是不要忘了，他花心思把你那个报道做出来，那个报道的质量是过关的话，一定会有网络转载。

我们这些互联网媒体，今日头条、网易、腾讯流量那么大的，阅读人群那么多的互联网企业，没有原创的内容生产资质，或者很少有自己的记者，他的口径是要靠这些传统媒体去选择的，他是通过转载的方式来存在的。地方性媒体的报道，只要报道的内容过关，这个案件本身有可看性，他提供的这个线索是有价值的，他做出来的这个报道，很可能就会被这些门户平台选用，就会被转载，它一样会成为社会关心的热点。所以不要看不起小记者，特别是不要看不起所谓的小报记者。

第二，受众需求大于自我表达。表演式的辩护会损害个人以及行业的信誉，这个我前面提到过了。我们在跟媒体人打交道的时候，我们在辩护的时候，要考虑到我们交往的对象是谁，我们的受众是谁。我们辩护也好，或者发表观点也好，不是从个人的表达欲望出发的，而是从受众的接受程度去考虑的。一定要考虑到用这样的方式去表达，这样的辩护是不是有效，我对公共事务的发言是不是能够影响到我想影响的那群人。所以我觉得我们凡事多考虑一下受众的需求，是比较重要的一点。

第三，多一些理性的思辨性的思考，特别是在公共事务上的发言，少一些情绪，避免授人以柄。前面说了，当前的政法舆论形态已经发生了根本性的变化，稍有不慎，哪句话说的不得当，就容易被人抓住把柄。一旦被抓住把柄，那么你只要是在微博、微信朋友圈，在公共平台上发言，就会被人大做文章。有些完全是情绪性的，耸动性的，完全从个人情绪去表达的对一个事件的看法，会损害你个人的公众形象。

第四，我们律师我感觉是最爱拍照的，可能是我接触到的最喜欢拍照的一个群体。我也非常理解，但是我建议大家，在这种新闻的现场,你明显感受到你是身处新闻现场的时候,少拍点合影,多拍点现场。经典的案例就是我们朱律师在北海案的时候,跟法警对拍,那个就很有现场感。多拍一点这样的现场,不要老是想着到一个地方去,照着那个门头,找几个人合个影,表示我来过这个地方。

不专业比没是非更可怕。时代所期望于我们律师的,不只是那一份勇气,那一点承担,或者是说这种使命感、责任感,时代更冀望于我们律师的,是要有匹配这份勇气和承担的专业、智慧、视野和格局。作为一个媒体人,我们也愿意竭尽我们所能,帮助大家去完成这样的使命。